지도 밖으로 행군하라

지도 밖으로

Marching off the Map

행군하라

한비야

푸른숲

:: 차례 ::

■ 일러두기
국제 긴급구호 요원 중 일부는 안전상의 문제로 가명을 사용하였습니다.

견딜 수 없는 뜨거움으로

아직까지 나를 세계 일주 하는 사람으로 알고 있다면, 오지 여행가 한비야는 잊어주기 바란다. 이제 나는 긴급구호 요원으로 완전히 변신했기 때문이다. 이렇게 얘기하면 많은 사람들이 "긴급구호가 뭐하는 거예요?" 하고 묻는다. 심지어는 "119 구조대에 들어갔다면서요?" 하는 사람도 있다. 긴급구호는 한마디로 생명의 위협을 받고 있는 사람들을 신속히 살려내고 하루빨리 일상으로 돌아갈 수 있도록 돕는 일이다. 병원으로 치자면 응급실쯤 되겠다.

그런데 뜬금없이 웬 긴급구호?

여기엔 사연이 있다. 벌써 5년 전의 일이다. 세계 일주를 마치고 중국에서 공부를 하고 있을 때 전화 한 통을 받았다.

"예? 월드비전이라구요?"

속으로 어느 안경점에서 나이 든 분이 전화를 하셨나 했는데, 글쎄 국제 구호 단체의 회장님이셨다. 나더러 긴급구호 팀장으로 일해보지 않겠냐는 제안을 하러 전화하신 거였다. 그 순간 너무 좋아서 천장을 뚫고 나갈 뻔했다. 야호! 야호호오! 드디어 내 소원이 이루어지는구나.

그랬다. 7년 동안 오지 여행을 하면서 여행이 끝나면 난민 돕는 일을 하게 되기를 간절히 바랐다. 설사같이 시시한 병으로 죽어가는 아이를 살리는 데 필요한 건 링거 한 병이고, 그 한 병이 단돈 8백 원이라는 사실을 오지 여행을 하지 않았다면 어떻게 알 수 있었을까. 그때의 나로서는 안타깝게 바라보는 것 외에는 할 수 있는 일이 없었다. 그러나 아프리카와 중동으로 계속 여행을 하면서 그런 아이들을 직접 돕는 사람과 단체를 보았고, 그 일에 조금씩 마음이 끌리기 시작했다. 국제 홍보를 전공했으니 이런 딱한 현실에 대해 까맣게 모르는 사람들에게 최소한 이 사실을 알리는 일은 할 수 있지 않을까, 라는 생각이 들었다.

국토 종단까지 마친 직후에 가진 인터뷰에서 앞으로 무엇을 할 계획이냐는 물음에 국제 구호 단체에서 난민을 돕고 싶다고 했다. 하지만 솔직히 어떤 사람이 그런 일을 하는 건지, 그런 종류의 단체가 한국에 있는지, 있다면 어디서부터 찾아봐야 하는지 하나도 모른 채 한 소리였다.

그렇게 막연히 꿈만 꾸던 일을 해보겠냐는 전화를 받았으니 얼마나 놀라고 기뻤는지.

하지만 다음 순간 덜컥 겁이 났다. 이분은 나의 뭘 믿고 이런 제안을 하신 걸까? 내가 과연 이 일을 할 수 있을까? 맹세코 긴급구호가 어느 날 갑자기 멋져 보여서 하려던 건 아니었다. 여행 중 난민들과 지낼 기회가 있을 때마다 마음을 다지고 또 다졌던 일이다. 다만 내가 두려웠던 것은 이 뜨거운 마음이 그저 한순간 지나가는 열정은 아닐까 하는 거였다. 또 막상 해보면 전혀 예상 밖의 일이거나 금방 싫증이 나면 어쩌나 하는 걱정도 들었다. 구호 활동을 그냥 재미 삼아 혹은 경험이나 쌓으려고 해서는 안 된다고 생각했기 때문이다.

난 당돌하게도(?) 회장님께 내 마음을 자가 점검할 기회를 달라고 했다. 진행 중인 긴급구호 현장에 직접 다녀왔으면 좋겠다고. 회장님은 너무나 순순히 그러자고 하셨고, 난 케냐와 캄보디아 현장에 다녀올 기회를 얻었다. 거기서 말로만 안타까워하거나 발만 동동 구르는 것이 아니라, 목마른 사람에게는 물을, 배고픈 사람에게는 빵을 가져다주는 일이 얼마나 속 시원하고 가슴 뻐근한 일인지 확실히 알았다.

또 하나, 구호의 세상은 우리가 아는 세상과 완전히 다르다는 것도 깨달았다. 우리는 학교나 사회에서 세상을 지배하는 건 무한 경쟁의 법칙, 정글의 법칙이라고 배운다. 이런 세상에서의 생존법은 딱 두 가지. 이기거나 지거나, 먹거나 먹히거나다. 그러나 구호의 세상은 경쟁의 장(場)이 아니었다. 우리 서로는 경쟁의 대상이 아니라 사랑해야 할 대상, 가진 것을 나누는 대상이었다. 세상에는 절대 강자도 절대 약자도 없다. 같은 사람이 어떤 때는 강자였다가, 다른 때에는 한없는 약자가 된다. 이렇게 얽히고설켜 있으니 서로 도와야 마땅하다는 것이 구호 세상의 법칙이었다. 멋있었다. 그리고 나도 그런 세상에 발을 들여놓고 싶어졌다.

돌이켜보니 나 자신도 약자였던 경험이 훨씬 많다. 중학교 때 갑자기 아버지가 돌아가시고 하루아침에 가세가 기울었을 때, 한동안 큰아버지가 우리 형제들의 학비를 대주셨다. 그런데 나는 등록금을 받으러 가는 게 죽기보다 싫었다. 큰아버지는 언제나 기껍게 주셨지만 공짜로 도움을 받는 게 미안해서였다. 그래서 등록금을 받아 오는 날이면 다음부터는 신문이나 우유 배달을 해서라도 내가 벌어서 내야지, 결심하곤 했다.

합격을 호언장담했던 대학 시험에 떨어진 후는 내가 사회적인 약자라는 것을 가장 뼈저리게 느낀 시절이었다. 밤새 공부한다고 불을 켜놓으면 집주인이 전기 세 많이 나온다고 번번이 두꺼비집을 내려놓았다. 내가 불평하자 당장 이사 가라고 고래고래 지르던 소리가 아직 귓가에 남아 있다. 영문 번역 아르바이트를 할 때는 내 것이 낫다면서도 보수는 대학생의 반밖에 주지 않았다. 또 친한 남자친구네 집에 놀러갔는데, 그 애 엄마가 나에게 어느 대학에 다니냐며, 아니 고졸이냐며, 싸늘한 표정을 지어 보이기도 했다. 나의 인간적인 가치나 가능성과는 무관하게 그런 대접을 받는 것이 분하고 억울했다.

어쩌면 이런 약자의 경험들이 여행길에서도 내 마음을 자꾸 다른 약자들에게 끌리게 했는지도 모르겠다. 이제 더 이상 나는 이런 억울한 일을 당하지 않아도 되지만, 세상에는 내가 겪었던 상처 입은 자존심 따위와는 비교할 수도 없는 고통을 일상적으로 당하는 사람들이 많다는 것을 알게 되었다. 그래서 더 구호 단체에 들어가고 싶었다. 그렇게 되면 단지 무엇이 없다는 이유만으로 사람들과 사회로부터 부당한 대우를 받는 이들과 함께 싸울 수 있으니까. 아니 싸워도 좋다는, 때에 따라서는 반드시 싸워야 하는 '쌈닭 허가증'을 받는 것이니 말이다.

하지만 내가 이 일을 하는 가장 큰 이유는 따로 있다.
이 일을 하기로 결정한 직후 한 대학생이 물었다.
"재미있는 세계 여행이나 계속하지 왜 힘든 긴급구호를 하세요?"

"이 일이 내 가슴을 뛰게 하고, 내 피를 끓게 만들기 때문이죠."

이렇게 대답하고 속으로 깜짝 놀랐다. 긴급구호 일을 해보지 않겠냐는 제안을 받고 맛보기로 갔던 케냐에서의 일이 떠올랐기 때문이다.

그곳의 이동 병원에 사십대 중반의 케냐인 안과의사가 있었는데, 알고 보니 그를 만나려면 대통령도 며칠을 기다려야 할 정도로 유명한 의사였다. 그럼에도 그런 강촌에서 전염성 풍토병 환자들을 아무렇지 않게 만지며 치료하고 있었다. 궁금해진 내가 물었다.

"당신은 아주 유명한 의사이면서 왜 아무도 알아주지 않는 이런 험한 곳에서 일하고 있어요?"

그러자 이 친구, 어금니가 모두 보일 정도로 활짝 웃으며 이렇게 말했다.

"내가 가지고 있는 기술과 재능을 돈 버는 데만 쓰는 건 너무 아깝잖아요. 그러나 무엇보다도 이 일이 내 가슴을 몹시 뛰게 하기 때문이에요."

그 말을 듣는 순간 나는 벼락을 맞은 것처럼 온몸에 전율이 일고 머릿속이 짜릿해졌다. 서슴없이 가슴 뛰는 일을 하고 있다고 말하는 그 의사가 몹시 부러웠고, 나도 언젠가 저렇게 말할 수 있다면 얼마나 좋을까 생각했다. 그런데 내가 방금 그 말을 한 것이다.

그 의사의 다음 말도 떠오른다. 그는 구호 일은 어떤 교육을 받고 어떤 기술을 습득하느냐보다 어떤 삶을 살기로 결정했느냐가 훨씬 중요하다고 했다. 거칠게 이분화한다면 이런 게 아닐까. 자기가 가진 능력과 가능성을 힘있는 자에게 보태며 달콤하게 살다가 자연사 할 것인지, 그것을 힘없는 자와 나누며 세상의 불공평, 기회의 불평등과 맞서 싸우다 장렬히 전사할 것인지. 혹은 평생 새장 속에 살면서 안전과 먹이를 담보로 날 수 있는 능력을 스스로 포기할 것인지, 새장 밖의 위험을 감수하면서 가지고 있는 능력의 최대치를 발휘하며 창공으로 비상할 것인지.

나는 지금 두 번째 삶에 온통 마음이 끌려 있다. 누군가는 말할 것이다. 하고 싶은 일을 하려고 해도 현실은 다르지 않느냐고. 물론 다르다. 그러니 선택이랄 수밖에. 난 적어도 세상 많은 사람들에게 새장 밖은 불확실하여 위험하고 비현실적이며 백전백패의 무모함뿐이라는 말은 사실이 아니라는 것을 알려주고 싶다. 새장 밖의 삶을 살고 있는 한 사람으로서 새장 밖의 충만한 행복에 대해 말해주고 싶다. 새장 안에서는 도저히 느낄 수 없는, 이 견딜 수 없는 뜨거움을 고스란히 전해주고 싶다. 제발 단 한 번만이라도 자신의 가슴을 뛰게 하는 일이 무엇인지, 진지하게 생각해보라고 권하고 싶다.

오늘도 나에게 묻고 또 묻는다.

무엇이 나를 움직이는가? 가벼운 바람에도 성난 불꽃처럼 타오르는 내 열정의 정체는 무엇인가? 소진하고 소진했을지라도 마지막 남은 에너지를 기꺼이 쏟고 싶은 그 일은 무엇인가?

지금으로서는 그것이 긴급구호라고 자신 있게 말할 수 있다. 그래서 기쁘다.

2001년 10월. 드디어 월드비전 긴급구호 팀장이 되었다. 거의 10년 만에 다시 명함이 생겼다. 아침 8시라는 출근 시간도 생겼다. 혼자서 계획하고 결정하는 독립군에서 조직의 시스템과 함께 돌아가야 하는 연합군이 된 것이다.

　월드비전에 출근한 첫날, 미군의 아프가니스탄 공습이 시작되었다. 아, 아프가니스탄! 이 나라와 나는 무슨 인연이 이다지도 깊은 걸까. 1996년 초겨울 나는 아프가니스탄 북부 헤라트에 있었다. 무장한 탈레반이 거리를 활보하며 공포 분위기를 조성했지만, 아이들만은 세상 여느 아이들처럼 환호성을 지르며 뛰어놀고 있었다. 따뜻한 햇볕 아래서 남자아이들에게는 태권도 기본 동작을 가르쳐주고, 여자아이들에게는 삼색 볼펜으로 꽃반지를 그려주면서 한참을 재미있게 놀았다. 그러나 어른들은 좌불안석. 외국인과 무슨 내통을 했느냐고 탈레반에게 트집을 잡힐 수도 있었기 때문이다.

　눈총을 견디다 못해 그곳을 떠나려는데 누군가 나를 불렀다. 돌아보니 지뢰로 왼쪽 다리와 오른팔을 잃은 여자아이가 까만 눈망울을 반짝이며 수줍게 빵을 건넸다. 얼마 만에 생겼는지도, 언제 다시 생길지도 모르는 귀한 식량을 자기와 잠깐 놀아준 이방인 친구에게 주고 싶은 거였다. 한순간 망설였다. 이 빵을 아이가 먹고 배가 부른 것이 좋을까, 내가 먹고 우린 친구라는 것을 알게 해주는 게 좋을까. 잠깐의 망설임 끝에 빵을 받아 한 입 덥석 베어 물었다. 같이 있던 아이들이 손뼉을 치고 어깨춤까지 추며 좋아하는 모습이라니……. 그날 나는 앞으로 내가 할 일을 결정했다. 이 여행이 끝나면 난민들을 위해 일하리라고. 특히 아이들을 위해 나를 아낌없이 쓰고 싶다고.

　그런데 놀랍게도 나의 첫 파견지는 바로 6년 전 그 아이들을 만났던 아프가니스탄의 헤라트였다.

1 독초를 먹고 사는 아이들도 가끔은 웃는다.
2 자, 이 영양죽을 먹고 벌떡 일어나거라.
3 난민촌을 떠나서 드디어 정든 고향으로.
4 6년 만에 다시 학교에 온 여자아이들.

한비야, 신고합니다!

아프가니스탄

태어날 때부터 전문가인 사람이 어디 있는가.
누구든지 처음은 있는 법. 독수리도 기는 법부터 배우지 않는가.
처음이니까 모르는 것도 많고 실수도 많겠지.
저런 초자가 어떻게 이런 현장에 왔나 하는 사람도 있을 거다.
그러니 이 일을 시작한 지 겨우 6개월 된 나와 20년 차
베테랑을 비교하지 말자. 오늘의 나와 내일의 나만을 비교하자.
나아감이란 내가 남보다 앞서 가는 것이 아니고,
현재의 내가 과거의 나보다 앞서 나가는 데 있는 거니까.
모르는 건 물어보면 되고 실수하면 다시는 같은 실수를
하지 않도록 하면 되는 거야.

앗살람 알레이쿰!(당신에게 평화를 빕니다!)

6년 만에 다시 찾은 아프가니스탄의 청명한 하늘과 맑은 햇살이 나를 반갑게 맞아주었다. 공항에서 시내로 가는 길. 양 옆에는 총을 든 군인들과 탱크가 빽빽해 스산했지만 그 뒤로 보이는 들판은 연두색으로 화사하다. 길가의 가로수 가지에도 까맣게 잔뜩 물이 올라 있고 꽃망울은 터질 듯 부풀어 있다. 20여 년 모진 겨울을 이겨낸 아프가니스탄에도 드디어 봄이 온 것이다.

전쟁이 방금 끝났다는 것을 믿기 어려울 정도로 행인들의 얼굴은 평온하고 밝기만 하다. 여전히 남자들은 하얀 터번을, 여자들은 부르카를 쓰고 다닌다. 매캐한 흙먼지도, 빵 굽는 구수한 냄새도, 시장 안의 아름다운 모슬렘 사원도, 저녁 9시 통행금지도 그때 그대로다.

아니, 아니다. 자세히 보니 달라진 게 많구나. 남자 동행 없이 혼자 외출하는 여자들, 재잘거리며 학교 가는 여자아이들이 눈에 들어온다. 공개 처형장이었던 공설운동장에서는 축구 시합이 열리고 있고 거리에는 인도 영화음악이 흘러나온다. 여자배우 포스터 앞에서 눈요기를 하는 젊은 남자들은 전통의상 대신 청바지를 입고 있다. 이 모두가 탈레반 때였다면 공개 태형감이다.

나 역시 완전히 다른 모습이다. 6년 전에는 탈레반 사진을 몰래 찍다가 걸려 총살당할 뻔한 여행자였는데, 지금은 국제 구호 단체의 긴급구호 요원이다. 지난번에는 고물 지프를 빌려 몰래 육로로 국경을 넘었지만 지금은 당당히 유엔 전용기를 타고 군용 비행장에 내렸다. 예전에는 반정부군들을 피해 다녔지만 지금은 정부군의 호위를 받으며 현장 사무실로 가고 있다. '격세지감, 상전벽해, 괄목상대'라는 말은 다 이런 때 쓰라고 있는 걸 거다.

:: 독수리도 기는 법부터 배운다

긴급구호 요원으로 변신 후 첫 파견 근무지에 온 소감은? 보무도 당당하게 한국을 떠나왔지만 솔직히 무진장 떨리고 걱정이 태산 같다. 내가 여기 오기 위해서 어떤 노력을 했는지는 하느님만이 아실 것이다. 사실 현장 경험이 전무한 내가 이렇게 주요한 긴급구호 팀에 합류하는 것은 있을 수 없는 일이다. 하지만 우리 사무실에서는 7년간의 오지 여행 경험을 유사 경력으로 간주해야 한다고 주장했다. 또한 내 전공이 국제 홍보학인 점, 그리고 이번에 한국 정부가 민간 단체에게 최초로 긴급구호 자금을 보조했다는 점도 강조했다. 곁들여 한국 언론이 나의 변신에 큰 관심을 보이고 있다며 국제 본부 지도부를 설득했다.

파견 가능성은 10퍼센트 미만이었다. 우리 사무실 직원 모두가 마음 졸이며 성사를 고대하고 있었다. 한국 직원이 대형 재난 현장에 단순 방문이 아닌 파견 근무를 하기는 처음이기 때문이다. 그런데 보름 전 헤라트 현장 본부장으로부터 딱 한 줄로 된 이메일이 왔다.

"웰컴 투 아프가니스탄, 비야!(비야의 아프가니스탄 행을 환영합니다!)"

이렇듯 어렵게 얻은 기회, 정말 잘하고 싶다. 현장에서는 처음 보는 한국 직원이어서 내 실력이 곧 한국 사람의 일반적인 실력이라고 여길 테니까 말이다. 잘해야 한다는, 누가 부여하지도 않은 책임감으로 어깨가 무겁고 뒷골이 당긴다.

여기서의 내 임무는 홍보 요원. 주요 업무로는 현장 사진과 글을 국제 본부와 한국 사무실, 그리고 세계 주요 통신사 및 언론사에 보내고, 가능한 한 많은 현장 인터뷰를 하는 거다. 늘 하던 일도 있고 난생 처음 해보는 일도 있다.

백 번을 생각해도 훈련과 경험이 너무 부족한 상태에서 온 것은 사실이다. 위험한 현장이지만 두렵다거나 몸 고생하는 것은 조금도 무섭지 않다. 다만 나의 미숙함이 현장 팀 전체에 방해나 누가 되면 어쩌나 하는 게 큰 걱정이다. 물론 있는 힘을 다해 열심히 하겠지만, 그 열심만 가지고는 안 되는 일도 분명 있을 테니 말이다.

그러나 다음 순간 이런 배짱이 생겼다. 태어날 때부터 전문가인 사람이 어디 있는가. 누구든지 처음은 있는 법. 독수리도 기는 법부터 배우지 않는가. 처음이니까 모르는 것도 많고 실수도 많겠지. 저런 초자가 어떻게 이런 현장에 왔나 하는 사람도 있을 거다. 그러니 이 일을 시작한 지 겨우 5개월 된 나와 20년 차 베테랑을 비교하지 말자. 오늘의 나와 내일의 나만을 비교하자. 나아감이란 내가 남보다 앞서 가는 것이 아니고, 현재의 내가 과거의 나보다 앞서 나가는 데 있는 거니까. 모르는 건 물어보면 되고 실수하면 다시는 같은 실수를 하지 않도록 하면 되는 거야.

그러기 위해선 일단 같이 일할 요원들에게 내가 처음이라는 사실을 알리고 도와달라고 하는 것이 상책이다. 기꺼이 도와주는 사람도 있겠지만 귀찮게 생각하는 사람, 심지어 깔보는 사람도 있을 거라고 마음의 준비를 하자. 명심할 것은 모르는 걸 아는 척하며 어물쩍 넘어가면 절대 안 된다는 거다. 순간을 모면하느라 처음 파견지인 여기서 제대로 배우지 못하면 다른 현장에서, 또 다른 현장에서 계속 창피하고 무안해질 일이 많을 거다. 내 나이와 다른 분야의 경력을 염두에 두고 뻗대면 뻗댈수록 나만 손해다. 자, 나는 이제부터 세 달간 집중 훈련을 받으러 온 훈련병이다. 나이 같은 건 잊어버리자. 세 달간 죽었다 생각하고 모든 상황과 사람을 스승 삼아 열심히 배우는 것만이 살 길이다. 이렇게 하면 뭐가 남아도 남겠지.

사실 내가 긴급구호를 시작한다고 할 때 적지 않은 사람들이 걱정 반 호기심 반으로 물었다.

"새로운 일을 하기에는 너무 늦은 거 아니에요?"

나는 그렇게 생각하지 않는다. 80년, 사람의 인생을 하루라고 친다면 그 절반인 마흔 살은 겨우 오전 12시, 정오에 해당한다. 그러니 사십대 초반인 나는 이제 점심을 먹은 후 커피 한 잔 마시는 시간에 와 있는 거다. 아직 오후와 저녁과 밤 시간이 창창하게 남았는데 늦기는 뭐가 늦었다는 말인가. 뭐라도 새로 시작할 시간은 충분하다. 하다가 제풀에 지쳐 중단하지만 않으면 되는 거다.

"웰컴 투 아프가니스탄, 비야."

사무실에 도착하니 키가 장대 같은 네덜란드 현장 본부장이 이메일에서와 똑같은 말을 하며 반갑게 맞아주었다. 20여 명의 국제 직원들과 가볍게 인사를 나눈 후 가방도 풀지 않고 미국인 안전 담당에게 지역 상황과 안전 사고 방지 브리핑을 받았다.

현재 헤라트는 겉으로는 평온해 보이지만, 근처 산악 지역에 은신 중인 탈레반이 날이 풀리는 봄을 이용해 곧 활동을 개시한다는 소문이 파다하다. 이곳 유엔 안전 담당관도 6월 말 임시정부의 임기가 끝나면 종족 간 세력 다툼이 다시 불거질 것이라고 경고했단다. 우리 단체는 유사시, 차량으로 두세 시간 거리인 이란으로 대피 및 철수한다는 계획을 가지고 있었다.

뭐니 뭐니 해도 안전을 가장 위협하는 것은 지뢰였다. 지난 20여 년간 전쟁을 치르면서 아군과 적군이 경쟁적으로 묻어놓은 지뢰가 수백만 단위인 데다 설상가상으로 이번에 생긴 수많은 불발탄 때문에 안전 사고가 끊이지 않는다고 한다. 특히 우리처럼 구호 활동을 위해 산간 오지를 누비고 다녀야 하는 사람들은 각별히 주의해야 한다는 말에 약간 긴장이 되었다.

꼭 알아두어야 할 안전 규칙으로는 산길에서 차량 강도를 만났을 때는 차든 현금이든 요구하는 것을 모두 주어라, 목숨이 어떤 것보다 중요하다, 근처에서 총격전이 벌어지면 얼굴을 땅에 대고 몸을 될 수 있는 대로 낮춰라, 폭탄이 떨어지면 양손으로 귀를 막고 입을 살짝 벌려 고막을 보호하라 등이다. 특히 지뢰 사고를 방지하기 위한 철칙으로는 지뢰로 의심되는 물건은 절대, 절대 만지지 마라, 다른 차량들이 다니던 길로만 가라, 예전의 비행장이나 교량 근처는 지뢰 매설 가능성이 매우 높다, 벌판에 동물이 죽어 있으면 근처에 지뢰가 있다고 의심하라 등이다.

잔뜩 얼어 있는 내 표정이 불쌍했던지, 찔러도 피 한 방울 안 날 듯이 사무적으로 브리핑하던 안전 요원이 갑자기 부드러운 목소리로 한마디 한다.

"너무 긴장하지 않아도 돼요. 최대한 조심하라는 얘기죠. 위험한 곳에는 내가 못 가게 할 테니까 걱정 마세요."

마지막으로 외출 시에는 반드시 현지인 통역을 대동할 것과 30분마다 본부와 교신하여 현 위치를 알릴 것 등을 당부하며 무전기를 건네주었다.

"무전 교신은 어떻게 하는지 알고 있죠?"

순간 당황했다. 몰랐기 때문이다. 나중에 안전 매뉴얼에 있는 교신법을 독학할까 생각했지만 일단 모르는 건 정확히 모른다고 말하자는, 방금 전에 세운 원칙을 지키기 위해 용기를 내서 대답했다.

"저어, 잘 모르는데요. 딱 한 번만 가르쳐줄래요?"

그러길 정말 잘 했다. 안전 요원의 얼굴에 한심하다는 빛이 잠깐 스치긴 했지만, 매뉴얼을 앞에 놓고 무전기로 실습을 하니 15분도 안 되어서 작동법은 물론 지명이나 사람 이름, 전달 내용을 짧게 축약한 교신 암호가 머릿속에 쏙쏙 들어왔다. 유사시 내가 본부 교신 요원 노릇을 해도 될 것 같지 않냐며 우쭐대니까 안전 요원이 과장되게 고개를 끄덕이며 환하게 웃는다. 내 무전 호출명은 월드비전 약자 WV의 교신 암호인 위스키 빅터, 고유번호는 24. 그러니까 '위스키 빅터 24'다. 참 희한하다. 내 행운의 숫자가 24인데 아프가니스탄 현장에서의 내 번호도 24라니. 뭔가 아주 좋은 징조다.

　무전기 사용법 때문에 안전 교육이 좀 길어져서 숨 돌릴 새도 없이 바로 현장 본부장에게 국제 직원 소개와 진행중인 사업 소개를 받았다.

　현재 우리 단체는 헤라트에서 식량 확보 및 물자 배분, 영양죽 사업, 그리고 난민촌 내 진료소와 학교 지원 사업을 벌이고 있다. 이 가운데 한국은 영양죽 사업, 즉 굶어 죽어가는 아이들을 영양죽으로 살려내는 일을 지원하고 있다.

　전체적인 사업 설명을 듣고 있는데, 솔직히 한국 지원 사업을 뺀 다른 내용은 무슨 말인지 반도 못 알아듣겠다. 무슨 전문 용어와 약자가 그렇게 많은지 영어가 아니라 우주인의 말을 듣는 것 같다. 큰일 났다. 명색이 사업 내용을 완전히 이해하고 다른 사람을 설득해야 하는 홍보 요원인데……. 별수 없다. 홍보 요원의 권한으로 사업 담당에게 귀찮을 정도로 묻는 수밖에. 상냥하고 진지하게, 동양 여자의 매력도 십분 살려서.

　국제 직원들을 한 명 한 명 소개받을 때는 완전히 졸아들었다. 말로만 듣던 월드비전 긴급구호의 전설들이 총 집합해 있었다. 모두 10년 이상 현장에서 잔뼈가 굵은 사람들이다. 이들의 경험을 합쳐보니 2백 년도 넘는다. 잠시 기가 죽긴 했지만 한편으론 마음이 설렌다. 각 분야의 최고수들과 일할 수 있는 기회, 이게 바로 주요 재난 현장에서 근무하는 사람의 특권이다. 인간적으로는 어떨지 몰라도 일로만 보면 다시없을 좋은 선생님들을 만나서 땡 잡은 기분이다. 언젠가 이들과 실력으로 어깨를 나란히 하는 꿈같은 상상까지 해본다.

숙소는 사무실에서 1분 거리, 사무실 건물 위층이었다. 커다란 삼 층짜리 개인 집을 빌려, 반지하실과 일 층은 사무실로, 이 층은 남자 숙소, 삼 층은 여자 숙소로 쓰고 있다. 그리고 앞마당은 임시 물자 창고로, 뒷마당은 주차장으로 꾸며놓았다. 옆집이 유니세프 사무실이고 뒷집이 유엔 물자 창고니 안전 지역임에 틀림없다.

2인실인 내 방을 배치받고 벽 선반에 옷가지와 잡동사니를 정리했다. 식구들 사진은 선반 중앙 잘 보이는 곳에 놓고, 방문에는 설악산 엽서를 붙였다. 수십 년 지니고 있는 묵주와 십자가 고상을 침대 머리맡에 놓고 나니 한결 내 방 같다.

그날 저녁 메뉴는 놀랍게도 피자와 스파게티. 꿀맛이었다. 우리 숙소 요리사 라자는 카불 호텔에서 알아주는 주방장이었다고 한다. 골고루 땡 잡았다.

"오늘, 정신 하나도 없었죠?"

저녁을 먹고 차를 마시면서 인도 출신의 물자 배분 담당 조지가 물었다.

"네. 조금요. 솔직히 현장은 이번이 처음이라서……."

"첫 번째 현장이라……. 좋겠어요. 그 설레는 기분, 충분히 즐기세요."

옆에 있던 현장 본부장 톤이 거든다.

"좋긴 좋은데, 잘 못할까 봐 걱정돼요."

"걱정은요. 스키를 처음 배운 날이라면서 '난 한 번도 안 넘어졌어' 하는 사람은 '난 아무것도 못 배웠어' 하는 거죠. 누구든지 넘어지면서 배워요. 나도 그렇고. 조지, 당신은 안 그랬어요?"

"물론 엄청 넘어졌죠. 나만큼 넘어진 사람도 드물걸요?"

조지가 그 큰 눈을 굴리며 누가 인도 사람 아니랄까 봐 고개를 잘랑잘랑 양 옆으로 흔든다.

"아 참, 비야 씨 내일 일정 조정해서 나랑 난민촌에 가면 좋겠네요. 갑자기 잡힌 일정인데, 같이 다니면 넘어지는 데 도움이 될 거예요."

톤은 눈을 찡긋하며 스키 타다 옆으로 넘어지는 시늉을 한다.

"여부가 있겠습니까, 대장님."

짐짓 군인처럼 거수경례를 하다가 나도 웃음이 났다. 이렇게 신경 써주는 이들이 고맙고도 든든하다. 마음이 조금 놓이는 것 같다.

∷ 새내기 긴급구호 요원의 호된 신고식

"비야, 비야.(비야 언니, 빨리 가요.)"

우리 현지 여직원 미리암이 재촉한다. 여기서는 남녀노소 없이 사람들이 하루 종일 비야 비야 내 이름을 부른다. 물론 날 알아서가 아니다. 이곳은 파르시라는 페르시아 말을 쓰는데, 비야는 이곳 말로 '여보세요', '빨리 해요', '이리 오세요' 등 수십 가지의 뜻을 가진, 일상에서 가장 많이 쓰는 단어다. 그래서 내 이름을 말해줄 때마다 얼마나 재밌어하는지 모른다. 어떤 사람은 얼굴이 시뻘게지도록 웃다가 사래까지 들렸다. 하기야 사람 이름이 '여보세요, 빨리 해요' 라니 웃기지 않은가. 어떻게 이렇게 이상한 이름을 잊을 수 있을까.

그날 오전에는 미리암과 시장에 가기로 했다. 헤라트까지 타고 온 유엔 경비행기의 1인당 무게 제한이 엄격해서 샴푸나 치약 등 웬만한 생필품은 현지에서 구입해야 하기 때문이다. 외출 시 외국인도 예외 없이 써야 하는 머리 스카프도 좀 가벼운 것이 필요하다. 이 정도의 물건이라면 매일 시장에 가는 우리 숙소 주방장에게 부탁해도 되지만 6년 전에 보았던 시장과 골목은 어떻게 변했을까 몹시 궁금했다. 3일 동안 사무실과 숙소에만 갇혀 있었더니 바깥세상이 그립기도 하고.

헤라트는 예로부터 실크로드의 중요한 오아시스로, 중국 인도 아랍 대상들이 만나는 경제와 문화의 교차로였다. 천 년 전 세계 지도에 로마, 바그다드, 시안(西安)과 함께 나타나는 곳도 헤라트다. 또 15세기 막강한 티무르제국의 수도가 되면서 세상에서 가장 번창한 도시라는 영광을 누리기도 했다. 파란 타일이 눈부시게 아름다운 금요사원이 그때의 찬란함을 대변해준다.

오늘날에도 헤라트는 물자의 교차로 역할을 톡톡히 하고 있다. 서쪽으로는 이란을 통해 유럽과, 북쪽으로는 투르크메니스탄을 통해 철도로 유럽 및 아시아로 연결된다. 각국의 물자가 이 길을 통해 쏟아져 들어오니 경제 중심이 되는 것은 당연한 일. 탈레반조차 이 중요성 때문에 헤라트에서 교전을 피했다고 한다. 그래서인지

재래시장인 바자는 물건과 사람들로 분주하고 풍성하다. 공항에는 폭격당한 비행기 잔해가 그대로 남아 있으나 도심에는 부서진 건물을 찾아보기 어려웠다.

시장에서는 반갑게도 한국 담배 88디럭스마일드가 인기 만점이었다. 필요한 물건들을 사고 금요사원에도 들르고 여행 때 갔던 골'동품 가게도 들러보았다. 그 영어 잘하는 주인 할아버지에게 안녕하셨냐고 한마디 했더니 "아, 비야 프롬 코리아(한국에서 온 비야)"라며 한눈에 나를 알아본다. 기억력도 좋으시지.

한 시간쯤 걸으니 다리가 아파서 나귀마차를 타고 시장을 휩쓸고 다녔다. 길거리 주스집에서 100퍼센트 당근주스까지 한 잔 사 먹고 점심 먹기 전에 사무실에 들어갔는데, 글쎄 사무실에서 나 없는 사이에 생난리가 났던 모양이다.

들어가자마자 안전 담당이 험상궂은 얼굴로 좀 보자고 한다. 아차, 무전기! 아까 급하게 나가는 바람에 무전기 볼륨 올려놓는 것을 깜빡하고 말았다. 그러니 본부에서 아무리 호출을 해도 들렸을 리가 없지. 더군다나 외출 시 30분마다 교신해야 하는데 두 시간 동안 한 번도 하지 않았으니 혼이 나도 싸다. 욕먹기 전에 내가 먼저 자수했다.

"미치, 교신하지 않은 것과 호출에 응하지 않은 건 내 실수예요. 미안합니다. 다시는 이런 일 없도록 하겠습니다."

그러나 미치는 조금도 풀리지 않은 얼굴로 내게 다그쳐 물었다.

"그 밖에는요?"

"예?"

말하는 분위기로 보아 내가 뭘 더 잘못했나 본데 뭔지 모르겠다.

"외출할 때 화이트보드에 외출 시간, 귀가 시간, 동행인, 차량 번호를 적어야 한다는 것도 어겼잖아요!"

맞다, 그것도 깜빡했다.

"아, 예! 그것도 다시는 그런 일이 없도록 하겠습니다."

내가 순순히 꼬리를 내리니까 미치의 얼굴이 조금 풀리더니 이렇게 일침을 가했다.

"안전 담당은 요원들의 베이비시터가 아닙니다. 하루 종일 따라다니며 안전을 지켜줄 수가 없다는 말입니다. 자기 안전은 자기가 알아서 책임져야 하고 그 기본은 안전 수칙을 지키는 일입니다. 알겠습니까?"

"윌코.(무전 용어로 상대방의 말을 잘 알아들었고, 들은 대로 수행하겠다는 뜻.)"

그제야 미치는 빙그레 웃으면서 역시 무전 용어로 마무리했다.

"로저 앤드 아웃.(잘 알았음. 이것으로 교신 마침.)"

내 방에 들어와 시장에서 사온 물건들을 정리하며 생각하니 내가 봐도 좀 심했다. 어떻게 두 시간 동안이나 교신하는 것을 새까맣게 잊어버릴 수 있단 말인가. 아직까지 오지 여행가의 습관을 버리지 못하고 있는 건 아닐까, 깊이 반성한다. 관계의 습관이라는 것이 있다. 어떤 일 혹은 어떤 사람과 어떻게 처음을 시작하느냐에 따라 설정되는 관계의 틀 말이다. 평소 늦잠을 자던 버릇이 새 집으로 이사한 뒤 말끔히 고쳐진 것처럼, 새로운 일을 시작할 때 좋은 틀을 짜는 것이 매우 중요하다. 어디 일뿐일까. 새로운 사람, 새로운 장소, 새로운 시간, 그 어떤 것이라도 처음 시작은 우리에게 좋은 관계의 습관을 짤 수 있는 새로운 기회를 준다. 지금 나에게 그 기회가 왔다는 걸 잊지 말자.

그나저나 배가 살살 아픈 것을 보니 아까 마신 당근주스가 좋지 않았나 보다. 100퍼센트라고 했는데. 이그, 내가 못 살아! 호랑이도 제 숲을 떠나면 두리번거린다더니 세계 일주로 산전수전 공중전에 시가전까지 다 겪은 바람의 딸이 새내기 긴급구호 요원이 되려니 이렇게 호된 신고식을 치르고 있다.

:: 척박한 돌 틈에서 얼마나 애썼니

인자 비야!(이리로 빨리 와!)

운자 비야!(저리로 빨리 가!)

새벽 동도 트지 않은 댓바람부터 난리를 친다. 물론 날 부르는 소리가 아니라 현장 방문에 필요한 물자를 챙기는 중이다. 우리가 가는 곳은 서부 산악 바드기스 지역의 산골 읍내다. 그곳을 거점으로 근처 5만 명의 주민들에게 밀가루를 배분하고, 영양죽으로 생사의 갈림길에 있는 아이들을 살려내는 일을 하고 있다. 헤라트에서 열 시간 거리이고, 가는 도중 어린이 의류 5천 점을 배분해야 하기 때문에 동이 트자마자 떠나야 한다고 조지가 더욱 채근한다.

지난 일주일은 정신없이 보냈다. 난민촌, 보건소, 학교 등을 방문하고, 톤과 함께 유엔이 주재하는 회의에 가고, 한국에서 온 5만 벌의 어린이 의류 기증 물자 도착 확인하고, 한국과 국제 본부에 주간 보고서 보내고, 한국 언론과 많은 인터뷰를 했다. 그러면서도 현장에 가는 오늘만을 손꼽아 기다렸다. 파키스탄에서 유엔 기를 못 타면 어쩌나 조마조마했던 친선대사 김혜자 선생님과 TV 촬영팀도 현장 방문 일정에 딱 맞춰 도착해주었다.

처음에는 나무 하나 없는 민둥산이었다. 얼마 가지 않아 연필로 그은 것 같은 가는 길이 한 줄로 길게 나 있고, 그 길 옆은 천 길 낭떠러지였다. 곳곳에 사복 차림으로 총을 들고 서 있는 사람들이 보인다. 마을을 지키는 민병대란다. 탱크나 불에 탄 차량의 잔해들도 많다. 오랜 난민 생활을 끝내고 고향으로 돌아가는 사람들을 잔뜩 실은 트럭들이 우리 차 앞을 종종 가로막는다.

다른 일행이 화장실 갈 동안 근처의 평지를 걸어보았다. 아, 이 척박한 돌산의 돌 틈에서도 봄이 왔다고 여기저기 콩알처럼 자잘한 빨갛고 노란 꽃이 피어나고 있었다. 마치 아프간 아이들을 만난 것같이 반가웠다. 꽃들을 가만히 만져보았다. '이렇게 피느라고 얼마나 애썼니. 정말 장하다'라고 말해주고 싶을 만큼 예쁘고 사랑스러웠다.

어떤 고개를 넘어서니 악 하는 소리가 절로 났다. 끝없는 평원의 갈라진 틈마다 수억 년 동안 바람과 물이 만들어낸 조각품이 둥글게 펼쳐져 있었다. 명색이 오지 여행가지만 이런 기막힌 경치는 처음이다. 지형은 그랜드캐니언과 비슷하지만 그 장엄함, 그 원시성, 그 아름다움은 도무지 지구의 것이 아니었다.

여기가 우리의 옷 배분처란다. 그래서 그렇게 아침 일찍 서둘렀구나. 영원무역 옷을 실은 트럭 다섯 대가 미리 와 있고, 사람들이 수백 명 구름같이 모여 있었다. 당나귀란 당나귀는 다 여기에 온 것 같다. 여기서는 당나귀가 유일한 교통수단이다. 조지는 현지 직원들에게 약 10분쯤 배분 동선과 과정에 대해 설명해주었다. 마치 선거할 때 본인임을 확인하고 용지를 받은 후 투표를 하고 나가는 것 같은 동선에 노끈을 달아 길을 만들고는 열 명 정도의 사람에게 시범 배분을 해 보였다. 사람과 옷으로 아수라장이던 배분 장소가 한순간 정리정돈 되었다. 조지의 정확한 물자 배분 계획과 현장 통제력은 초자 중의 초자인 내 눈에는 마술을 부리는 것 같았다.

더 산속으로 가니 눈이 덮여 있어 길이 몹시 미끄러웠다. 설상가상으로 맞은편에서 오는 차에게 길을 내어주느라 우리 차가 길 바깥쪽으로 바싹 붙어야 했다. 차창 쪽에 앉아 있던 내가 옆을 보니 차 바퀴가 낭떠러지에 걸려 있었다. 핸들을 한 번만 잘못 꺾으면 모두 계곡 아래로 수직 다이빙할 판이다. 으악 소리가 저절로 났지만 김혜자 선생님 일행 앞에서 내가 당황하는 기색을 보이면 더 당황할 것 같아 짐짓 태연한 척하느라 애꿎은 손톱만 깨물었다.

"웰컴, 코리안 팀.(한국 팀 여러분을 환영합니다.)"
케냐 출신 영양사 제니퍼와 로즈가 반갑게 우리를 맞아주었다. 험한 길인데 해가 떨어져도 오지 않아 많이 걱정했다면서. 시골집인데도 여자 방에는 카펫이 깔려 있었다. 매트리스 하나씩을 배정받아, 각자의 슬리핑백을 펼쳐놓는 것으로 잠자리를 해결했다. 숙소에 빈대와 벼룩이 있다는데, 나는 다른 일행이 밤새 추울까 봐 그게 더 걱정이다. 김혜자 선생님은 몸살감기 기운까지 있으시던데…….

일행들이 쉬는 사이 나는 제니퍼와 로즈에게 현지 상황과 진행

중인 사업에 대한 브리핑을 들었다. 문제는 전쟁이 아니라 혹독한 굶주림이었다. 한마디로 이곳 사람들은 산 입에 거미줄을 치며 서서히 굶어 죽어가고 있었다. 산간 지방이라 농사가 잘 된 해에도 필요한 식량의 6개월 치밖에 확보하지 못하는 데다가 극심한 가뭄이 들어 4년째 아무런 수확이 없었단다. 도시인으로 치면 4년째 월급을 한 푼도 못 받은 꼴이다. 먹을 것이 없는 사람들은 집의 물건을 팔게 마련이다. 처음에는 금붙이 같은 패물을, 그 다음에는 농사기구나 깔고 있던 카펫 등 돈 될 만한 가재도구를, 그 다음에는 두 다리 역할을 하는 당나귀를, 그리고 마지막에는 남겨놓은 종자씨까지 먹는다고 한다. 워낙에 가난한 지역이어서 이 마지막 단계가 작년, 재작년에 지났다고 하니 어린아이들의 영양 상태가 어떨지는 불을 보듯 뻔하다. 한 마을에 주민 1천 명이 있다면 그중 절반인 5백 명은 아이들이고, 이 아이들의 대부분은 영양실조인데 그중에서도 절반은 극심한 영양실조에 걸려 치료급식이 필요하단다. 당장 식량이 와야 한다는 말을 할 때 로즈는 오른손 둘째손가락을 곧추세웠다.

"Immediately!(당장!)"

여기서 우리는 가장 열악한 마을을 선별하여 배분을 3단계로 나누어 실시하고 있다. 1단계는 가족 단위로 그 마을의 모든 사람들에게 밀가루를 배분하고, 2단계는 그와 동시에 임산부 수유부 다섯 살 미만의 아이에게 특별 보충식을 나누어주고, 3단계로는 영양실조가 아주 심각한 아이들을 치료급식소로 데리고 온다.

어려운 점이 뭐냐고 물었더니, 한순간도 망설이지 않고 마을을 선별하는 일이란다. 우리 단체의 자금과 물자가 한정되어 있기 때문에 모두를 돌볼 수도 없고, 다 비슷비슷한 사정임에도 어떤 마을은 식량이 가서 살고 그 옆 마을은 식량이 없어 죽는 것을 봐야 하는 게 제일 괴롭단다. 내일은 아직 우리 도움이 미치지 못해 식량 사정이 매우 열악한 마을로 간다고 한다. 현장 모습이 어떨지 궁금하기도 하지만 너무 끔찍할까 봐 두렵기도 하다.

:: 저 먼지가 모두 밀가루였으면

여기는 쿠차마을. 세상과는 당나귀가 겨우 지나갈 만한 좁은 길로 연결되어 있어 차로는 갈 수 없는 곳이다. 지금은 건기라 강이 바닥을 드러낸 울퉁불퉁한 돌길을 지나서 험준한 산골동네에 도착했다. 마을로 걸어 들어가는데, 다섯 살 정도의 여자아이가 땅에서 뭔가를 찾아 겨우 흙만 털고는 게걸스레 입에 넣는다. 그러다 나를 보더니 얼른 손을 뒤로 감추며 수줍게 웃는다. 입 주위에는 시퍼런 풀물이 들어 있다. 먹고 있는 것은 시금치처럼 생긴 야생풀. 신장과 위장에 치명적이고 눈까지 멀게 하는 독초란다. 다행히 아이의 큰 눈은 아직 초롱초롱했다.

"놈 투치에?(이름이 뭐니?)"

"미리암."

"찬 살레이?(몇 살이니?)"

"판 살레이.(다섯 살.)"

미리암을 따라 집에 가보았다. 깜깜한 방 안에 죽은 듯 누워 있는 갓난아기. 팔은 말라 비틀어졌고, 다리는 꼬챙이보다 더 가늘다. 나오지 않는 젖을 물려보는 젊은 엄마, 두 살이 넘도록 걷지 못하는 꼬마, 집 앞에 누워 초점 잃은 눈빛으로 죽음을 기다리는 할아버지. 가재도구를 다 팔았는지 방 안에는 옷 몇 가지와 빈 냄비만 덩그렇다.

냄비 안에는 이름 모를 풀이 반쯤 담겨 있었다. 그게 지난 몇 달간 이 여섯 식구의 주식이란다. 다른 먹을 건 없냐니까 미리암이 가느다란 나무뿌리를 가져온다. 내미는 아이의 손바닥이 하얗다. 머리는 누렇게 탈색됐고 배가 유난히 튀어나왔다. 전형적인 영양실조 증세다.

또 다른 집에 가보았다. 열일곱 살 된 엄마가 축 늘어진 한 살 남짓의 아이를 안고 있었다. 날 때부터 시작된 설사가 멈추지 않는다는 아슈라프는 얼굴이 창백하고 수세미처럼 숱 없는 머리카락에 뼈와 가죽만 남아 꼭 미라 같다. 이 집도 지난 몇 달간 곡기라고는 구경도 못하고 풀을 데쳐 먹고 살고 있다. 엄마가 먹은 것이 없으니 젖이 나올 리 없다. 이 아기는 태어나서부터 그냥 물만 먹고 살았던 거다. 저 조그만 몸뚱이가 얼마나 괴로울까? 언제까지 견뎌줄까?

불면 꺼질 것같이 가벼운 아이를 조심스레 안아보았다. 새털처럼 가볍다. 얼떨결에 내 품에 안긴 아이가 나를 빤히 쳐다본다. 마치 '아줌마는 누구세요?'라고 묻는 것 같다. 내가 누구라고 설명해야 할까.

나는 한국이라는 먼 나라에서 온 아줌마야. 너희들이 여기서 이렇게 굶고 있다는 걸 한국 사람들에게 알려주려고 온 아줌마야. 너희가 죽지 말았으면 하고 간절히 바라는 아줌마야. 삶과 죽음을 동시에 기다리는 너희를 삶 쪽으로 끌어올리려고 무진장 애를 쓰고 있는 아줌마야.

아이가 눈을 깜빡이며 쳐다본다. 이번에는 이렇게 묻는 것 같다.

'아줌마, 나는 무슨 잘못을 한 건가요?'

네가 무슨 잘못을 했냐고? 세상을 채 2년도 살지 않은 너에게 도대체 무슨 잘못이나 죄가 있겠니. 아니, 생각해보니 죄가 있구나. 가난한 나라에서 가난한 부모의 자식으로 태어난 죄. 그게 바로 죽을 죄였구나.

이 말을 알아들은 것일까? 세상에 태어나서 단 한 번도 배불리 먹어보지 못한 아이가 이제 그 고통스러웠던 삶의 끈을 놓으려는지, 눈을 가늘게 뜬 채 가늘고도 밭은 숨을 몰아쉬며 바르르 떤다.

아, 안 돼!

"일주일 내로 식량이 오지 않으면 이 아이는 굶어 죽을 거예요."

그곳 촌장이 말했다. 이 집뿐 아니라 주민 1천5백여 명이 똑같은 실정이라고 한다. 서부아프가니스탄 지역 53만 명 대부분이 처한 상황이기도 하다.

문제는 이런 식량난이 앞으로 더욱 심각해질 거라는 사실이다. 비가 오지 않아 지난달 파종한 씨가 전혀 싹을 내지 못했기 때문에 올 겨울까지의 수확이 전무할 텐데, 국제 기구들의 구호 식량 공급은 대부분 오는 6월로 종료되기 때문이다. 동네 사람들은 입을 모아 어렵게, 어렵게 말한다. 이제 탈레반이 쫓겨났으니 곧 알라가 비를 내릴 거라고. 그러면 씨를 뿌릴 수 있을 거라고. 그러니 몇 달만, 첫 수확 때까지만 도와달라고. 동네를 대표하는 아저씨 1백여 명이, 동양에서 온 서너 명의 우리 일행과 흑인 국제 직원 두 명을 마지막 생명줄이나 되는 양 꼭 붙들고 절박하게 애원하는 것이다.

돌아오는 차 안에서 김혜자 선생님이 내 손을 꼭 쥐고, 눈을 똑바로 쳐다보며 다그치듯 말했다.

"한 팀장이 책임지고 이 동네에 먹을 것 좀 갖다줘. 꼭 그래줘. 알았지, 알았지?"

통역으로 따라간 현지 직원 소하일도 시골 사정이 이 정도일 줄은 몰랐다며 몹시 충격을 받은 듯 침통해했다. 그러고는 다짐하듯 나에게 말한다.

"한 팀장님, 약속 하나 해줘요. 오늘 본 것을 잊지 않겠다고. 저 아이들을 살려주겠다고."

정말이지 나도 그러고 싶다. 먹을 것을 많이 가져와 저 사람들을 다 살려내고 싶다. 벼랑 끝에 손끝만 걸고 매달려 있는 이들을 잡아 끌어올려주고 싶다. 아, 그런 힘이 내게 있기만 하다면……. 마른 강바닥을 달리는 우리 앞의 자동차가 잔뜩 먼지를 일으킨다. 아, 저 펄펄 날리는 흙먼지가 모두 밀가루라면 얼마나 좋을까!

:: 검은 천사가 전하는 멋진 세 마디

이런 오지에서 파견 근무를 하고 있는 영양사 제니퍼와 로즈는 정말 멋진 사람들이다. 특히 전형적으로 흑인의 넉넉한 몸집을 가진 오십대 중반의 로즈는 보는 사람마다 껴안아주는 걸 좋아해서 이 지역 사람들에게는 마마(엄마)로 통한다.

케냐 고위 외교관 부인으로서의 모든 특권과 안락함을 뒤로 한 채 15년째 긴급구호 최전선에서 일하고 있다. 르완다, 수단 등 기근과 전쟁이 있는 곳이면 어디든지 달려가는 이 검은 천사는 지난 석 달간 이 지역에 배분할 식량을 확보하고 영양급식소를 운영하면서 수천 명의 목숨을 구해내고 있다. 온기라고는 전혀 없는 방에서 자고 매일 찬물 샤워를 하면서도, "현장에 오면 힘이 펄펄 나요. 사람을 살리는 일에 내 힘을 보탠다는 건, 정말 멋진 일이죠"라고 말한다.

우리에게도 남녀노소, 국적에 관계없이 껴안기 세례를 퍼부었다. 김혜자 선생님도, 조지도, 나도 그 넉넉한 품에 안기는 그 순간이 참 좋았다. 현장에 있는 동안 로즈가 하는 말 가운데 반은 이 세 마디가 차지한다.

"내가 뭐 해줄 것 없어요?"

"그거 한번 해볼까요?"

"와, 참 잘했어요."

어느 때는 과장되게, 어느 때는 잔잔하게 하는 이 세 마디에는 내가 요원으로서 배워야 할 것들이 고스란히 압축되어 있었다. 진심 어린 배려, 도전 정신, 그리고 칭찬과 격려. 정말 멋있다. 나는 로즈에게 이렇게 중요한 것을 배웠는데 정작 본인은 뭘 가르치는지 알아채지 못하는 것 같다.

어느 날 로즈가 나를 자기 사무실로 조용히 불렀다.

"지금부터 내가 하는 말, 언짢게 들으면 안 돼요. 동료로서 서로 잘 해보자고 하는 말이니까, 알았죠?"

"물론이죠. 무슨 말이든 하세요."

진심으로 대답했다. 분위기로 봐서는 내 실수를 지적하려는 것 같은데……. 다른 사람이라면 몰라도 로즈의 충고나 질책은 언제라도 무엇이라도 대 환영이다.

"Lovely Biya.(사랑스런 비야.)"

로즈는 나를 한 번 껴안아주고는 얘기를 시작했다. 이야기의 요지는 두 가지. 첫째는, 우리 팀이 쿠차마을에서 너무 울더라는 거다. 처음으로 그런 비참한 광경을 목격했으니 그 눈물을 어떻게 참을 수 있겠냐만, 구호 요원이 주민들 앞에서 너무 놀라거나 우는 등 감정에 휩쓸리면 오히려 현장 활동에 지장을 줄 수 있다는 것을 명심하란다. 둘째는, 식량 배분 계획이 없는 곳을 방문할 때 우리가 식량을 가져다줄 거라고 오해할 수 있는 행동이나 말을 해서는 절대로 안 된다고 한다. 그것은 주민들에게 헛희망을 줄 뿐만 아니라 우리 단체의 신뢰도를 떨어뜨릴 수 있기 때문이란다.

두 가지 다 너무나 중요한 지적이었고, 긴급구호 요원으로서 꼭 알고 있어야 할 현장 근무 수칙이었다. 이렇게 스승은 도처에 있구나. 중요한 것은 우리가 그 스승을 제대로 알아볼 수 있느냐다. 사랑스런 로즈. 아름다운 로즈. 이 고마움을 어떻게 전할까.

::: 움직이는 파란 감옥

"미리암, 탈레반도 없는데 왜 부르카를 쓰고 다녀?"

철든 후 단 한 번도 부르카를 쓰지 않고 바깥에 나간 적이 없다는 미리암에게 물었다.

"무서워서요. 지금은 벗어도 된다지만 나중에 탈레반이 다시 득세하면 지금 벗고 다닌 사람들, 가만 놔두지 않을 게 분명해요."

탈레반 시절, 자기 언니가 옷 바깥으로 손목이 보였다고 길거리에서 피투성이가 되도록 맞았다며 미리암은 부르카 벗는 것을 몹시 두려워했다. 부르카뿐만 아니라, 탈레반은 여자들이 있을 곳은 집 아니면 무덤뿐이라고 하면서 여성의 일과 교육을 원천적으로 막았단다. 미리암이 전해주는 탈레반 치하의 일상은 엄격하다 못해 우스꽝스럽기까지 하다. 여자는 남자 보호자 없이는 시장이나 병원은커녕 택시도 탈 수 없고, 젊은 여자는 젊은 남자와 이야기해서도 안 되며 위반자는 즉시 그 상대와 결혼해야 했단다.(아니, 뭐라고?) 또 휘파람을 불 수 없으며 휘파람 소리가 나는 주전자를 사용해도 안 되었단다. 심지어는 연도 날릴 수 없었다는 등 신기한 얘기가 끝이 없다. 탈레반이 그대로 있었다면 종국에는 새들이 하늘을 나는 것도 금했을 것이다.

"미리암, 이제 그런 일은 없을 테니 걱정 마."

"정말 그럴까요? 나도 부르카를 벗고 싶어요. 얼마나 답답한데요."

장난기가 발동한 내가 한 가지 제안을 했다.

"우리 이렇게 한번 해볼까? 나는 네 부르카를 입고, 넌 내 스카프로 머리만 가리고 오후에 주방장이랑 시장 가기."

"네에?"

놀라서 눈을 크게 뜨고 얼굴까지 발개져 날 쳐다보는 미리암에게 눈을 찡긋해 보였다.

"그렇게 해보자구요, 아가씨. 《왕자와 거지》처럼."

나가기 전에 무전기를 다시 한 번 확인하고 화이트보드에 적어야 할 사항을 빠짐없이 기록한 후 미리암의 비둘기색 부르카를 입고 시장에 갔다. 난생 처음 맨 얼굴로 거리에 나선 미리암은 좀처럼 얼굴을 들지 못했다. 뭔가 대단히 어색하고 불편해 보였다.

부르카는 모자처럼 된 머리 부분을 먼저 쓰면 원피스처럼 생긴 나머지 부분은 넉넉하고 풍성해서 대충 맞게 되어 있다. 하지만 옷자락이 길어 자꾸 발에 밟혔다. 또 눈 부분만 그물망처럼 뚫어놓고 나머지는 몽땅 가렸기 때문에 숨을 제대로 쉴 수 없고, 숨소리가 옷 속에서 증폭되어 내 귀로 시끄럽게 들려왔다.

눈을 가린 그물망도 어찌나 촘촘한지 온 세상이 파란 격자무늬 속에 갇혀 제대로 보이지도 않는다. 그래서 시장 물건을 조금이라도 자세히 보려면 그 그물망을 눈 쪽으로 바싹 갖다대야 했다. 무엇보다도 시야가 정면으로만 고정되어 있어서 길을 건널 때 양 옆에서 오는 차가 보이지 않아 굉장히 위험했다. 이래서 도시에서 부르카를 입은 여자 보행자 사고율이 높은 거로구나.

시장통에서는 뒤에 오던 주방장이 불러서 돌아보려는데, 아무리 고개를 돌려도 뒤가 보이지 않는 바람에 마주 오는 마차와 크게 부딪칠 뻔했다. 정말 이 옷, 사람 잡겠다.

단지 두 시간 부르카를 입고 다녔는데도 시야가 가물가물해서인지 멀미가 나는 것같이 속이 메슥거리고, 밀폐된 좁은 공간에 갇혀 있을 때처럼 폐소공포증이 느껴지는 것 같다. 게다가 나일론처럼 통풍이 전혀 안 되는 천이라 칠팔월 염천에는 얼굴과 몸이 온통 땀띠투성이가 될 게 뻔하다. 한 가지 편리한 점이 있다면 누가 안에 들어 있는지 알 수 없으니 시장에서 활개치고 다녀도 외국인인 나를 쳐다보는 사람이 없어서 좋다.

"어휴, 이건 옷이 아니라 감옥이네. 움직이는 파란 감옥!"

사무실에 도착하자마자 부르카를 벗어던지며 말했다. 사무실 현지 직원들은 호기심에 차서 미리암에게 맨얼굴로 다니니까 어떻더냐고 물었다.

"벌거벗은 느낌이었어요. 사람들이 모두 나만 보는 것 같고, '아니, 감히 부르카를 벗고 다니다니'라고 질책하는 것 같기도 하고."

그러면서 덧붙이는 말.

"내일부터 다시 부르카를 입고 다닐래요. 다른 사람들이 다 벗으면 그때 벗으면 되죠."

길들여진다는 것이 이렇게 무섭다.

∷ 희망이 소리치는 천막 교실

처음 현장에 온 사람으로서 놀라운 일이 있다. 바로 현지 직원들의 높은 업무 수준이다. 뭐든지 두 번 얘기할 필요가 없고, 하나를 알려주면 열 가지로 응용한다. 우리 통역자 소하일도 그렇다. 예쁘게 생긴 꽃미남인데 웃는 모습이 순진하고 귀엽다. 이제 겨우 열아홉 살이지만 품위와 애국심이 넘쳐흐른다. 아프가니스탄의 재건을 위해서 한 몸 바치겠다는 굳은 결의를 들을 때마다 일제 강점기의 우리 나라 애국 청년을 보는 듯하다.

영어 실력도 끝내준다. 탈레반 시절 몰래 배운 영어라는데, 작년에 헤라트에 있는 외국 단체에서 일한 경험만으로 저런 고급 영어를 구사한다는 것이 믿기 어려울 정도다. 소하일과 같이 일하면서 아프가니스탄 사람들의 속마음과 젊은이들에 대해 좀더 알 수 있었던 것도 수확이다. 소하일은 미군이 탈레반을 쫓아준 것은 고마우나, 이후 아프가니스탄에 대한 미국의 영향력 범위에 대해서는 아프가니스탄 사람들과 신중한 합의가 필요하다고 잘라 말한다.

또 소하일은 저녁에 야학에서 무료로 영어를 가르치는데 영어를 알아야 국제 사회에서 아프가니스탄이 제 목소리를 낼 수 있으니, 이것이 국가 재건에 결정적인 도움이 될 거라고 굳게 믿고 있다. 학생에게 우리 돈 2천 원 정도의 수업료를 받지만 350명 중 절반은 무료 학생이다. 한 달에 50달러 하는 건물 임대료가 늘 모자라 선생님들이 추렴해서 낸다고 한다. 어느 날 야학에 따라가보니 교실은 전깃불도 없이 깜깜한데, 발 디딜 틈 없이 빽빽하게 앉은 학생들의 반짝이는 눈동자만이 어둠을 가르고 있었다. 나도 그날 일일 교사가 되어서 여자 반 두 반을 가르쳤다. 소하일은 이들이 아프가니스탄의 미래라고 했다. 나도 기꺼이 그 미래에 두 달 치 건물 임대료 1백 달러를 투자했다.

그런데 나는 솔직히 소하일에게 투자하고 싶다. 이 똘똘하고 올곧은 아이에게 대학 교육의 기회를 줄 수 있다면 얼마나 좋을까. 분명히 그 아이는 자신이 받은 혜택을 개인의 영달이 아니라 공공의 이익을 위해 쓸 것이기 때문이다. 이 친구가 만약 아프가니스탄 대통령이라도 된다면 내가 좀 뻐길 수도 있을 거고.

헤라트의 아침은 학교 가는 여자아이들의 재잘거림으로 시작된다. 우리 숙소 창문 밖으로는 그 소리가 더욱 선명하다. 근처에 천막 학교가 있기 때문이다. 얼마나 좋을까. 탈레반의 여성 교육 금지로 그동안 얼씬도 못 한 학교를 다니게 되었으니. 6년 만에 처음으로 수업이 시작되는 날, 나는 사진 찍고 인터뷰하고 그 들뜬 분위기를 몸으로 느끼기 위해 서둘러 학교에 갔다.

아침 8시, 스카프로 머리를 가린 어린 여자아이들이 삼삼오오 새처럼 지저귀며 학교로 들어왔다. 얼마 전까지 탈레반이 여학교를 폐쇄하고 군인 숙소로 사용했던 울타리도 대문도 없는 건물이다. 아이들이 들어가 앉은 교실 벽은 갈라져 밖이 훤히 보이고, 바닥은 그냥 흙바닥이다. 책상도 걸상도 칠판도 없고, 교과서도 선생님 것 딱 한 권뿐이다. 그러나 선생님을 바라보는 아이들의 눈동자는 눈부실 만큼 초롱초롱했다. 발디딜 틈도 없이 촘촘하게 앉아 있는 아이들에게 뻔한 질문을 했다.

"너희들, 학교에 오게 되어서 좋으니?"

내 말이 떨어지자마자 입에서 젖 냄새가 폴폴 날 것 같은 조그만 40여 명의 아이들이 고개까지 동시에 오른쪽으로 까딱하며 합창하듯 대답한다.

"발레요.(물론이지요.)"

"뭐가 좋은데?"

제일 앞줄에 앉은 꼬마가 자신 있게 말한다.

"우리 오빠처럼 글씨를 읽고 쓸 줄 알게 되니까요."

그러나 안타깝게도 모두가 이렇게 수업을 받을 수 있는 건 아니다. 초등학교부터 고등학교까지 함께 있는 이 학교에서 콩나물 교실에 삼부제 수업을 해도 최대 수용 인원은 1천7백여 명. 이미 학교에 오겠다고 등록한 학생은 7천 명이 넘는다. 부랴부랴 운동장 가득 임시 천막 교실을 만들었지만 역부족이다. 학교 마당에는 교실 속의 아이들을 한없이 부러운 눈으로 쳐다보는 아이들이 몇 배로 많다.

여자 선생님도 턱없이 부족하다. 여학생은 반드시 여선생님이 가르쳐야 하는데, 하루아침에 많은 여교사를 찾을 수가 없어 같은 학교의 고등학생이 선생님 노릇을 대신하고 있다.

내가 들어간 초등학교 2학년 반을 가르치는 선생님 자야도 16세의 고등학교 학생이다. 이 반에는 선생님과 동갑인 수라야도 있다. 막내동생 같은 아이들과 같이 공부하기가 부끄럽지 않느냐니까 고개를 젓는다.

"탈레반 시절, 언니랑 지하 학교에 다녔어요. 밤에 몰래 부르카 안에 책을 감추고. 며칠 지나지 않아서 들키고 말았죠. 우리를 가르치던 사촌 오빠는 죽도록 맞아서 지금도 운신을 못 합니다. 이렇게 환한 대낮에 학교를 다닐 수 있다니 꿈만 같아요. 나는 약혼을 했는데 다행히 약혼자 집에서 학교를 다녀도 좋다고 허락했어요. 알라께 감사합니다. 그리고 탈레반이 다시는 돌아오지 않도록 기도하고 있어요."

남자아이들도 새 학기를 기뻐하기는 마찬가지다. 지난해까지는 전부 코란에 관한 과목만 배웠는데 지금은 수학에 미술까지 공부해서 참 좋단다. 영어와 컴퓨터도 배웠으면 좋겠다고 덧붙인다. 그래서 하루빨리 나라에 보탬이 되어야 한다고 어른스러운 소리를 한다.

교실마다 울려 퍼지는 아이들의 책 읽는 소리, 맑은 눈동자, 밝은 표정, 환하고 따뜻한 웃음……. 희망은 벌써 여기에 와 있었다.

:: 지뢰를 모두 없애려면 천 년이 걸린다고?

"나중에 알고 보니 온통 지뢰밭이었지 뭐예요. 얼마나 놀랐던지."

어느 날 국제 단체 간 회의가 끝나고 몇몇 사람들과 차를 마시면서 자연스레 얼마 전 다녀온 바드기스 얘기를 하게 되었다. 현장에 갔다 온 직후 유엔에서 배포한 그 지역의 지뢰 매설 지도를 보는 순간 머리가 쭈뼛 섰다. 맙소사! 우리가 어린이 의류를 나누어주며 이틀씩 누비고 다니던 군사 비행장 전체가 지뢰 매설 표시인 붉은색 해골투성이가 아닌가. 그곳 지뢰가 1백 킬로그램에 터지는 대전차용이었기에 망정이지, 3킬로그램에도 예민하게 반응하는 대인용이었으면 분명 내 발목은 남아나질 않았을 거다.

"내 환자가 될 뻔했군요."

옆에 있던 덴마크인 의사가 농담을 한다. 사십대 초반, 금발의 데니스는 지뢰 사고자를 위한 의족·의수 및 재활 사업을 하고 있다. 그가 장난스레 웃으며 지뢰에 관한 즉석 퀴즈 대회를 하자고 제안했다. 일등 상품은 헤라트에서는 귀하디귀한 다이어트 코크! 갑자기 분위기가 업 되었다. 다 큰 사람들이 다이어트 코크 하나에 이렇게 흥분을 하는 게 귀엽기만 하다.

자, 질문 들어갑니다.

질문 1: 세상에서 지뢰가 제일 많이 묻혀 있는 나라는?
(경쟁자들 한꺼번에 한마디씩 하며) 앙골라, 캄보디아, 러시아. 아프가니스탄, 한국(물론 이건 내가 말했다. 어디서 그렇게 들은 것 같아서)…….
정답 : 아프가니스탄! (현지인이 맞혔다. 때려 맞힌 것이 분명하다.)

질문 2: 아프가니스탄에 묻힌 지뢰의 수는?
(이 질문이 나오자마자 누가 쏜살같이 대답한다.) 1천만 개!
정답 : 딩동댕. 1천만 개 이상.

질문 3: 오늘부터 아무도 지뢰를 묻지 않는다는 가정 하에 현재 묻혀 있는 지뢰를 모두 없애는 데 걸리는 시간은?
(다들 50년부터 2백 년까지라고 했지만 지뢰 제거는 하나하나 수작업이라는 걸 알고 있는 나는 통 크게 "천 년!"이라고 외쳤다.)
정답 : 코렉트! 천 년입니다. (야호!)

마지막 질문 : 지뢰 한 발 값과 그 한 발을 제거하는 데 필요한 돈은?
(막 머리를 굴리고 있는데 아까 1천만 개를 맞힌 사람이 자신 있게 말한다.) 생산 비용과 매설 비용까지 합해 5~10달러, 제거 비용은 최대 천 달러! (저 사람 분명 안전 담당 요원일 거다. 뒷조사가 필요하다.)

정답 : 딩동댕, 지뢰를 묻는 데는 5달러, 제거하려면 그 2백 배가 넘는 1천 달러가 필요합니다. 오늘은 여기까지. 자, 이 다이어트 코크는 두 개를 맞힌 가톨릭 구호 단체 팀원에게 드리겠습니다.

"한 문제 차이로 이등인 사람은요?

겨우 한 개를 맞힌 내가 손을 들고 짐짓 심각한 체 물었다.

"아, 이등 상! 그건 제가 숙소까지 차 태워드리는 걸로 하면 안 될까요?"

데니스가 눈을 찡긋해 보인다. 덕분에 그가 일하는 재활병원을 방문하게 되었다. 곱상해서 온실에서만 자란 것 같은 이 친구, 알고 보니 십 년 전부터 전선만 다니며 지뢰 사고자를 돌보는 백전노장 지뢰 피해 전문 의사였다.

"아프간에 그렇게 많은 지뢰가 묻혀 있으니 지뢰 사고가 일상일 수밖에 없겠네요. 발목이 날아간 아이들이 목발도 없이 뒤뚱거리며 걷다가 나를 보고 환하게 웃으며 '샬롬!(평화!)'이라고 말할 때는 마음이 짠해져요."

생글생글 웃던 이 친구, 갑자기 진지한 표정이 되었다.

"바로 그거예요. 지뢰의 최대 피해자는 어린이들이죠. 제일 약하다는 대인지뢰를 밟았는데도 한쪽 팔다리는 물론 얼굴의 반까지 날아간 아이가 여기 이 층 병실에 누워 있어요."

"여기 오기 전에 《나비지뢰》라는 책을 봤어요. 이 지뢰는 전혀 해가 될 것 같지 않은 초록색 나비 모양이라, 아이들이 호기심에 만지고 놀다가 터져 수많은 사고가 난다고 하더라고요."

"그뿐인 줄 아세요? 초콜릿, 예쁜 색깔의 계란, 아이스크림 모양의 지뢰는 아이들을 해치기 위한 것이 아니라면 뭘까요?"

정말 용서할 수 없는 건 책이나 곰 인형 안에 지뢰를 묻어놓는 거란다. 피난 갔다 돌아온 아이가 반가운 마음에 곰 인형을 잡는 즉시 터져, 아이는 물론 집안 식구들이 모두 죽게 된다고. 아이들이 자라면 곧 자기들을 죽이는 적군이 되니까 씨를 말려야 한다는 것이 이유란다.

더욱 힘 빠지는 것은 1년에 제거되는 지뢰는 겨우 10만 개지만 새로 묻는 지뢰가 무려 2백만 개라는 사실. 그래서 아무리 열심히 의족을 만들어준다고 해도, 결국 바닷물을 컵으로 퍼 나르겠다고 달려드는 게 아닌가 생각한단다.

궁금해진 내가 물었다.

"혹시 유통 기간이 입력된 지뢰를 개발할 수는 없나요? 한 2∼3년이 지나면 저절로 기능을 상실하는 지뢰를 만들면 그나마 낫지 않을까요?"

"아, 정말 그렇네요. 현대 기술로 그렇게 못 할 건 없을 텐데……. 이 기발한 아이디어를 누구한테 말해야 하나……."

잔뜩 과장되게 얘기하더니 다시 진지해져서 이렇게 말한다.

"하여간 우리는 전 세계가 모두 대인지뢰 금지법에 조인하고 그 약속을 지키는 날까지 맞서 싸울 겁니다. 내가 험한 현장만 골라 다니는 것도 지뢰 피해를 증언해야 할 때 최고의 설득력을 갖기 위한 거죠. 아까 퀴즈 문제를 낸 것도 재미있게 지뢰 문제의 심각성을 알리려고 내가 자주 쓰는 지뢰 금지 홍보 방법이에요."

허, 이 사람, 의사라면서 국제 홍보학 전공인 나보다 훨씬 차원

높은 홍보를 하고 있다. 한 시간에 걸쳐 지뢰의 폐해에 대해서는 물론 현장 홍보는 어떻게 하는가 한 수 크게 배웠다.

차를 타고 떠나려는 나에게 이 의사, 잊어버릴 뻔했다는 듯 명함을 내밀었다.

"아까 세상에서 제일 많은 지뢰가 묻혀 있는 나라가 한국이라고 하셨죠? 그때 비야 씨가 한국 사람인 줄 알았어요. 한국은 비무장지대에 묻혀 있는 지뢰 매설 밀도가 세계 최고랍니다. 통일이 되면 지뢰 제거가 큰 문제가 될 겁니다. 만약 내가 필요하면 불러주세요. 언제라도 달려가죠."

오는 차 안에서 데니스의 마지막 말이 머리를 떠나지 않았다. D.M.Z.(Demilitarized Zone). 이름 그대로라면 비무장지대인데 땅속은 그렇게 잔뜩 무장을 하고 있는 내 나라의 현실이 슬프다. 내 땅의 허리가 안쓰럽다. 괜히 내 허리를 만져본다. 아, 생각할수록 시리고 저린 나의 조국이여.

:: 당신은 왜 여기 와 있는 거죠?

웬 꼴값!

헤라트에 있는 동안 이런저런 회의에 참석하면서 지뢰 강의를 했던 데니스처럼 멋진 사람도 만나지만 차마 눈뜨고 봐줄 수 없는 꼴불견들도 만나게 된다. 오늘도 그랬다. 모 NGO의 새파란 미국인 직원이 이란을 다녀오는 현지 직원에게 크런치 땅콩버터(땅콩을 잘

게 부셔 만든 것)를 부탁했더니 크림 땅콩버터(땅콩을 갈아 만든 것)를 사왔다면서 "내가 크런치와 크림도 구별 못 하는 멍청이랑 일하느라 늙습니다"라며 마구 흉을 보는 게 아닌가. 그 사람은 다른 때도 나이 든 현지 직원에게 손가락으로 이래라 저래라 명령하는 꼴이 영 못마땅했는데 오늘은 본격적으로 꼴값을 한다. 보다 못한 내가 한마디 톡 쏘았다.

"그냥 주는 대로 드세요. 없는 것보다 낫잖아요?"

게다가 유엔 직원들의 사무실과 부대시설은 믿을 수 없을 만큼 크고 화려하다. 운동실, 독서실, 응접실, 스탠드바 등 없는 게 없다. 여기가 헤라트인가 제네바인가 할 정도다. 물론 유엔도 나름대로 직원 복지 차원의 엄격한 기준에 맞춘 것이겠지만 전후 구호와 복구에 써야 하는 그 귀한 돈이 그렇게 쓰이는 것을 보면 영 마음이 불편하다.

우리 단체 직원들 중에도 꼴 보기 싫은 사람이 몇 명 있다. 현지인들에게 말할 때 꼭 허리에 손을 올리고 명령하듯이 하는 사람도 있고, 영어를 잘 못 알아듣는 사람을 저능아 취급하며 무시하는 직원도 있다. 듣다 못한 내가 "그렇게 답답하면 머리 좋은 당신이 아프간 말을 배우시죠"라고 빈정대도 눈치도 없이 자꾸만 한 얘기를 또 한다. 그러면 나는 속으로 이렇게 욕한다.

'사람 말 못 알아듣는 저능아는 바로 너다, 이년아.'

현장 근무를 하면서 정말 마땅치 않았던 점은 우리 단체를 포함해서 국제 구호 단체들은 대부분 서양의 기준에 맞춘 매뉴얼을, 문화적 차이를 무시한 채 동일하게 적용한다는 거다. 예를 들면 우리 현장인 바드기스에도 주민들의 의견을 수렴할 주민 위원회가 있어야 하는 것까지는 이해하겠는데, 그 위원회에 반드시 여성을 20퍼센트 이상 포함시켜야 한다는 건 코미디나 다름없다. 그런 시골에 글을 읽을 줄 아는 여자가 전무할 뿐더러 남편의 허락 없이는 의견을 내놓기는커녕 회의 참석도 할 수 없는 현실을 전혀 고려하지 않은 것이다. 이런 것은 궁극적인 지향점이기는 하나, 지금 당장 적용하는 건 무리일 뿐만 아니라 오만이라고 생각한다. 극단적으로 말해 인도주의를 가장한 제국주의라고나 할까.

또 현지 직원들과 구호 대상인 주민들을 너무 기계적으로 대하는 국제 직원들과 같이 있으면 민망하다. 일을 하면서 자기 돈을 쓰는 것처럼 대단한 시혜를 베푸는 양 뼈기는 꼴도 우습다. 선진국에서 태어난 것이 마치 자기의 인간적인 가치가 높아서라고 착각하는 그런 골빈 국제 요원들은 정말 밥맛없다.

그러나 제일 싫은 사람은 아프가니스탄에 대해 함부로 말하는 사람이다. 아프가니스탄은 희망이 없는 나라라고, 국제적인 역학 관계를 보면 앞으로 백 년 안에는 평화가 오지 않을 거라면서 말이다. 아무리 힘없는 나라지만 한 나라의 운명을 그렇게 멋대로 재단하는 그런 사람들을 보면 피가 거꾸로 솟는다. 그래서 이런 말을 들을 때마다 소속 단체, 지위 고하, 국적, 남녀에 상관없이 한판 붙는다. 아니, 쌈닭처럼 내가 먼저 싸움을 건다.

"그런 당신은 여기 왜 와 있는 거죠? 이곳 사람들의 아픔을 발판삼아 돈이나 벌고 현지인들에게 우월감이나 과시하려고 온 건가요?"

그러면 십중팔구 그 사람들은 내가 긴급구호의 초자라서 너무 이상적으로만 생각한다며 꼬리를 내린다. 자기도 처음에는 그랬다고, 조금 지나면 현실을 깨닫게 될 거라고. 난 그런 말 듣고 싶지도, 믿고 싶지도 않다. 목숨이 왔다 갔다 하는 구호 현장에서 겨우 돈이나 우월감 때문에 일한단 말인가? 그건 아니어야 한다. 정말 아니어야 한다.

어느 날 저녁, 나의 이 무거운 마음을 조지에게 털어놓았다. 현장에서 20년 이상 잔뼈가 굵은 이 친구는 이 한마디로 내 마음을 가볍게 해주었다.

"타산지석! 처음에 잘못 배운 사람들이 얼마 안 가 꼭 그런 헛소리를 한다니까요. 초보자 비야 씨, 오늘 그 사람 덕분에 잘 배웠죠?"

∷ 24시간 감시 대상, 한비야

쉐킬라는 내가 이곳에 와서 사귄 친구다. 쉐킬라의 남동생이 우리 사무실의 한 프로젝트에 관여하면서 알게 되었는데, 헤라트의 유일한 여자 치과의사이자 서른네 살의 장난기 가득한 두 아이의 엄마다. 주근깨투성이의 얼굴에 언제나 생글생글 웃는 모습이 사랑스럽다. 그러나 이런 귀여운 생김새와는 달리 탈레반 시절 무엄하게(?) 고위 간부의 개인 치료를 거부해 2년간 영업이 정지되었던 정의파이기도 하다. 공교롭게도 집이 우리 숙소 바로 앞이라 무시로 드나들며 식구들 모두와 친하게 지냈다.

한번은 휴일에 집에 갔더니 시집장가간 형제들과 그들의 아들딸까지, 한 방 가득 일가친척 30명 정도가 모였다. 한눈에 보아도 교육을 잘 받은 티가 났는데, 알고 보니 헤라트에서는 손꼽히는 명문가란다. 한국 사람이 온다니까 인사도 할 겸 구경도 할 겸 모인 식구들에게 내 이름이 비야라고 말했더니 남녀노소 할 것 없이 배꼽을 잡고 한참을 웃는다. 어린아이들은 데굴데굴 구르기까지 하면서. 난 내 이름이 이렇게 한바탕 웃을 수 있게 하는 힘이 있어서 좋다.

나는 탈레반 시절 얘기를 많이 물었고, 그들은 넋을 놓고 나의 세계 일주 이야기를 들었다. 나는 그들이 어떻게 쉐킬라처럼 탈레반에 맞서 싸웠는가에 감탄하고 그들은 혼자서 세계를 돌아다닌 내 용기에 감탄했다. 아이들을 위해서 손수 세계지도까지 그려 한국이 어디 있는지 알려주고 여행한 나라를 짚어주면, 아이들은 신기해하면서 너무너무 좋아했다.

그러다가 환자가 오면 쉐킬라는 아무리 재미있는 얘기중이라도 단호히 일어서서 집과 붙어 있는 진료실로 간다. 쉐킬라는 이를 빼기만 하는 환자에게는 돈을 받지 않는다. 더 이상 치료를 할 수 없을 만큼 가난한 사람들에게 어떻게 돈을 받느냐. 그리고 일을 끝내고 돌아와서는 아까 자기가 못 들은 데부터 다시 얘기해달라고 떼를 쓴다. 저녁밥을 먹지 않고 간다고 늘 섭섭해하지만 어쩌겠는가 우리 규정상 해 지기 전에는 숙소로 돌아가야 하는데……

어느 날 쉐킬라가 신나서 말한다.

"비야 언니, 내일 노는 날이죠? 우리 식구랑 헤라트 근교로 소풍 가요. 해 지기 전에 돌아오기만 하면 문제없잖아요?"

다음 날이 이곳 사람들이 공식적인 봄의 첫날로 꼽는, 피크닉데이란다. 그때 모였던 대식구들이 모두 몇 대의 차에 나누어 타고 어느 숲으로 갔다. 숲이라고 해야 나무 몇 그루에 개울이 한줄기 흘러가는 곳인데도 나들이를 온 사람들은 무척 즐거워했다. 언덕 저쪽에는 아프간 전통 어깨춤을 추는 한 무리의 남자들이 흥에 겨워 죽는다. 우리 식구도 양고기를 구워 먹고 산책도 하고 낮잠도 자면서 신나는 하루를 보냈다. 근데 그 소풍이 화근이었다.

안전 담당 얼굴이 돌같이 굳어 있었다. 분명 화이트보드에 행선 지와 출발 시간을 적어놓고, 무전기로 30분마다 위치 확인 교신하고, 해 지기 전에 숙소로 돌아왔는데 왜 저러는 거야. 정말 시집살이도 이런 시집살이가 없다.

아니나 다를까, 아무도 없는 사무실로 나를 불렀다.

"오늘 어디에 갔어요?"

심문하는 듯한 그의 태도가 거슬려 나도 삐딱하게 나갔다.

"화이트보드에 써놓았잖아요."

"교외로 나갔다면서요? 그것도 현지인 식구들 한 부대와."

"그게 뭐 잘못됐나요? 규칙대로 30분에 한 번씩 교신했잖아요."

"아까 헤라트 정부 외국인 담당관이 왔었어요."

"그게 나랑 무슨 상관이에요?"

"비밀경찰이 우리 직원들의 일거수일투족을 감시하고 있으니 조심하라더군요. 그러면서 당신이 오늘 누구랑 어디에 갔는지 자세히 말해주었죠."

"비밀경찰이 왜 나를……."

깜짝 놀라 내 태도가 조금 누그러졌다.

"비야 씨가 현지인과 유난히 가까이 지내는 사람이니까요. 분명히 말하는데 여기는 아직도 탈레반 세력이 있는 곳이에요. 누가 어느 편의 첩자인지 알 수 없으니 철저히 조심해야 해요."

무슨 말인지 100퍼센트 이해했다. 정말 조심해야겠다. 그나저나 나는 내가 경찰이 24시간 감시할 만큼 주요 인물인지는 미처 몰랐다.

"그리고 어제는 해질녘에 옥상에 올라가서 한참을 있었다던데요?"

그건 또 어떻게 알았지?

"네, 옥상에서 운동 삼아 빨리 걷기를 하느라고……."

"앞으로는 옥상에 올라가지 마세요. 멀리서 봐도 금방 눈에 띄니까. 비야 씨 운동하는 모습이 비밀경찰에게는 무진장 수상하게 보이는 거죠."

이 말도 일리가 있어서 이제부터는 옥상에 안 올라가겠다고 말했다. 그런데 그 다음 말이 본론이었는지 무척 단호하다.

"안전 담당 요원으로 말합니다. 앞으로 현지인과 너무 가까이 지내지 마세요. 특히 치과의사네 일가친척은 막강한 영향력이 있는 집안이랍니다. 그만큼 반대 세력도 많아요. 만에 하나 잘못되면 우리 사무실이 모두 철수해야 하는 상황이 올 수도 있다는 걸 명심하세요."

이 대목에서는 그러겠다는 말이 바로 나오지 않았다. 여태껏 친하게 지낸 친구를 어떻게 하루아침에 저버리란 말인가. 게다가 내가 쉐킬라랑 친한 게 사무실 전면 철수까지 갈 수도 있다는 극단적인 가정은 정말 오버다. 그러나 초자인 내가 이 사람의 말을 따르는 게 맞을 거다. 그의 말은 오랜 경험에서 나온 우리 모두를 위한 최선의 결론일 테니까.

"윌코."

내가 마지못해 대답했다.

"로저 앤드 아웃."

이렇게 말하면서 그는 내 어깨를 감싸안았다. 미안해하는 이 사람 마음도 알 것 같다.

그런데 쉐킬라에게 내가 왜 이제부터 자기네 집에 갈 수 없는지를 사실대로 설명할 수가 없었다. 일주일 내내 매일 전화를 걸어서 점심 먹으러 와라 차 마시러 와라 하는 걸 이 핑계 저 핑계 대고 거절하려니까 정말 속이 쓰리다. 날 오해하지나 않을까 걱정도 된다. 어느 날은 그 집 심부름하는 아이가 날 찾았다. 손에는 쉐킬라가 만든 양고기를 듬뿍 넣은 아프가니스탄식 볶음밥이 들려 있고 쪽지 한 장이 들어 있었다.

"비야 언니, 아무리 바빠도 식사는 거르지 마세요. 그리고 한번 오세요. 다들 보고 싶어하는데."

이틀 후 내가 집에 나타나자 모두들 어찌나 반가워하는지. 쉐킬라의 한 살배기 딸까지 싱글벙글이었다. 반갑고 미안했다.

"쉐킬라, 나는 내일 바드기스로 가요. 거기서 지내다가 바로 한국으로 가야 해요. 그러니 오늘이 우리의 마지막 날이군요. 정말 섭섭해요. 그동안 내가 왜 여기 올 수 없었는지는 한국에 돌아가서 알려드릴게요."

"무슨 소리, 우리는 언니가 작별 인사를 하러 와줘서 얼마나 마음이 놓이는지 몰라요. 우리가 무슨 실수를 해서 안 오는가 걱정했거든요."

그러면서 이별의 정표라며 자기 손에 끼고 있던 반지를 얼른 빼준다. 나도 뭔가 줄 게 없나 하다가 늘 가지고 다니던 선탠로션을 꺼냈다.

"이건 내 정표예요. 쉐킬라는 주근깨가 매력 포인트이긴 하지만 지금보다 더 많이 나면 안 되니까 이걸 잘 발라서 깨소금 도지지 않게 하세요."

아쉽기는 나 역시 마찬가지다. 이곳 우편 행정이 마비돼, 앞으로는 전화도 편지도 할 수 없을 테니 말이다. 총부리를 겨누는 것만이 전쟁이 아니다. 서로의 진심을 알면서도 더 이상 친해질 수 없는 현실. 따지고 보면 쉐킬라도 나도 이 전쟁의 피해자다. 사랑스런 쉐킬라, 다시 만날 날을 고대한다.

인샬라!

::: "살아줘서 정말 고마워."

다시 해발 3천 미터 산을 넘고 벼랑길을 10시간 달려서 바드기스 현장에 왔다. 지난번에 쿠차마을에서 데려온 아이는 악성 설사가 멈추고 영양 상태도 회복되어 퇴원을 기다리고 있었다. 아이 엄마는 나를 보더니 죽은 자식이 살아온 것처럼 반가워한다. 열일곱 살, 어린아이와 다름없는 젊은 엄마의 얼굴에도 발그레 화색이 돌아와 있었다. 하지만 쿠차마을보다 더 깊은 시골로 들어가니 영양 실조에 폐결핵까지 만연하는 등 상황은 더욱 나빴다. 네 살짜리 사이드와 생후 팔 개월 된 압둘도 그런 아이들이다.

당장 치료급식을 시작해야 한다는 생각에 마음이 급해져 의식 불명 직전인 아이들을 차에 싣고 단숨에 읍내로 달려왔다. 치료급식소 안에는 사이드나 압둘과 비슷한 상태의 아이들 40여 명이 치료를 받고 있었다. 담당 의사가 아이들의 키와 몸무게, 팔뚝 굵기를 재고 몇 가지 의례적인 검사를 한 뒤, 어두운 얼굴로 말했다.

"너무 늦었어요. 둘 다 살 수 있다고 장담을 할 수 없습니다."

그렇겠지. 의사는 함부로 장담할 수 없는 거겠지. 그러나 우리는 긴급구호 요원이다. 우리에게 사람의 목숨은 두 가지 상태뿐이다. 죽거나 살거나. 죽어간다거나 가망성이 희박하다라는 말은 긴급구호 용어가 아니다. 저 아이들의 목숨이 딱 끊어지기 바로 그 순간까지, 가망성이 0퍼센트가 되는 그 순간까지는 어떻게든 살려내려고 노력하는 것이 우리가 해야 할 일이다.

집중 급식을 위해 우리는 네 개 조로 나누어 불침번을 서며 두 시간에 한 번씩 아이들에게 치료 영양죽을 먹이기로 했다. 자주 정신을 잃는 사이드는 꼬집어 깨워서 수저로 떠 먹였고, 삼킬 힘이 없는 압둘은 강제로 입을 벌려 흘려넣었다. 이런 노력이 헛고생이라도 좋다. 누군가의 목숨을 지레 포기하지 않는 것만으로도 떳떳한 거다. 아이들한테도 우리 자신에게도.

딱 이 주일이었다. 어느 날 사이드의 목을 왼팔로 받치고 영양죽을 한 숟가락 떠 입에 넣으려고 할 때다. 아이의 눈이 나와 마주쳤다. 힘이 없어 언제나 허공을 바라보던 눈이었는데……. 반가운 마음에 활짝 웃어주니, 글쎄 아이가 나를 보고 방긋, 웃는 게 아닌가. 아! 살아난 것이다. 순간 가슴이 너무 벅차서 터지는 줄 알았다.

'고맙다 사이드. 살아줘서 정말 고마워.'

의사도 아닌 우리가 아이를 살렸다는 사실이 믿기지 않는다. 사이드에게 해준 건 복잡한 수술도, 값비싼 중장비 치료도 아니다. 그저 두 시간에 한 번씩 시간 맞추어 영양죽을 먹였을 뿐. 밀가루와 콩가루에 소금, 설탕을 섞은 그 영양죽 이 주일 치 값은 단돈 만 원이다. 단돈 만 원에 사람이 죽고 사는 곳이 긴급구호 현장이라는 말은 수없이 들었지만, 이렇게 직접 그 일을 하면서도 믿기 어렵다. 바로 눈앞에서 웃고 있는 사이드를 보면서도 말이다.

그러나 같은 날 들어온 압둘은 크게 달라지지 않았다. 너무 어려서일까? 먹인 것도 다 토하고 설사도 좀처럼 멈추지 않았다. 예방주사를 맞히느라 주삿바늘로 엉덩이를 찌르는데도 울지도 않고 무표정하게 그 큰 눈만 껌뻑였다. 울어야 하는데, 아프다고 소리를 질러야 하는데, 아픈 걸 느끼고 표현하는 아이가 살 확률이 높다는데, 저렇게 맥을 못 추고 있으면 안 되는데, 벌써 이 주일이 지났는데……

바드기스를 떠나는 날, 마지막으로 치료급식소를 둘러보고는 압둘에게로 갔다. 아이는 여전히 미동도 않은 채 눈만 껌뻑이고 있었다. 안타까운 마음에 양손의 둘째손가락으로 아이의 얼굴을 쓰다듬어주었다. 그런데 이게 웬일이란 말인가. 힘없이 누워 있던 아이가 갑자기 그 조그만 손으로 내 오른손을 잡더니 손가락을 꽉, 깨무는 게 아닌가. 따끔하다. 이도 두 개밖에 나지 않은 녀석이 마치 "걱정 마세요, 이제 나 힘 세졌어요"라며 힘 자랑을 하는 것 같다. 내 손가락에는 선명하게 이 자국이 나 있었다. 눈물을 참지 못했다. 바보같이.

내가 탄 파키스탄 행 비행기가 힌두쿠시 산맥을 아슬아슬 넘고 있다. 산맥이 병풍처럼 아프가니스탄을 둘러싸고 있다. 코코아 가루에 우유 가루를 잘 섞은 듯한 연한 갈색의 산 위로 비치는 오후 햇살 때문에 산 전체에 금가루를 뿌려놓은 듯 화려하기만 하다. 저 산 안에서 그렇게 오랜 전쟁과 지독한 굶주림과 악랄한 인권 유린이 벌어지고 있었던 것이다.

어떤 사람은 전쟁을 일으키며 사람을 죽이기 위해서 저 산맥을 넘었을 텐데, 또 어떤 사람은 죽어가는 사람을 살리기 위해 산맥을 넘나드는구나. 양쪽 다 전쟁은 전쟁이다. 한쪽은 진짜 전쟁, 다른 한쪽은 구호 전쟁. 전쟁에서는 모두들 죽기를 각오하고 싸운다. 총칼로 하는 진짜 전쟁처럼 식량과 사랑으로 구호 전쟁을 벌이는 사람들도 그렇게 일한다.

현장으로 떠나기 얼마 전에 받은 이메일에서 누군가가 그랬다. 당신들이 목숨 바쳐 일한들, 아프가니스탄에서 고통받는 사람 전체 중 얼마를 돌볼 수 있느냐, 잘 해봐야 10만 분의 1도 구제하지 못하는 것 아니냐고. 맞는 말이다. 나도 그런 생각이 들면 맥이 빠진다. 그럴 때마다 나는 이 이야기를 되새긴다.

바닷가에 사는 한 어부가 아침마다 해변으로 밀려온 불가사리를 바다로 던져 살려주었다.

"그 수많은 불가사리 중 겨우 몇 마리를 살린다고 뭐가 달라지겠소?"

동네 사람의 물음에 어부는 대답했다.

"그 불가사리로서는 하나밖에 없는 목숨을 건진 거죠."

이것이 내 마음이다. 그리고 전 세계 긴급구호 요원의 마음이기도 할 것이다.

그러나 구호는 마음만 가지고 되는 일이 아니다. 구호 전쟁을 하려면 사랑의 총알이 필요하다. 구호 자금이 있어야 한다는 말이다. 내가 아프가니스탄에 오기 직전, 한 아이에게 카드와 함께 꽉 채운 저금통을 받았다. 카드에 적힌 사연은 기도문 형식이었다.

'하느님, 이제 저는 그만 돌봐주시고 아프가니스탄 어린이들을 돌봐주세요.'

글씨체로 봐서는 겨우 유치원이나 다닐 만한 아이. 그 조그만 아이가 우리를 어떻게 믿고 자신의 전 재산이었을 저금통을 통째로 보냈단 말인가. 생각할 때마다 정신이 번쩍 난다.

이번 구호 자금에는 초등학교 4학년 아이가 보낸 1백만 원도 들어 있다. 세뱃돈과 용돈, 상금 등을 알뜰히 모은 것이라는데, 그 아이는 지난해 가을 백혈병으로 죽고 말았다. 아이 부모님은 이 돈을 어떻게 하면 좋을까 고민하다가 월드비전에 보내셨다. '우리 아이도 아프가니스탄 아이들을 살리는 데 줬다고 하면 무척 좋아할 거예요'라는 편지와 함께.

그 외에도 늦깎이 사법연수생의 첫 월급, 어느 할머니가 칠순잔치 안 하고 보내신 잔칫돈, 편의점 야간 아르바이트생의 일주일 치 급료 등 정말 한 푼 한 푼이 귀하고 멋진 돈이다. 빨리 한국에 돌아가서 이분들을 포함한 후원자 모두에게 내가 보고 듣고 느낀 것을 말해주고 싶다. 현장에 있던 '목격자'로서 당신들이 맡기신 돈으로 이렇게 많은 아이들을 살렸다고 말할 수 있어서 얼마나 마음 가볍고 떳떳한지 모른다.

기장이 안내 방송을 한다.

"우리 비행기는 곧 아프가니스탄 영공을 떠나 파키스탄으로 들어섭니다."

나도 모르게 가슴에 성호를 그으며 꼬마의 기도를 떠올렸다.

'하느님, 저는 이제 조금만 돌봐주시고 아프가니스탄 잘 돌봐주세요.'

호다하페스 헤라트!(헤라트여, 안녕!)

1 구운 메뚜기 사세요. 한 꼬치에 100원!
2 세 살 된 아이를 서지도 못하게 만든 굶주림.
3 밀가루 배분 직전, 리스트를 확인하며.
4 너희들의 이 웃음을 지켜줄 수만 있다면.

아프리카는 더 이상
'동물의 왕국'이 아니다

말라위·잠비아

작년에 한정된 구호 자금 때문에 한 마을은 씨를 배분하고
그 옆 마을은 주지 못했단다. 안타깝게 비가 오지 않아서 파종한 씨앗은
싹을 틔우지 못했다. 그러나 놀라운 것은 씨를 나누어준
마을 사람들은 씨를 심어놓았다는 그 사실 하나만으로 수확기까지
한 명도 굶어 죽지 않았는데, 옆 마을은 아사자가 속출했다고 한다.
똑같이 비가 오지 않는 조건이었음에도 단지 씨앗을 뿌렸다는
그 사실 하나가 사람들을 살려놓은 것이다.
이곳에서 씨앗이란 존재만으로도 사람을 살게 하는 힘이다.

"남부아프리카에 무슨 일 났어요?"

무슨 일이라니. 거기가 바로 서울시 인구보다 훨씬 많은 1천3백만 명이 굶어 죽고 있는 초대형 긴급구호 현장이다. 사람의 목숨도 환율처럼 1달러 대 1천 원, 1달러 대 3만 리라 하듯, 그 값이 각각 다른 걸까. 미국이나 유럽에서는 13명만 죽는다고 해도 전 세계가 들썩거렸겠지만 남부아프리카에서는 천문학적인 숫자가 아사 직전인데도 세계 언론은 눈도 깜빡하지 않는다. 그러니 한국에서인들 이곳에 무슨 일이 났는지 알 수가 있나. 나 역시 이 일을 하지 않았다면 몰랐을 현장이다.

이번에 가는 곳은 말라위와 잠비아. 기근 구호가 절박한 남부아프리카 6개국 중 두 나라다. 뭉뚱그려 기근 현장이라 부르지만 엄격히 말하면 굶주림과 더불어 에이즈라는 괴물과 사투를 벌이고 있는 곳이다.

아프리카 하면 드넓은 초원, 동물의 왕국, 빨간 옷의 마사이족, 아프리카 최고봉 킬리만자로와 빅토리아 폭포 등 이국적인 이미지가 먼저 떠오를 것이다. 아프리카 대륙을 8개월 넘게 여행한 나도 마찬가지였다. 그런데 긴급구호를 시작하고부터 아프리카의 키워드가 내전, 굶주림, 대규모 난민, 막대한 외채, 그리고 에이즈 등으로 완전히 달라졌다. 직업이라는 것이 이렇게 무섭다.

두 번째 현장인 이곳은 먼저 다녀온 아프가니스탄과는 사정이 크게 다르다. 아프가니스탄 구호는 워낙 잘 알려져 그 자체로 뜨거운 관심과 성원을 받을 수 있었지만, 이번 현장은 전혀 알려지지 않은 곳이라 마치 벽하고 얘기하듯 막막하기만 하다. 사랑의 반대말은 미움이 아니라 무관심이라 했나? 생명의 반대 역시 죽음이 아니라 무관심이다. 그러나 아무리 세상이 외면하는 곳이라도 식량이, 깨끗한 물이, 기초 의약품이 없어서 사람이 죽어간다면 우리는 달려가야 한다.

이런 '외면당한 현장'을 구호하려면 우선은 대중매체를 통해 현장의 어려움을 될 수 있는 대로 많은 사람들에게 알리는 것이 급선무다. 그것도 전방위에서 동시다발적으로 해야만 사람들이 '아, 그런 일이 있구나' 하는 정도니, 나 혼자만으로는 당연히 역부족이다. 그러나 아무리 육중한 쇳덩이로 만든 문도 작은 열쇠 하나에 열린다. 그 문을 여는 것은 힘이 아니라 꾀다. 그래서 이번에는 방송국 PD, 신문기자와 함께 현장을 방문하는 작전을 세웠다.

떠나기 전날, 같이 가기로 최종 결정된 방송국 PD와 신문기자를 만났다. 세 명 모두 30세 전후의 남자들이다. 젊고 생기발랄한 남자들과 함께 출장 떠나는 내 발걸음이 어찌 즐겁지 아니할 것인가. 공교롭게도 방송국 PD는 나와 친한 친구의 큰조카였다. 이 사실을 나도 떠나기 전날 미팅 하면서 알았다. 그 PD, 쑥스러워 끝까지 감추려고 했다며 대번에 나를 팀장님에서 한비야 아줌마로 부른다. 나 참, 누나라고 하면 안 되나. 하기야 자기 고모 친구에게 누나라고 부르기는 좀 그렇겠다. 아무튼 팀워크 측면에서 좋은 징조가 아닐 수 없다. 즉석에서 '한비야와 세 남자 팀'이 꾸려졌다.

:: 생쥐 한번 먹어보실래요?

홍콩과 남아프리카공화국을 거쳐 말라위까지 가는 데는 비행 시간만 꼬박 스무 시간이 걸렸다. 공항에서 곧바로 현장 사무실로 가서 직원들과 지역 현황과 취재 아이템 및 일정을 논의한 결과 말라위에서는 기근, 잠비아에서는 에이즈에 주력하기로 했다. 여기서는 유머 만점인 베테랑 홍보 요원 찰스가 동행할 예정이어서 마음이 놓인다. 찰스도 아프가니스탄 상황 보고서에서 내 이름을 여러 번 보았다며 반가워한다.

"말라위에서는 배고픈 사람들이 쥐까지 잡아먹는다면서요?"
다음 날 현장으로 가는 차 안에서 찰스에게 물었다.
"누가 그래요?"
"BBC 다큐멘터리에서 그러던데요?"
"틀렸어요. 배고픈 사람만이 아니라 배부른 사람도 먹어요."
유머러스한 찰스가 무슨 엉뚱한 얘기로 우릴 또 웃기려나 하고 다음 말을 기다리고 있는데 갑자기 운전사에게 잠깐 차를 세우라는 시늉을 한다. 창밖에는 열다섯 살 정도의 아이들이 군만두만한 야생 쥐를 끼운 꼬챙이를 한 손에 쥐고 흔들고 있었다. 눈을 의심하며 다시 보았다. 분명 쥐였다. 우리 운전사가 얼른 내려 한 꼬치를 사서는 보란 듯이 한 마리를 빼내더니 머리부터 잘근잘근 맛있게 씹기 시작했다. 순식간에 몸통과 꼬리까지 입 안으로 사라졌다. 그 전 과정을 생방송으로 보는 내 표정이 가관이었을 거다. 외국인 친구들이 꿈틀거리는 산낙지를 초고추장에 찍어 먹는 나를 볼 때와 비슷했겠지? 먹는 것 가지고 너무 애매한 표정을 지은 게 미안해져서 물었다.

"맛있어요?"

이 직원, 당장 희색이 만면해서 대답한다.

"한번 먹어볼래요? 여기서만 맛볼 수 있는 별미인데……."

친절하게 한 마리 빼내준다. 얼떨결에 '말라위 군만두'를 받아들고 이리저리 앞뒤로 찬찬히 뜯어보았지만 솔직히 먹음직스럽지는 않았다. 이 친구 얘기로는 들판에서 구멍을 파고 연기를 피워 쥐를 잡은 후, 한 번 삶아서 꼬들꼬들하게 말린 것이라고 한다.

"외국 언론들이 말라위에서는 굶주림을 참다못해 쥐까지 잡아먹는다고 보도하는 것은 완전히 넌센스죠. 이건 우리들의 아주 오래된 간식이랍니다."

허걱!

조금 더 가다가 그 운전사 발동이 걸렸는지, 손가락만한 왕메뚜기 꼬챙이도 두 줄 샀다. 구운 메뚜기를 보자마자, 이건 한국 사람들도 먹는다며 얼른 한 마리 빼서 입 속에 쏙 넣었다. 짝짝짝! 메뚜기 먹는 외국 사람은 처음 봤다며 찰스를 비롯한 현지 직원들이 손뼉을 치며 좋아한다.

뭐, 이 정도 가지고 손뼉까지. 세계 일주할 때 이미 안 먹어본 게 없는데. 살아 있는 소 목에서 생맥주처럼 뽑아낸 뜨끈한 소 피를 흰 우유에 섞어 먹는 비릿한 '마사이족 딸기우유', 부화 직전의 계란을 삶아 덜 자란 병아리를 꺼내 먹는 '필리핀의 미니 통닭' 발룻, 요르단 베두윈족이 손님 대접한다고 내 입에 통째로 넣어준 삶은 양의 미끈한 눈알 등등. 비위가 상해 못 먹는 게 없는 걸 보면 나는 비위라는 게 아예 없는 것 같다. 얼마나 다행인가! 여행 때도 현지인들처럼 먹으면 바로 마음의 문이 열리는 경우가 많았는데 구호 활동을 할 때도 마찬가지구나. 하기야 여행이든 구호든 모두 사람이 하는 것이니까.

"아, 참, 한국 사무실에서 팩스가 왔어요."

찰스가 전문을 한 장 건네준다.

'앗, 나의 실수!'

팩스라는 얘기만 들어도 그 내용이 뭔지 알 것 같다. 왜 연락이 없냐는 본부장님의 소식일 거다. 한국을 떠난 지 삼 일, 여기 도착한 지도 이틀째인데 한 번도 사무실에 잘 도착했다, 일은 순조롭게 되고 있다 등의 전화도 이메일도 하지 않았다. 사실 호텔에서 국제전화를 하려고 했는데 3분 기본 통화에 무려 36달러란다. 이게 도대체 말이 되는 금액인가. 돈이 썩어나도 그 돈 주고는 전화 못 하지. 대신 오늘 현장에 가기 전 말라위 사무실에서 이메일을 보낸다는 것을 깜빡했다. 지금 다시 사무실로 돌아갈 수는 없으니 오늘 밤에 전화해야겠다. 아니, 전화하면 목소리로 '직접' 혼나야 하니까, 보다 '간접적'인 방법, 팩스로 해야겠다. 하여간 나는 이게 문제다. 바람같이 혼자 다니는 '독립군'을 오래한 덕분에 바로바로 연락하고 보고해야 하는 '연합군'의 생활이 익숙해지지가 않는다. 점점 나아져야 할 텐데 큰일이다.

∷ 착한 PD의 잔인한 주문

"아주 비참해야 해요. 한 마을 사람들이 다 굶어 죽어가면 더 좋고."

"아이들이면 더 좋고."

"같은 아이라도 어릴수록, 예쁠수록 더 좋고."

착하게 생긴 PD들이지만 하는 주문마다 이렇게 잔인(?)하다.

"솔직하게 눈앞에서 숨이 꼴딱 넘어가는 걸 찍고 싶다고 하시지."

내가 짐짓 나무라는 척하면, 자기들은 화면으로 사람을 설득해야 하기 때문에 '보이는 것'이 중요하다는 것을 이해해달란다. 그래서 우리 단체가 이미 식량 배분을 한 마을로 가려던 계획을 바꿔 아직 아무런 도움도 받지 못한 좀더 '비참한' 마을로 가기로 했다.

민완한 찰스가 우리를 데리고 간 곳은 몇 년째 반복되는 가뭄과 홍수로 극심한 굶주림에 시달리고 있는 기근의 최전선이었다. 말라위의 수도에서 비포장도로를 두 시간 가량 달려 도착한 카니오폴라마을. 먼 데서 손님이 온다는 소식에 마을 사람 1백여 명이 공터 커다란 나무 그늘 밑에 모였다.

우선 아이들이 심상치 않다. 이런 시골에서는 동양 여자를 본 적이 거의 없기 때문에 호기심이 많은 아이들은 나를 졸졸 따라다니며 말을 거는 것이 정상일 텐데, 여기 아이들은 한결같이 엄마 옆에 힘없이 늘어져 있거나 무표정하다.

아이들의 모습은 공장에서 찍어낸 것처럼 똑같았다. 누더기 옷 밖으로 비어져나온 팔다리는 꼬챙이처럼 가늘고, 갈비뼈가 다 보이는 몸통에 배만 수박처럼 잔뜩 부풀어올라 있었다. 그 중앙에는 배꼽이 수박꼭지처럼 톡 튀어나왔다. 세 살짜리가 걷기는커녕 앉지도 못한다. 까맣고 꼬불꼬불해야 할 흑인 아이의 머리카락은 먼지를 뒤집어쓴 것처럼 푸석푸석하고 회색빛이 돈다. 너무 오래 먹지 못해서 뇌 속에 있는 단백질까지 영양분으로 다 써버렸기 때문이란다. 아프가니스탄에서도 수없이 보았지만, 이런 아이들을 볼 때마다 콧등이 매워지며 목에 뭔가 걸린다.

여기서 오토바이를 타고 한 시간만 나가면 가게마다 밀가루가 산처럼 쌓여 있는데……. 흔히 사람들은 굶주림의 원인을 세상에 식량이 부족해서, 혹은 자연 재해 때문이라고 생각한다. 하지만 이 지구에는 60억 인구를 모두 먹여 살리고도 남을 충분한 식량이 있다. 10년 가뭄이 들어도 부자들은 굶어 죽지 않는다. 문제의 핵심은 분배다.

지금 이들이 구할 수 있는 식량이라곤 칡처럼 생긴 나무뿌리, 독성이 강한 콩, 그리고 동물이나 먹는 야생 과일뿐이다. 게다가 이 동네에는 깨끗한 물조차 없다. 마을 우물에서 퍼올린 물을 보니 진한 커피색이다. 저걸 마시면 없는 병도 생기겠다. 그래도 아이들은 그 물을 허겁지겁 잘도 마신다. 물배라도 채우면 그래도 좀 낫겠지.

갓난아이를 안고 있는 이십대 젊은 부부를 만났다. 일주일 전 첫째 아이를 잃고 바로 저 밭에 묻었다는 남편이 담담하게 말했다.

"며칠을 걸어서 병원에 갔더니 의사가 우리 아이는 병에 걸린 게 아니라 먹지 못해서 그런 거니까 집에 가서 잘 먹이면 낫는다고 했어요."

백방으로 곡식을 구하러 다녔지만 결국 야생 과일만 먹다가 그 아이는 죽고 말았고, 지금 안고 있는 아이가 동생이란다. 제시카라는 이 아이는 다른 아이들과는 달리 까만 눈동자가 반짝반짝해서 상태가 좀 괜찮은가 했는데, 바싹 마른 몸이 온통 곪아서 피고름덩어리다. 눈에 파리가 안경처럼 달라붙어 있어도 아이도 엄마도 쫓을 생각을 하지 않는다.

'좋은 그림'을 찾은 PD들이 동분서주 연신 아이 부모와 제시카를 카메라에 담느라 정신이 없다. 그러면서 그 부모들에게 하는 잔인한 질문.

"아이가 왜 이렇죠?"

"먹지 못해서요."

"얼마간 먹지 못했나요?"

"몇 달 됐어요."

"지금 제일 먹고 싶은 건 뭐죠?"

"우린 괜찮아요. 아이에게 진한 옥수수죽을 먹일 수 있으면 좋겠어요."

그때 아이가 갑자기 눈을 반만 뜬 채 헐떡거렸다.

"얘, 괜찮은 거예요?"

놀라서 찰스에게 물었다. 그도 난감한 표정인데, PD들만 아이에게 앵글을 고정시킨 채 미동도 하지 않는다. 나는 이 아이마저 죽으면 어떡하나, 더럭 겁이 났다. 급한 마음에 월드비전 규칙을 어기고 말았다. 주민들에게 직접 돈을 주어서는 절대 안 되지만, 방으로 젊은 엄마를 불러 30달러에 상당하는 현지 돈을 쥐어주었다. 통역 없이 몰래 하는 거래(?)라 나와 엄마는 손짓과 표정으로 대화를 나누었다.

"이 돈이면 당분간 먹을 몇 달 치 식량은 살 수 있을 거예요. 저 아기 꼭 살리세요."

"어머, 어머, 이걸 어떡하죠?"

어쩔 줄 몰라 하며 밖에 있는 찰스를 부르려는 걸 얼른 가로막았다.

"빨리 받으세요. 누가 봐요."

그 엄마는 얼떨결에 두 손으로 공손히 돈을 받고 나서 내 손등에 입을 맞춘다.

"고마워요. 정말로, 정말로."

그러더니 그것만으로는 성에 차지 않는지 갑자기 나를 덥석 안는다. 하도 꽉 껴안아서 그 가냘픈 몸통의 갈비뼈까지 느껴질 정도다. 그때 그 엄마 얼굴에 스친, '이제 내 아이는 살았구나' 하는 안도의 표정.

그것 봐. 이렇게 하길 잘했잖아. 현장 규칙을 어긴 벌을 받아야 한다면 그 벌, 달게 받겠다.

∷ 한 줌의 씨앗

다음 날에는 차를 타고 좀더 깊은 시골 마을로 들어가 한 가정을 방문했다. 쓰러지기 직전의 초가 주인 찰로 씨는 PD들이 연신 아이들의 부른 배를 찍고 있으니까 걱정이 되었는지, 변명하듯이 설명했다.

"이건 배가 불러서가 아니라, 오랫동안 안 먹으면 먹고 싶은 게 많아서 헛배가 부푸는 거예요."

온 가족이 들판에 가서 먹을 것을 구해왔다는데 여섯 사람이 가져온 식량이라고는 전분이 든 야생 칡 한 뿌리, 손가락보다 가는 고구마 뿌리 10개, 그리고 야생 콩 한 종지가 전부였다. 그나마 야생 콩은 여섯 번을 삶아야 간에 치명적인 독이 빠진다는데 땔감이 없어서 세 번만 삶고 먹는다고 했다.

"아니, 독이 들어 있는 걸 알면서 어떻게 아이들한테 먹여요?"

PD가 물었다.

"당장 먹을 게 없는데 그까짓 독이 문젠가요?"

엄마는 너무나 태연하게 대답한다.

이게 현실이다. 아프간 사람들은 주린 배를 독초로 채우면서 눈이 멀고 이곳 사람들은 덜 삶은 야생 콩으로 배를 채우는 대가로 간을 손상시키는 거다. 말 그대로 목구멍이 포도청이다. 지금이 9월. 다음 수확기는 3월에 시작하니 앞으로 6개월이 고비다. 이들이 과연 그때까지 저 야생 콩과 야생 칡만으로 견딜 수 있을까? 다행히 수확기까지 살아남는다고 해도 이번 파종기에 뿌릴 씨앗도 없는데 무슨 수확을 기대할 것인가. 독이 든 콩까지 먹는 판에 종자 씨앗이 남아 있을 리 없다.

"뭐가 제일 필요하세요?"

"씨앗이죠. 11월에 씨를 뿌려야 3월에 수확을 하거든요. 비가 올지 안 올지 모르지만 하여간 파종은 해놓고 기다려야 하지 않겠어요?"

어쩌면! 아프가니스탄 농부들과 입을 맞춘 듯이 똑같은 말을 한다. 아프가니스탄의 마흔다섯 살 농부 파리둔 역시 굶주림 끝에 종자씨까지 다 먹었다며 파종할 씨가 제일 급하다고 했다. 거저 주는 식량은 더 이상 받기 부끄럽다고, 한 번만 씨앗을 주면 제 힘으로 농사지어 자기 식구들을 먹여 살릴 수 있다고, 그게 훨씬 떳떳하다고 말했다.

지구 이쪽저쪽 농부들의 말이 이렇게까지 똑같을 수가……. 해 뜨기 전에 일어나 해 지고 난 다음에야 집에 오는, 부지런하기로 유명한 남부아프리카 농부의 얼굴은 몹시 절박했다. 그 얼굴에는 삶에 대한 강한 의지가 묻어 있었다. 이들이 바라는 건 공짜 식량이나 두 손 놓고 앉아 날 돌봐달라는 동정심이 아니다. 이들 역시 어떻게든 살아보려고 피나는 노력을 하고 있는 거다. 그러므로 우리가 하는 일이란 물탱크로 물을 날라다 주는 게 아니라 열심히 펌프질하는 사람에게 종잣물 한 바가지를 갖다주는 일이다. 남부아프리카에서, 아프가니스탄에서 당장 필요한 '종잣물'은 다름 아닌 한 줌의 씨앗이었다.

돌아오는 버스 안에서 찰스에게 믿지 못할 이야기를 들었다.

"이 사람들에게 씨앗은 희망의 다른 이름이에요."

이야기인즉 작년에 한정된 구호 자금 때문에 한 마을은 씨를 배분하고 그 옆 마을은 주지 못했단다. 안타깝게 비가 오지 않아서 파종한 씨앗은 싹을 틔우지 못했다. 그러나 놀라운 것은 씨를 나누어준 마을 사람들은 씨를 심어놓았다는 그 사실 하나만으로 수확기까지 한 명도 굶어 죽지 않았는데, 옆 마을은 아사자가 속출했다고 한다. 똑같이 비가 오지 않는 조건이었음에도 불구하고 단지 씨앗을 뿌렸다는 그 사실 하나가 사람들을 살려놓은 것이다. 이곳에서의 씨앗이란 존재만으로도 사람을 살게 하는 힘이 있었다.

다음 날 찾아간 치료급식소에서 PD들은 물 만난 고기처럼 이리저리 파닥파닥 튕겨 다녔다. 소위 '그림'이 되는 '독한 케이스'를 찾은 것이다. 저 바짝 마른 아이 옷 한번 벗겨보자, 저 여자 아기 체중을 다시 재보자 등등 주문이 많아졌다. 영양실조 상태가 너무 심각해서 오늘을 넘기기 어렵다는 아이의 엄마에게, "그 말을 들으니 기분이 어떠세요?"라고 묻고는 기진해 있는 아이와 눈물 흘리는 엄마 얼굴에 바짝 카메라 렌즈를 들이댄다. 그렇게 하는 게 그들의 일이고 그것을 통역해야 하는 게 내 일이기는 하지만, 그 가엾은 사람들의 피가 철철 나는 상처 위에 굵은 소금을 뿌리는 것만 같아서 마음이 쓰리고 괴롭다.

이런 아이와 엄마의 말을 통역하고 사진 찍는 일은 참 힘들다. 그들의 슬픔을 재연해달라는 것도 괴롭다. 홍보 담당으로서 마땅히 해야 하는 일이지만 피할 수만 있으면 피하고 싶다. 내가 여행이든 구호든 험한 데만 골라 다니니까 남의 고통을 보고 듣는 것에 무뎌졌을 거라 생각하겠지만 사실 나는 감정이 대단히 여린 사람이다. 어렸을 때부터 감정이입이 잘 되어 다른 사람의 희로애락이 그대로 느껴진다. 우리 식구 중에 시험 보는 사람이 아무도 없어도 수능 시험을 보는 날은 하루 종일 떨린다. 수험생의 긴장감이 나에게 고스란히 전해지기 때문이다. 아동 학대니 노인 학대니 하는 얘기는 그 고통, 그 신음소리가 바로 옆에서 들리는 듯해 끝까지 듣지도 못한다. 이런 사람이 전쟁터나 굶주림의 현장을 골라 다니고 있으니…… . 지뢰나 말라리아는 무섭지 않으나 그 고통의 심장부로 들어가는 일은 정말 힘들다.

:: 에이즈, 강 건너 불 아니다

"잠, 비야 비야 비야 아줌마!"

"잠, 비야 비야 비야 팀장님!"

잠비아 국경에 들어서자마자 장난기 많은 PD들이, 나를 이렇게 부른다.

사무실에서 예약해놓은 숙소는 하루에 60달러나 하는 비싼 호텔이었다. 내가 펄쩍 뛰었다. 아니, 말라위에서는 한 가족 한 달 식량 값이 20달러인데, 하루 치 숙박비로 세 달 먹을 밀가루 값을 내라고? 그럴 수는 없는 일! 평소에는 계산 못 하는 사람이 이럴 때는 암산도 잘 된다. 한밤중이었음에도 다른 숙소로 옮기자는 내 극성을 기꺼이 따라준 일행이 고맙다. 역시 NGO 동행 취재단이다. 하느님이 이들의 마음을 어여삐 보셨는지 꽃과 나무로 예쁘게 정원을 꾸민 아담하고도 저렴한 숙소를 찾았다. 방충망이 없고, 모기와 날파리와 나방이 좀 많은 게 흠이지만.

　그날 야참을 먹으면서 취재단과 머리를 쥐어짰다. 조 PD가 말한다.

　"에이즈 문제는 참 다루기 까다로워요. 에이즈 걸린 사람들에 대한 이해도 부족하고."

　"맞아요. 자기들이 성생활 문란해서 걸린 병을 나더러 어쩌란 말인가 하는 거죠. 그런데 실은 성행위로 감염되는 건 전체의 4분의 3이고 나머지는 혈액, 모자 감염 등이래요. 그러니까 감염된 주사기를 사용하거나 감염된 피를 수혈 받은 사람은 갓난아이라도 에이즈에 걸릴 수 있다는 말이에요."

　"그 얘긴 나도 얼핏 들은 거 같아요."

　"더 놀라운 건 에이즈가 가장 급속히 확산되는 대륙이 아프리카가 아니라 아시아래요. 그것도 바로 우리 옆 나라인 중국! 상하이 등 남동부 대도시의 감염자가 한 해에 30퍼센트 이상씩 증가한다잖아요. 이건 에이즈 안전지대라고 생각하는 우리 나라한테도 아주 치명적이에요."

　"왜 치명적이죠? 황사처럼 바람을 타고 오는 것도 아닐 텐데."

　이 PD가 물었다.

　"모르는 소리. 우리 나라는 헌혈 양이 부족해서 혈우병 치료제 등을 만드는 혈액의 일부인 혈장을 외국에서 수입해야 해요. 그중 약 25퍼센트 정도가 중국에서 온데요. 그런데 중국 작가 위하의 《허삼관 매혈기》라는 책을 보면 소설이긴 하지만 거기선 매혈이 만연하잖아요. 정상적인 과정과 관리를 거치지 않은 혈액에 감염된 피가 100퍼센트 없다고는 보장할 수 없어 께름칙한 거죠."

"섬뜩하네요."

"난 에이즈의 미래에 대한 예언이 더 섬뜩해요. 이런 기세라면 5년 후에는 전 세계 70억 인구 가운데 에이즈 환자가 무려 10억 명이 될 거라잖아요. 특히 아프리카에는 100년 안에 사람의 씨가 말라버릴 거라는 극단적인 예언도 있죠."

"어쨌거나 방송으로 시청자를 설득하려면 공감되는 연결고리를 찾아야 해요."

조 PD가 양미간을 좁히며 애꿎은 볼펜 꼭지만 물어뜯는다.

"공감이라……. 그러면 에이즈 고아 얘기는 어떨까요? 아이들은 아무 죄가 없잖아요. 부모가 모두 에이즈로 죽은 아이들은 도대체 어떤 어려움을 겪고 있나로 얘기를 시작하는 거예요. 또 감염된 엄마 때문에 날 때부터 에이즈에 걸린 아이들도 1년에 50만 명이라네요. 부모가 문란한 성생활을 한 죄값으로 아이들이 목숨을 내놓아야 하는 건 불공평하죠. 아주 적은 돈으로 아이들을 살릴 수 있는 방법이 있는데 말이에요. 안 그래요?"

PD들의 눈이 잠시 반짝한다.

다음 날은 토요일임에도 불구하고 잠비아 사무실로 가서 브리핑을 받았다. '전 세계에는 남한 인구만큼인 4천2백만 명의 에이즈 환자가 있고 매일 1만 5천 명씩 늘어난다'로 시작된 브리핑이 한 시간을 넘어갔다. 우리는 일단 에이즈의 원인과 에이즈 고아에 초점을 맞추기로 하고 에이즈 확산 현장인 국경 지대, 에이즈 때문에 완전히 초토화된 마을, 그리고 병원을 방문하기로 했다.

동행하는 잠비아 사무실의 오십대 홍보 팀장 새뮤얼은 신문기자 출신으로, 이 나라에서 유명한 언론인이었단다. 몸집도 크고 진지하며 대단히 학구적이다. 같이 다니면 에이즈는 '완전 정복' 하겠다.

:: 불치병과 같이 사는 법

다음 날은 일요일. 모처럼 맞는 휴식 시간이다. 독실한 기독교인인 김 기자는 일요예배에 가고, 조 PD와 이 PD는 애인에게 이메일 보내고 국제전화하고 선물도 사면서 점수 따기 좋은 일만 골고루 하고 있다. 저렇게 하는데 누군들 감동하지 않을까. 부럽다.

나는 그동안 밀린 빨래를 하고 나서 출장중에 쓴 돈을 정산할 생각이었다.

"어머, 어머. 난 몰라."

하늘이 노래졌다. 그동안의 영수증을 넣어둔 지퍼백과 조끼 주머니에 넣어 다니던 메모 수첩, 그리고 밑줄 치며 읽고 있던 《뜻으로 본 한국역사》가 안 보인다. 기억을 더듬으니 책과 수첩은 말라위 국경 식당에 놓고 온 게 분명한데 영수증 봉투는 도대체 어디로 갔는지 모르겠다. 큰 가방, 작은 가방을 다 뒤집으며 30분에 걸쳐 샅샅이 찾아보았는데, 없다!

큰일 났다. 가뜩이나 숫자에 약해 출장 정산하려면 쩔쩔매는데 고이 챙겨놓은 영수증까지 없어졌으니 지금까지 쓴 돈을 순전히 기억력으로 복원해야 한다는 말인가. 모골이 송연해진다. 우째 이런 날벼락이!

하여간 나는 뭘 잘 잃어버린다. 그동안 잃어버린 우산과 장갑으로 가게를 차릴 수도 있을 정도다. 혹시 '비 오는 날과 추운 날에는 건망증이 더 심해진다'는 과학적 근거는 없나 하고 심리학 책을 찾아본 적도 있다. 요즘은 책, 휴대폰, 필기도구 등 품목이 다양해지고 물량도 풍부해져서 동네 가게가 아니라 대형 할인마트를 차려도 손색이 없을 정도이다.(참, 자랑이다!)

그러던 어느 날 이렇게 마음먹었다. 내가 아무리 애써도 못 고치는 습관을 고치려고 스트레스받지 말고 그냥 인정하자고. 세상에는 성별, 국적, 부모형제 등 자기 의지와는 상관없이 주어진 것들이 있다. 그 주어진 것들이 마음에 들지 않는다며 탓만 하는 것은 누구에게도 득이 되지 않는다. 자기 힘으로 바꿀 수 없는 것은 하루빨리 인정하고 그 다음을 생각하는 것이 훨씬 현명하다. 내 경우에는 말을 빨리 하는 습관이나 덜렁이 습관을 '난치병' 혹은 '불치병'으로 인정하고 그에 대한 대책을 강구해야 했다. 빠른 말투는 어쩔 수 없으니 말을 할 때 '속도'보다 각 단어의 발음을 정확히 할 것과 문장과 문장 사이를 적절히 끊을 것에 더 유념했다. 그러고 나니 마음도 편하고 의사소통도 훨씬 좋아졌다.

덜렁이 습관을 위해서는 두 가지 묘책을 짜냈다. 첫째, 될수록 손에 뭘 들고 다니지 말 것. 둘째, 꼭 그래야 한다면 잃어버려도 부담 없는 가격대의 물건으로 살 것. 그래서 지금은 웬만큼 비가 와도 그냥 맞고 다니고 웬만큼 추워도 장갑 없이 지낸다. 꼭 필요한 날에는 값이 싼 '길거리표'를 애용한다. 좋은 우산과 장갑을 선물 받으면 포장만 바꾸어서 다른 사람에게 다시 선물한다. 솔직히 좋은 물건은 나도 갖고 싶고 그것을 준 사람에게도 예의가 아닌 줄은 잘 알지만, 내 손에 있으면 잃어버리는 것은 시간 문제니까 '자진 상납' 하는 게 서로에게 좋은 일이다. 내 마음의 평화를 위해서는 더욱 그렇다.

그나저나 이 영수증들은 다 어디 간 거야. 정말 내가 못 살아!!!

:: 아이들은 죄가 없다

내가 처음 아프리카에 왔던 1994년에도 에이즈에 대한 흉흉한 소문이 무성했다. 그래서 일회용 주삿바늘을 한 다섯 개 정도 넉넉하게 가지고 다녔다. 혹시 말라리아 등에 걸려 병원에 가야 할 때를 대비해서였다. 여행한 루트가 에이즈 창궐 지역이었기 때문에 분명히 많은 환자들을 스쳤겠지만 그때는 누가 에이즈 환자인지 알아볼 안목이 없었다. 알았다면 피해 다니느라 여행도 제대로 못 했을 것이다. 그러나 지금은 그 무서운 에이즈의 중심부를 향해 달려가고 있다.

국경까지 가는 차 안에서 소크라테스식 질의응답을 통한 에이즈 공부를 했다.

조 PD : 악수를 하거나 같은 식기를 사용하기만 해도 에이즈에 걸리는 거 맞아요?
새뮤얼 : 그런 일은 아주 드물어요. 에이즈는 매우 약한 바이러

스라서 그렇게 옮을 확률은 거의 0퍼센트. 길 가다가 머리 위로 비행기가 떨어질 확률에도 비할 수 없을 만큼 적죠.

비야 : 에이즈는 걸렸다 하면 무조건 죽는 건가요?
새뮤얼 : 치료 약이 개발되지 않았으니 결국에는 죽겠죠. 하지만 영양 상태가 좋고 약을 꾸준히 먹으면 10년, 20년도 건강하게 살아요. 마치 당뇨병처럼 말이에요. 근데 그 약이 1년에 1만 달러 정도로 무척 비싸서 대부분 하루에 1달러로 살고 있는 아프리카 사람들에게는 그림의 떡이죠."

이 PD : 말라리아 등 다른 병도 많은데 에이즈가 특히 문제가 되는 이유는 뭔가요?
새뮤얼 : 에이즈는 다른 병과 달리 가장 건강한 나이인 15세에서 45세까지의 사람들을 초토화시켜요. 이들은 누군가의 엄마 아버지여서 이들이 죽으면 에이즈 고아가 생기고, 사회적으로는 한창 일할 나이의 인력이 줄어 사회 기반이 뿌리째 흔들리게 돼요. 예를 들면 문전옥답이 있어도 농사지을 사람이 없고 마을의 유일한 교사가 죽으면 학교는 문을 닫을 수밖에 없는 거죠.

조 PD : 그런데 모자 감염이 뭐예요?
새뮤얼 : 임산부가 에이즈에 걸렸을 경우, 태아도 감염이 된다는 말입니다. 모유를 통한 감염을 합해 무려 70퍼센트에 육박한다는군요. 이런 모자 감염은 임신 7개월에 한 번 억제약을 복용하고 출산 후 3일 내에 아이에게 한 번만 보조제를 흘려주면 예방

할 수 있다고 해요. 그런데 그 약 값은 단돈 4유로(우리 돈 6천원). 그렇게 작은 돈이 없어서 아무 죄 없는 아기의 목숨이 무참히 꺼져간답니다.

불도 켜지 않는 깜깜한 차 안에서 새뮤얼은 전직 기자 아니랄까봐 물어보는 것마다 일목요연, 간단명료하게 설명도 잘 해준다. 꼭 수능 시험 직전 족집게 강사에게 과외 공부하는 것 같다.

한밤중에 쿨로쉬라는 국경 마을에 도착했다. 이곳은 잠비아와 콩고와 탄자니아가 만나고 갈라지는 길목이자 중요한 물류 기지여서 하루에도 수백 대의 트럭이 지나간다. 통관 수속 때문에 며칠씩 기다리기도 하는데, 그동안 혈기왕성하고 할 일 없고 성 윤리가 해이한 트럭 운전사들이 뭘 할지는 뻔하다. 당연히 그 마을에는 거대한 유곽이 있다. 이 트럭 운전사와 유곽의 매춘부가 에이즈 확산의 주범이다. 철도가 별로 없는 아프리카 대륙 구석구석을 누비는 트럭 운전사들은 물건만이 아니라 에이즈도 함께 운반한다. 그래서 이 마을에 연결된 고속도로의 별명은 '에이즈 하이웨이'다.
한 유곽에 가보았다. 큰 건물 하나를 침대 하나가 겨우 들어갈 만큼 좁은 수십 개의 쪽방으로 만든 곳이다. 십대의 여자들은 대부분 에이즈 고아로 집안의 생계를 책임지고 있다. 아직 어린 티가 가시지 않은 열여섯 살 디에스도 그런 경우다. 조그만 몸집에 짙은 눈썹과 하얗게 고른 이가 예쁜 아이. 그 꿈 많은 열여섯 살을 이렇게 어두운 유곽에서 보내고 있다.
디에스의 부모님은 일 년 전 모두 '기침을 심하게 하다가' 돌아가셨단다. 이 아이의 집은 읍내에 있었는데, 시골 사는 친척들이 올라와 집에 있던 물건을 다 팔아서 성대하게 장례식을 치르고 나니, 삼남매에게 남은 것은 고작 매트리스 한 장이었다고 한다. 한동안은 동생들과 삼촌네서 같이 살았는데 6개월 전 그 삼촌 내외마저 모두 '피부병'으로 돌아가셔서 자기가 본격적으로 돈벌이에 나설 수밖에 없었다고 했다.

새뮤얼의 보충 설명으로는 이곳에서는 가족의 사망 원인을 에이즈라고 하는 사람은 아무도 없다고 한다. 보통 마른기침을 심하게 하다가, 설사를 오래하다가, 몸에 부스럼이 많이 나서라고 한단다. 또 장례식을 지나치게 성대히 지내는 이곳 풍습 때문에 장례를 치르고 나면 가산이 거덜나거나 빚더미에 올라앉기가 십상이라고 한다.

"엄마 아빠가 몇 년 동안 앓아누워 있어서 그 수발하느라 전 학교를 못 다녔어요. 하기는 싫지만 이 일이 제가 유일하게 돈을 벌 수 있는 일이에요."

"그래서 돈은 많이 버나요?"

PD가 물었다.

"아니오. 조금이라도 벌었으면 좋겠어요. 내 여동생이 이 일을 하지 않아도 될 만큼만요."

콘돔을 쓰냐고 물었더니, 자기는 어딘가에서 에이즈를 예방하려면 콘돔을 써야 한다고 들어서 그러고 싶은데 운전사들이 싫어해서 쓸 수 없단다.

"에이즈에 걸리는 게 무섭지 않아요?"

"무섭죠. 그렇지만 에이즈에 걸린다고 당장 죽는 건 아니잖아요. 우리 식구는 지금 당장 먹고 살 게 없는걸요."

에이즈 확산의 주범은 그 외에도 국경을 넘나드는 군인, 선원이나 뜨내기 노동자, 막 이성에 눈뜨기 시작한 청소년들이다. 이들의 맹활약(?)으로 이곳에서는 지금 이 순간에도 에이즈가 급속도로 확산되고 있다.

그러나 내 생각에 에이즈 확산의 진짜 주범은 가난과 무지다. 가난하기 때문에 학교에 다닐 수 없고 에이즈 및 성교육을 받을 기회가 없어, 사태가 걷잡을 수 없이 악화되고 있는 게 아닐까? 이런 교육을 제대로 받지 못해 에이즈 확산 방지의 가장 기본인 콘돔 사용의 중요성을 모르는 것이 아닐까? 알고는 자기 목숨이 달려 있는 일을 그렇게 소홀히 하지는 않을 테니 말이다.

개인의 가난과 더불어 국가의 가난도 문제다. 대부분의 아프리카 국가는 국민총생산액을 몽땅 외채의 이자를 갚는 데 쓰느라 1인당 1달러도 보건비로 책정할 수 없는 실정이다. 현재 아프리카의 어느 나라도 혼자 힘으로 에이즈의 재앙을 막을 수 없다. 선진국이 하루빨리 아프리카 최빈국의 부채를 탕감해주어야 하는 이유도 여기에 있다.

돌아오는 길에 한 마을에 들렀다. 마을 한켠, 두세 살쯤 되어 보이는 아이들 열 명 정도가 나무 그늘에 앉거나 누워 있었다. 벌거벗은 아이들의 몸에는 너나 할 것 없이 콩알만한 부스럼이 나 있었다. 가려움을 견디지 못해 마구 긁었는지 그 부스럼이 터져 아이들은 온통 피고름 범벅이다. 새뮤얼 말로는 저 아이들은 십중팔구 모자 감염으로 에이즈에 걸렸고, 영양 상태까지 좋지 않아 저렇게 피부병이 심한 거라고 설명해주었다. 아이들과 눈이 마주쳤다. 다음 순간, 아이들 중 한 명이 무슨 힘이 났는지 벌떡 일어나 안아달라는 듯 내 쪽으로 두 팔을 벌리고 달려오는 게 아닌가. 그 뒤로 와아 하며 다른 아이들도 일제히 따라 일어났다.

아, 갑자기 밝아진 저 아이들의 얼굴을 보라! 내게로 달려오는 그 피고름 덩어리 아이들을 한 명씩 꼭 안아주지 않을 수 없었다. 내게 안긴 것이 너무 좋아서 목이 뒤로 넘어가는 아이들, 신나게 엉덩이춤을 추는 아이들, 그 옆에서 배실배실 웃는 아이들……. 모두 예쁘다!

우리 단체 현장 매뉴얼에는 에이즈 감염이 의심되는 아이들을 안아주지 말라고 쓰여 있다. 자신도 모르는 작은 상처를 통해 에이즈에 감염될 확률이 1백만 분의 1이라도 있기 때문이다. 그러나 반가워서, 좋아서, 신나서 내게 두 손을 벌리며 달려오는 아이들을 내칠 수는 없다. 그렇다면 그게 무슨 긴급구호 요원인가. 그냥 돈 받은 만큼만 일하는 월급쟁이지. 그러다가 만에 하나 죽게 된다고 해도 아쉬울 것 없다. 그럼 긴급구호 요원이 사우나 하다 죽으랴? 현장에서 일하다 장렬히 전사해야 마땅하지. PD들도 아이들과 나의 환한 얼굴을 카메라에 열심히 담고 있다.

돌아오는 차 안에서 조 PD가 지나가는 말처럼 한마디 툭 던진다.

"한 팀장님, 아까 아이들 안아주는 모습, 멋있었어요."

갑자기 예의를 갖추며 존칭을 쓴다. 멋쩍어진 내가 일부러 따지듯 물었다.

"조 PD는 그 아이들 다 어떻게 할 거예요?"

"다큐멘터리 잘 만들어서 살려줘야죠."

설득하기 어렵다느니, 그림이 약하다느니 내내 에이즈 문제에 대해 심드렁하던 조 PD가 결연한 표정으로 대답한다. 오, 조 PD. 드디어 걸려들었군.

1 10리터짜리 물 한 통이 난민들의 생명수.
2 어떻게 이런 얼굴이 될까? 무거운 방탄조끼를 입고서도.
3 미소천사 베스마와 함께.
4 와아, 물이다. 물이 나온다!

당신에게
내 평화를 두고 갑니다

이라크

"우리는 단순히 식수대를 놔주는 건설업자가 아닙니다.
우리는 물과 함께 사랑을 나누어주는 사람들이어야 합니다.
나와 같이 일하게 된 여러분 모두를 사랑합니다."
우리 비서가 'love'를 어떻게 통역했는지
갑자기 환호성이 터지면서 짝짝짝 박수가 쏟아졌다.
느닷없는 내 사랑의 폭탄 세례를 받은 이라크 남자들,
좀 놀랐겠지만 기분은 무진장 좋았을 거다.

아, 티그리스 강!

그것은 회색 사막을 꿈틀거리며 가로지르는 초록색 뱀이었다. 요르단 공항을 떠날 때부터 두 시간 내내 시멘트 색깔의 사막이 지루하게 이어지더니 창밖으로 갑자기 거짓말처럼 가늘고 예쁜 초록 띠가 나타났다. 강가를 따라 자란 크고 작은 나무와 풀들. 자세히 보니 그건 띠가 아니었다. 구불구불 살아 움직이는 뱀이었다. 그 뱀이 머리를 곧추세우고 우리가 타고 있는 유엔 기의 뒤꽁무니를 바싹 쫓아오고 있다. 마침내 비행기는 그 초록 뱀의 추격을 견디지 못하고 우리를 모술에 토해놓았다.

허허벌판의 군용 비행장. 트랩을 내리자마자 훅, 모래 섞인 사막 바람이 얼굴을 덮친다. 턱, 숨이 막힌다. 몇 걸음 걷지 않았는데도 가슴 사이로 티그리스 강이 흐른다. 정수리 위로 내리꽂히는 정오의 태양. 어두운 극장에서 나온 것처럼 몹시 눈이 부시다. 오늘 모술의 기온은 섭씨 45도란다. 마중 나온 현지 직원이 방탄조끼를 나누어준다. 모술 지역 연합군 민간 협력 담당 장교가 우리 일행 9명과 일일이 악수를 하며 환영의 뜻을 표한다. 유엔 기의 엄격한 무게 제한으로 겨우 20킬로그램짜리 배낭을 메고 있을 뿐인데 갑자기 어깨가 뻐근하게 무겁다. 다시 전쟁터에 온 것이다.

모술 시내는 마치 이태원 같았다. 미군 반, 민간인 반이다. 어딜 보아도 순찰중인 미군 지프, 정찰중인 총 든 미군 보병, 앞에 기관총을 매단 미군 탱크가 눈에 띈다. 보초 서는 미군들에게 얘기를 건네는 아이들, 그 아이들에게 저리 가라는 손짓을 하는 어린 병사들의 짜증스런 표정까지 어디에서 많이 본 풍경이다.

거리 곳곳에 바리케이드가 쳐 있고 접근 금지 표시가 되어 있다. 이라크 제3의 도시 모술에서 제일 큰 호텔 두 곳이 미군 병영으로 변해 있었다. 10여 층짜리 호텔 방 베란다에도 곳곳에 얼룩무늬 천막이 드리워져 있고, 정문 앞 가시 철조망 저편에는 미군 부대에 일자리를 구하러 온 이라크인들이 구름같이 모여 있다.

시내는 생각보다 활기찼다. 크고 작은 가게들도 문을 다 열었고 오렌지색 택시와 사람들도 분주하게 거리를 오가고 있었다.

"저기 좀 봐요."

현지 직원이 다 부서진, 한때는 화려했을 집을 가리킨다. 집 주위에는 저지선이 쳐 있고, 그곳을 지키는 미군들도 여러 명 보였다.

"저 집에서 후세인의 장남과 차남이 며칠 전에 피살됐어요. 그날 총격전은 정말 요란했죠. 우리 숙소가 이 근처여서 다 들렸거든요."

우리 일행은 일단 사무실로 직행해서 안전 교육을 받았다. 남아공 특전사 출신인 사십대 초반의 토마스가 안전 담당 요원이다. 말투나 태도가 너무나 단호하고 권위적이어서 좀 웃겼다. 뭐랄까, 안전을 지키는 요원이라기보다는 훈련시키는 교관 같았다. '저렇게까지 폼 잡을 필요 없잖아' 라는 생각이 들었다. 하여간 물 한 잔 제대로 마실 틈도 없이 브리핑이 시작되었다.

:: 긴급구호 요원의 몸값

긴급구호 지역의 안전 상황은 네 가지 색깔로 대별된다. 코드 그린은 안전, 코드 옐로우는 위험소지 있음, 코드 레드는 위험, 코드 블랙은 철수다. 지금 이라크는 코드 레드, 사업을 진행할 수는 있으나 위험 수위가 대단히 높아 상황이 나빠지는 즉시 철수해야 한단다.

코드 레드에서의 안전 수칙은 지난번 코드 그린과 옐로우를 왔다 갔다 했던 아프가니스탄과는 비교할 수 없을 정도로 엄격하다. 한 시간쯤 계속된 브리핑을 간단하게 요약하면 다음과 같다. 우선 어디를 가든 방탄조끼를 입어야 한다. 차 안이라도 예외가 아니다. 숙소와 사무실에서도 손 가까운 곳에 놓아 즉시 착용할 수 있도록 해야 한다. 또한 사무실 밖에서는 장소를 이동할 때마다 이동 상황을 본부에 무전기로 보고하고, 한 장소에 있더라도 매 20분마다 무전 확인하는 것을 원칙으로 한다. 잠을 잘 때도 무전기는 항상 켜놓아야 한다. 갑자기 철수할 상황을 고려해서 업무상 중요한 문건이나 서류는 그날그날 모두 디스크에 저장하고, 유사시 혼자 떨어졌을 경우를 대비해서 여권과 개인 철수 자금 1천 달러는 서류 디스크와 함께 항상 몸에 지녀야 한다.

철수 시 비행기를 타고 요르단으로 가는 것이 원칙이지만 부득이 제3국으로 육로 이동을 해야 할 경우, 다른 국적의 국제 요원들은 시리아로, 시리아와 국교가 없는 한국인인 나는 쿠웨이트로 가야 한다는 계획을 알려주었다.

그 외에 지켜야 할 사항으로는 월드비전 조끼나 모자 등을 착용 하지 말 것(우리가 미군과 상관 있다고 생각하는 세력이 있으므로), 거리 주행 시 미군 차와는 반드시 차량 10대 이상의 간격을 유지 할 것(미군 차량은 항상 공격의 표적이므로), 사무실과 숙소의 창문 에 모두 박스 테이프를 붙여놓을 것(총알이 날아들거나 근처에 폭탄 이 터져 창문이 깨져도 그 파편이 튀어 다치지 않도록 하기 위해서) 등 이다.

"만약 인질로 잡히면 여러분 몸값이 얼만지는 잘 알죠?"

잘 알고 있다. 긴급구호 요원의 몸값은 0원이라는 것을. 우리 단 체는 납치범들과 몸값 협상을 하지 않는다. 납치 세력이 인도적 지 원을 원하면 무엇이든 들어준다. 구호 단체인 우리가 아군이건 적 군이건 굶어 죽는 사람, 아파 죽는 사람들에게 식량이나 약품을 갖 다주는 건 당연하기 때문이다.

하지만 인질 석방의 대가로 돈을 요구할 때는 절대 응하지 않는 다. 우선 우리 후원자가 한 푼 두 푼 모아준 후원금으로 거액의 몸 값을 지불하는 건 옳지 않은 일이기 때문이다. 또한 구호 단체 직 원을 인질로 잡아 몸값을 뜯어내는 그런 세력에게 돈을 주면 그 집 단의 힘이 점점 세져서 결과적으로 우리가 도우려는 사람들을 더 욱 괴롭히게 되기 때문이다.

물론 요원이 인질로 잡히면 우리 단체는 즉각 전문 협상가를 현장으로 파견해 요원이 안전하게 풀려날 수 있도록 최선의 노력을 기울이나, 인질범이 몸값을 요구하면 그 즉시 우리 단체가 할 수 있는 일은 끝난다. 그 후로는 사건이 발생한 나라와 그 직원의 모국 관련자들이 협상을 계속하게 된다.

솔직히 구호 단체 요원들은 납치범들의 쉬운 먹잇감이다. 무장도 하지도 않은 채 중요한 물자들을 가지고 다니고, 이동 동선이 고스란히 노출되어 있는 데다, 대부분 돈 많은 나라의 국민이니 말이다. 그저 으슥한 곳에서 공포탄 몇 방 쏴서 위협만 해도 간단히 잡을 수 있다. 국제 협정에는 구호 단체 요원에게는 무력 사용을 절대 금한다는 규정이 있지만 전쟁터에서 이런 국제법은 아무런 소용이 없다. 그러니 잡히지 않도록 조심해야 한다. 만약 잡히게 되면 현명하게 대처해서 살아남는 것은 순전히 우리 요원들의 몫이다.

브리핑을 마치며 엄숙한 얼굴로 마지막으로 덧붙이는 말.

"안전 명령은 민주주의가 아니라 독재입니다. 토론이나 타협은 없습니다. 안전 요원과 본부장이 판단하고 결정하여 통보한 것은 무조건 따라야 한다는 말입니다. 모술 현장이 코드 레드라는 점을 한시도 잊지 마시기 바랍니다."

같이 갔던 일행들의 얼굴에 긴장감이 돌았다. 아마 내 얼굴도 얼마간은 그랬을 거다. 나도 모르게 성호가 그어지는 걸 보면 말이다.

:: 한비야식 물귀신 작전, 국제 본부를 움직이다

사무실에서 각자의 책상과 팀 공간을 배치받고 걸어서 15분쯤 거리에 있는 숙소로 갔다. 이 동네는 모술의 부촌인 모양이다. 우리 집을 비롯한 이웃집들이 하나같이 대궐처럼 크고 번듯하다. 마당이 한눈에 들어오는 방을 배치받았다. 방에 있는 거라곤 달랑 매트리스 하나와 옷장. 가지고 간 짐도 딱 배낭 하나라 정리하고 말 것도 없다. 차례를 기다려서 샤워를 하고 점심 겸 저녁은 간단하게 시켜 먹기로 했다.

배달 온 음식은 뜻밖에도 푸짐하고 맛있었다. 양고기를 깍두기처럼 썰어 볶은 것과 닭다리 튀긴 것, 감자튀김과 쟁반만큼 크고 둥근 밀가루 빵이 왔다. 반찬으로 오이, 가지, 고추초절임이 곁들여 나왔는데 꼭 집에서 먹던 오이지, 장아찌 맛이라 반갑기도 하고 안심이 되기도 한다. 앞으로 3개월간은 날씨가 무진장 더울 테고 그러면 분명 밥맛도 없을 텐데, 그때마다 저 오이지랑 장아찌 해서 찬물에 밥 말아 먹으면 되겠지 생각했다. 게다가 다음 주에 올 예정인 내 짐 안에는 고추장, 라면, 김, 깻잎 통조림이 들어 있고, 곧 다가올 내 생일에 특별식으로 먹을 비빔냉면도 몇 봉지 있을 테니, 크게 한국 음식을 넘보는 동료들만 없다면 떠나는 날까지 보충 조달 없이 충분할 것 같다.

저녁을 먹으면서 자연스럽게 각자 자기소개를 했다. 국적도, 임무도, 경험의 폭도 다 달랐다. 주요 인물들만 간추리면, 우선 55세의 영국인 앤드류. 긴급구호의 백전노장으로 모술 현장 사무실의 총 책임자이자 최종 결정권자이다. 항상 웃는 얼굴에 유머가 넘친다. 배분 담당 일본인 40세 미쭈. 역시 지난 10년간 각종 구호 현장에 빠지지 않고 달려가는 베테랑이다. 한국계 미국인으로 방년 27세인 수잔 리. 이라크 사무실 인력 담당 2진으로 1진의 아버지가 급서하는 바람에 대신 왔다. 미국에서 태어나고 자랐기 때문에 한국말이 어설프지만 무척 귀엽다. 반갑기도 하고. 모술에 있는 동안 한국말 연습 많이 하고 싶단다. 어린이 관련 사업 담당 삼십대 후반의 비비안. 지난 5년간 아프리카 근무를 했다면서 요르단을 떠날 때부터 덥다 소리를 달고 산다. 사십대 초반의 안전 요원 토마스. 집에서는 아까 브리핑할 때와는 전혀 딴판으로 표정도 온화하고 수줍음까지 타는 듯하다. 저 사람 혹시 다중인격자 아닐까. 그리고 사십대 중반의 한국인 한비야. 혼자서 세계를 세 바퀴반 돌았다는데 어디에서 배웠는지 사람들하고 순식간에 친해진다. 3년 차로 식수 사업 담당이다.

각자 자기 방으로 해산하기 전, 다시 한 번 무전기 주파수가 잘 맞추어졌나, 배터리는 충분한가 확인했다.

"밤 12시 전, 불시에 무전 호출을 하겠으니 무전기를 반드시 옆에 두고 있기 바랍니다. 화장실 갈 때도 예외가 아닙니다."

그러면서 하는 말, 최초 일주일만 신경 쓰면 무전기 휴대는 금방 습관이 된다고 한다. 조금 긴장되었다. 뭐든지 잘 놓고 다니는 덤벙이도 그럴 수 있을까. 하여간 우리의 교신명은 월드비전 모술(WorldVision, Mosul)의 첫 글자인 W·V·M을 암호로 만든 위스키 빅터 마이크이고 나는 9번이니, 나의 콜사인은 '위스키 빅터 마이크 나인'이다. 무전 교신은 아프가니스탄 근무 때 제대로 배워서 잘

할 자신 있다.

내 방으로 왔다. 12시까지 자가 발전기를 돌린다니 그때까지만 선풍기가 돌아가는 거다. 천장에 붙은 선풍기 바로 밑으로 매트리스를 옮기고 편한 자세로 엎드려 일기장을 꺼냈다. '2003년 6월 X일. 모술.' 이렇게 써놓고 보니 그제야 실감이 난다. 아, 내가 이라크에 왔구나. 프로젝트 매니저가 되어 사업을 총괄하러 직접 현장에 와 있구나. 그런데 내가 정말 왔단 말인가? 이게 꿈인가, 생시인가? 지난달까지만 해도 여기에 이렇게 온다는 것은 그야말로 꿈처럼 먼 얘기였다. 그러나 역시 이번에도 한국식＋한비야식 작전이 통했다. 0.1퍼센트의 가능성만 보여도 끝까지 물고 늘어지는 물귀신 작전과 이것이 안 되면 뛰어내리고 말겠다는 벼랑 끝 작전. 그 우여곡절이 비디오 빨리감기처럼 머리를 스친다.

2003년 3월 20일, 전쟁이 일어나기 훨씬 전부터 대량 유입될 난민들을 위해 유엔난민고등판무관실(UNHCR) 등과 대규모 난민촌 건립을 추진하고 있었다. 그러나 예상을 뒤엎고 난민들이 거의 발생하지 않았다. 결국 난민촌 사업은 전면 중단되었고, 우리 구호 활동은 다시 원점으로 돌아갔다.

유엔, 국제 구호 단체, 현지 NGO 등과 수차례 협의 끝에 월드비전은 북부 모술 지역과 서부 알룻바에서 일을 하기로 결정했다. 물론 각국의 언론이 모여 있는 바그다드라면 우리 사업을 알리는 데 훨씬 유리하겠지만 그곳은 이미 수많은 단체들이 활동하고 있었다. 홍보나 모금보다 도움이 가장 절실한 곳에서 일한다는 우리의 원칙을 지키기 위한 선택이었다.

나는 종전 선언 후 바로 이라크로 날아가 현장 조사 팀에 합류했다. 모든 것이 열악했지만 나의 결론은 깨끗한 물을 공급하자였다. 한편 한국에서는 활발한 모금이 시작되었다. 반갑게도 한국국제협력단(KOICA)을 통한 정부의 긴급구호 자금도 확보되었다. 그 결과 단숨에 자체 모금 12억 원, 코이카 보조금 2억 원, 그리고 영원무역에서 기증한 어린이 재킷 14만 벌을 확보할 수 있었다. 아주 만족할 만한 성과였다.

문제는 내가 이 돈과 현물을 가지고 이라크에 갈 수 있느냐다. 이번 현장은 코드 레드라서 국제 직원의 수가 12명으로 엄격하게 제한되어 있다. 세계 각국의 사무실마다 자기 직원을 보내고 싶어 경쟁이 치열한 이 현장에 국제 본부 총 모금액의 5퍼센트도 안 되는 한국의 모금액으로는 명함도 내놓을 수 없는 게 현실이다.

더구나 나의 업무 수행 능력은 아직까지 국제 기준에 미치지 못한다. 현장 경험이라고는 아프가니스탄 3개월뿐인 데다가 특정 분야의 전문가도 아니다. 특히 우리가 벌이려는 식수 사업은 물 전문가가 필요한 자리라 불리하기 짝이 없다. 어떻게 해야 한국도 가고 싶다는 말이라도 꺼낼 수 있을지 막막하기만 했다.

그러나 하늘은 무심치 않았다. 때마침 내가 요르단에 있는 동안 이라크 구호를 위한 국제 본부 지도부 회의가 열렸다. 절호의 기회였다. 그 회의에서 나는 왜 이라크 사업에 서양인보다 동양인 요원이 더 필요한지 말할 기회를 만들었다. 그리고 지도부에 간곡히 호소했다.

"한국도 국제 구호 무대에 물자뿐 아니라 훈련된 인력으로 기여하고 싶습니다. 부디 걸음마 단계인 한국 긴급구호 팀이 클 수 있는 기회를 주시기 바랍니다."

또 한 가지, 한국국제협력단을 통한 정부의 자금 지원이 얼마나 중요한 의미인지도 강조했다. 한국 정부의 NGO를 통한 구호 자금 지원은 시작 단계이기 때문에 이번 이라크 사업 수행 과정과 성과를 예의 주시할 것이고, 그 성패가 앞으로 우리 단체와 한국 정부 사이의 협력과 신뢰에 결정적인 역할을 할 것이라고 역설했다(사실 역설이라기보다는 거의 협박 수준이었을 거다). 내 말의 결론은? 한국인이 모술에 식수 책임자로 가야 한다는 거였다.

그때 나는 여러 곳으로부터 이 일을 반드시 성사시켜야 한다는 말할 수 없는 압박을 받고 있었다. 이라크 현지 파견 가능성에 대한 한국 사무실의 높은 기대, 정부 지원금이 가니까 한국 직원이 반드시 가야 한다는 한국국제협력단의 무언의 압박, 그리고 왜 월드비전 한국은 현장에서 사업을 직접 하지 않느냐는 언론들의 질문 공세가 그것이다. 그런 절박함이 내 목소리와 제스처에 고스란히 묻어 있었을 거다. 지도부들은 고개를 끄덕이지는 않았으나 솔깃해서 듣고 있었다. 그것만으로도 절반의 성공이다.

'오, 하느님 제발 저들의 마음을 움직여주세요. 꼭! 꼭! 꼭이요.'

입으로는 말을 하고 있지만 마음으로는 하늘로 화살기도를 팍팍 쏘아올렸다. 그날로부터 딱 한 달이 되는 오늘, 나는 월드비전 한국 53년 역사상 처음으로 프로젝트 매니저가 되어 모술에 온 것이다. 지금 그 첫날밤을 맞고 있으니 이게 꿈이냐 생시냐 하면서 밤잠을 설치는 게 당연하지 않은가.

이렇게 달콤한 회상에 빠져 있는데 어디서 '뚜 뚜 뚜우' 소리가 난다.

"여기는 위스키 빅터 마이크 베이스. 위스키 빅터 마이크 나인

응답하라 오버!"

베이스면 본부고, 9번은? 으악, 나다 나.

1초도 지체 없이 옆에 둔 무전기를 들었다.

"여기는 위스키 빅터 마이크 나인. 본부 응신하라, 오버!"

머리 위의 선풍기가 서서히 죽어간다. 밤 12시가 넘고 있나 보다.

:: 내 별명은 마이꼬리

모술에서 나는 한국, 미국, 호주가 지원하는 식수 사업 총괄 책임을 맡았다. 30년 전만 하더라도 이라크의 상하수도와 사회 기반 시설은 이웃 나라의 부러움을 샀다. 특히 티그리스 강이 흐르고 막대한 저수량의 댐을 끼고 있는 모술은 항상 물이 풍부했다고 한다. 그런데 두 차례의 전쟁과 경제 제재로 모든 게 엉망이 되었다. 특히 이곳은 화장실 처리를 휴지가 아닌 물로 하는 풍습을 갖고 있는데, 물이 없다고 생각해보라. 수인성 전염병과 불결에 따른 각종 질병이 만연할 수밖에 없다.

내 눈으로 직접 본 이곳 물 사정은 생각보다 훨씬 열악했다. 우리 숙소는 집 안에 커다란 물탱크가 있어 물 부족을 직접 겪지는 않았지만, 수돗물이라고는 5일에 한 번도 구경하기 힘든 동네가 태반이다. 주민들은 물탱크 차에서 물을 사 써야 하는데 그 물값이 1천 리터에 노동자 일당의 절반이다. 사정이 이러니 한낮 기온이 50도가 넘는 살인적인 더위에도 씻기는커녕 먹을 물도 아껴야 할 형편이다. 모술을 30분만 벗어나면 사정은 더 나쁘다. 보통 시골 마을 중심에 우물이 있는데 대부분 거의 말라 있는 데다 덮개가 없어 간신히 퍼올린 물도 불순물투성이다.

수백 명이 다니는 학교도 사정은 마찬가지. 조사 나간 학교에는 식수대는커녕 화장실이 하나도 없다. 볼일이 급하면 어떻게 하느냐고 물으니 선생님들은 바로 옆의 교장 사택으로 달려가고, 학생들은 하루 종일 참거나 급하면 아무 데서나 일을 본다. 그래서 여자아이들은 학교에 오는 걸 싫어하고 고학년 여자아이들의 자퇴율이 상당히 높다고 한다.

우리는 아이들이 적어도 학교에 와서는 깨끗한 물을 실컷 마실 수 있고, 지역 주민들도 학교에 와서 물을 길어갈 수 있도록 학교를 통한 식수 사업을 벌이기로 결정했다. 이곳 병원 환자의 반이 아이들이고, 그 가운데 70퍼센트가 더러운 물 때문이라는 의사의 말도 우리 결정을 뒷받침해주었다. 총 예산은 70억 원. 끊어진 수도관을 연결하여 식수대를 마련하고, 화장실에서 항상 물을 쓸 수 있도록 넉넉한 크기의 물탱크를 배치하는 사업으로, 170개 초·중학교 약 7만 명의 아이들과 이라크 주민들에게 혜택을 주게 되는 것이다. 9월에 개학을 한 아이들이 학교에 왔을 때 깨끗한 물이 콸콸 나오는 식수대와 새로 생긴 화장실을 보면 얼마나 놀라고 또 좋아할까.

앞으로 해야 할 일을 생각하면서 커다란 종이를 펴놓고 조목조목 써내려가기 시작했다. 내가 어려운 일을 해결할 때면 나오는 오래된 습관이다. 종이에 칸을 나눠 해야 할 일과 일정, 예상되는 어려움 등을 표로 만들어 일의 전체를 한눈에 파악할 수 있도록 만드는데 나에게는 효과 만점이다. 돌이켜보면 철들고 나서 어려운 일이 닥칠 때마다, 중요한 결정을 할 때마다 이 방법을 쓰지 않은 적이 없는 것 같다.

가령, 할까 말까 망설여지는 일이라면 해야 하는 이유와 하지 말아야 할 이유를 나란히 써본다. 그러면 적어가는 과정에서 상황이 객관화되어 명쾌하게 정리되면서 최선의 선택을 하는 데 큰 도움이 된다. 또 해야 하지만 거창하고 복잡해서 어디서부터 시작해야 할지 엄두가 나지 않는 일이라면, 지금처럼 큰 종이에 사안과 일정 등을 표로 정리해본다. 이렇게 해놓으면 아무리 어려워 보이는 일도 한 장의 종이 안에 들어올 만큼 간단 명료해지며 할 수 있겠다는 안도감이 생긴다. 난장판으로 어질러놓은 방 안의 물건들을 수납장에 말끔하게 정리해놓은 기분이다.

내가 가지고 있는 몇 안 되는 좋은 습관 가운데 매일매일 일기 쓰기, 수첩에 바로바로 메모하기와 더불어 이렇게 종이에 도표로 문제 적어보기는 많은 사람들에게 자신 있게 권할 수 있다. 혹시 복잡한 문제가 있거나 중요한 선택의 기로에 서 있다면, 당장 종이와 연필을 꺼내 이 방법을 써보시라. 그 효과는 내가 보증한다. 100퍼센트!

어쨌든 처음으로 해보는 총괄 책임자로서의 일을 3개월 일정에 맞추어 조목조목 적어가니, 해야 할 일이 죽 정리되었다. 일은 크게 세 단계. 첫 번째 단계는 현지 직원 고용 및 학교 선정, 두 번째는 공사업자 선정과 공사 일정의 전반적인 관리 감독, 마지막으로는 공사 후 각 학교 교장선생님께 시설을 인수하고 학생 및 주민 반응을 조사하는 것이다.

제일 급선무이자 크게 걱정되는 것은 현지 직원 채용이었다. 3개월 동안 170개교 이상 공사를 끝내려면 얼추 잡아도 80～90명은 고용해야 하기 때문이다. 일단은 모술대학교와 미군 부대, 그리고 유엔 건물 등에 이런저런 사람을 구한다는 공고문을 써 붙였다. 실업률이 70퍼센트에 달한다는데 좋은 인력이 찾아올 거라 굳게 믿으며 그날 밤 '세게' 기도했다.

기도발이었는지 다음 날 복덩어리가 넝쿨째 굴러들어왔다. 모술대학 건축학과 교수이자 모술 시내의 유명한 건물들을 많이 설계한 아모르. 아주 정직하고 깔끔한 인상이 한눈에 마음에 들었다. 이력서로 1차 합격하고 우리 인력 담당 수장의 까다로운 인터뷰도 통과, 우리 팀의 첫 번째 현지 직원이 되었다. 그 후로는 일사천리다. 아모르가 추천하는 사람이 또 다른 사람을 추천하고 소개하는 식으로 해서 일주일 만에 핵심 직원을 모두 구했다. 마치 대형 도미노 게임을 보는 듯했다.

이 주일에 걸쳐 엔지니어 5명을 비롯해 필요 인원 90여 명을 모두 채용했다. 사무실에 책상이 있는 사람은 엔지니어, 부엔지니어, 비서 등이고 나머지는 현장 근무만 하지만 이렇게 많은 인원을 통솔하기는 난생 처음이라 조금 긴장이 된다. 첫 팀 전체 회의, 약간 흥분해서 나도 모르게 이렇게 멋있는 말을 했다.

"우리는 단순히 식수대를 놔주는 건설업자가 아닙니다. 우리는 물과 함께 사랑을 나누어주는 사람이어야 합니다. 나와 같이 일하게 된 여러분 모두를 사랑합니다."

우리 비서가 'love'를 어떻게 통역했는지 갑자기 환호성이 터지면서 짝짝짝 박수가 쏟아졌다. 느닷없는 내 사랑의 폭탄 세례를 받은 이라크 남자들, 좀 놀랐겠지만 기분은 무진장 좋았을 거다.

인력 문제가 해결되니 다른 일은 식은 죽 먹기였다. 일주일 만에 모술 교육부로부터 이 지역에서 식수 사정이 가장 열악한 학교 170개교의 명단을 받았다. 미군 민간 담당 측과 혹시 겹치는 학교가 없는지 확인한 후, 우리 엔지니어와 보조 엔지니어가 자기가 맡은 지역의 교장선생님들을 일일이 만나 건축 요청서를 받는 것으로 기초 작업이 말끔히 완료되었다. 정신이 하나도 없었지만 아주 수확이 짭짤한 일주일이었다. 본부장 앤드류도 주간 브리핑에서 놀라는 기색을 감추지 못했다.

"What a nice surprise, Biya. Good job!(놀랍군요, 비야 씨. 잘했어요!)"

'놀라기는……. 내가 뭐랬어요? 한국 사람 일단 한번 써보시라고 했잖아요.'

속으로 이렇게 뻐길 수 있었던 것은 순전히 우리 엔지니어들 덕분이다. 이들은 지난 일주일 동안 인도적 구호 단체가 어떤 이상을 실현하기 위해서 일하는지, 우리 요원들은 어떤 마음으로 이런 전쟁터도 마다하지 않는지 알면 알수록 놀랍다면서 더욱 열심히 성심성의껏 일하고 있다. 정말 고맙다.

학교 사업 외에 마을 공동 우물 설치를 위한 현지 조사차 여러 시골 마을을 돌았다. 그 가운데는 아주 보수적인 모슬렘 마을도 많다. 이런 곳에서는 나를 어떻게 대할까 걱정했는데 다행히 외국인 여자는 남성과 동일한 대우를 해주는지, 이곳 남자들과는 악수도 하고 스스럼없이 대화를 주고받았다.

식수원이 마땅치 않은 한 마을을 돌다가 이곳 공터에 공동 우물을 새로 파서 주민들 모두에게 깨끗한 물을 마실 수 있게 하면 어떨까 하는 생각이 들었다. 같이 갔던 수석 엔지니어에게 의견을 묻자, 당장 줄자로 바로 앞 학교까지의 거리 등을 재보더니 할 수 있겠다고 엄지손가락을 펴 보인다. 통역을 통해 우리 뜻을 전하니, 종교 지도자가 갑자기 "마이 꼬리, 꼬리 와히드!(한국 최고!)"라고 소리치며 뛸 듯이 좋아한다. 이 말을 들은 아이들도 덩달아 손뼉을 치며 좋아한다. 그리고는 내가 그 동네에 있는 내내 졸졸 따라다니면서 '마이 꼬리, 마이 꼬리' 합창을 했다.

옆에 있던 아모르도 싱글벙글 좋아한다.

"마이 꼬리가 뭐예요?"

"마이는 물, 꼬리는 한국인. 그러니까 '물을 가져다주는 한국인'이라는 뜻이에요. 비야 씨에게 딱이네요."

그 후 이 별명은 그곳에서 내 이름이 되었다. 그날 따라갔던 우리 운전사를 시작으로 곧 통역이, 수석 엔지니어가, 사업을 진행하는 동네 사람들이, 나중에는 사무실에 있는 현지 직원 모두, 급기야는 안전 요원 토마스까지 나를 '마이 꼬리'라고 불렀다. 이 말을 들을 때마다 신난다. 그리고 사랑받고 있는 기분이다.

:: 얌체 길들이는 법

일은 생각보다 순조롭게 진행되고 있는데 일상생활은 좀 괴롭다. 우선은 날씨가 죽인다. 좋아서가 아니라 더워서다. 꼭 건식사우나에 들어앉은 기분이다. 6월 초인데 벌써 한낮에는 45도 남짓, 8월 중순에는 55도까지 올라간다. 이런 곳에서 사람이 산다는 것이 신기할 따름이다. 아침은 그런 대로 견딜 만한데 11시 정도부터는 작열하는 햇살이 불화살이 돼 사정없이 내리꽂힌다. 사무실에 있어도 입에서 단내가 나는데 밖에 나가는 날은 쇳덩이 같은 방탄조끼까지 입고 다녀야 하니 혀가 쏙 빠질 지경이다. 그래서 이곳 사람들의 삶의 속도는 라르고인가 보다. 말도 걸음도 일도 천천히, 꼭 슬로 모션을 보는 것 같다. 나같이 뭐든지 스타카토 속도로 해야 하는 사람은 확실히 더 더울 수밖에.

하루 일과를 끝내고 샤워를 하려고 찬물을 틀면 컵라면을 끓여 먹어도 좋을 만큼 뜨거운 물이 나온다. 옥상 양철 물탱크가 하루 종일 열을 받아서다. 그래서 샤워는 반드시 물을 미리 받아놓았다가 식힌 후에 사용해야 한다. 잠을 잘 때 몸부림치다 벽에 팔뚝이라도 닿으면 으악, 이다. 낮 동안의 열이 채 식지 않아 벽이 온돌방만큼 뜨끈뜨끈하기 때문이다. 또 오후에 신나게 돌아다닌 날은 자려고 누우면 천장이 올라붙었다 내려붙었다 하면서 토할 것처럼 속이 울렁거린다. 아무래도 더위를 먹은 것 같다. 큰일이다.

"수잔, 또 네가 설거지해?"
"괜찮아요, 비야 언니. 나 설거지 좋아해요."
"그럼 같이 하자."
"아니에요. 거의 끝났는데요, 뭘."
속상해 죽겠다. 또 우리 막내가 이 많은 직원들의 시중(?)을 들고 있다. 주중에는 일하는 아줌마가 있지만 주말인 금요일과 토요일엔 우리끼리 해결해야 한다. 그러니 토요일 오후쯤 되면 그릇이란 그릇, 컵이란 컵은 다 나와 있고 집 안도 엉망으로 어질러진다. 못 본 척하면 그만이지만 깔끔하면서도 순둥이인 수잔은 그냥 지나치지 못하고 이렇게 파출부 노릇을 한다. 내가 괜히 못마땅하다.

일주일을 살아보니 누가 공동 생활을 잘 하는지, 누가 이기적인지 확연히 드러난다. 부엌일을 끝낸 수잔이 거실에 널려 있는 컵이며 타월을 정리하고 있는데도 소파에서 빈둥대며 자기 컵을 치워가도 고맙단 소리 한마디 없는 직원 두 명이 눈에 띈다. 한 명은 비비안, 또 한 명은 물자 담당 사이먼. 금요일 오전부터 쌍으로 허리가 부러진 사람들처럼 소파를 다 차지하고 누워만 있는 인간들이다. 그러다가 누군가 요리를 해놓으면 얼른 자기 것을 덜어다 텔레비전 앞에서 먹고는 접시는 소파 옆에 그대로 놓아둔다. 응접실을 가로질러 가다가 비비안의 접시에 걸려 넘어질 뻔했다. 그렇잖아도 벼르고 있었는데, 옳다구나 했다.

"비비안, 다 먹은 접시 좀 부엌에 갖다놓으시지. 네가 먹은 접시를 누구더러 치우라는 거야. 여기에 네 베이비시터라도 있는 줄 알아?!"

눈썹을 치켜뜨며 정색을 하고 말하자 비비안이 깜짝 놀라며 쳐다본다. 먹은 접시를 안 치우는 게 이렇게 야단맞을 짓인지 정말 모르겠다는 얼굴이다. 염치도 없지. 고의나 악의는 아니겠지만 공동 생활에서 자기가 해야 할 바를 모르는 사람과 함께 지낸다는 건 정말이지 끔찍한 일이다. 이런 사람들은 강제로라도 일을 하게끔 시키지 않으면 안 된다. 대신 해주는 사람도 불만이고 본인도 자기가 왜 욕을 먹는지 모르기 때문이다. 그날 오후, 팀원들이 모두 모인 자리에서 휴일 가사 노동 분담을 위한 '하우스 룰'을 정하기로 했다. 종이에 명명백백 적어 냉장고에 붙여놓기까지 했으니 설마 모른 척하지는 않겠지. 앞으로 수잔이 단독 파출부 역할은 안 해도 될 것 같다.

"와, 짐 왔다!"

집안 분위기가 약간 썰렁해졌는데 기다리던 짐이 도착했다. 모술에 올 때는 유엔 기의 엄격한 무게 제한으로 당장 갈아입을 옷, 노트북 컴퓨터, 세면도구 등 최소한의 물건밖에 챙겨올 수 없어서 나머지 짐은 화물기로 보낸 것이다. 이사를 한 것같이 어마어마한 박스가 온 사람도 있다. 뭐가 들었나 보았더니 베개에 샤워가운에 침대시트에 없는 게 없다. 내 박스 안의 먹을 것을 보고 좋아하는 사람은 수잔이 아니라 일본인 미쭈. 특히 매운 맛 라면을 좋아한다며 한국 라면이 세계 라면의 지존이라고 마구 띄워준다. 내 라면이 탐나는 게 틀림없다. 먹을 것 외에도 읽을 책, 현지인에게 줄 볼펜이나 전통 문양의 열쇠고리 등도 왔다. 갑자기 부자가 된 기분이다.

자기가 쓰던 정든 물건을 받는 직원들의 얼굴도 환하게 펴졌다. 식구들의 체취와 고향의 향기가 묻어나는 물건을 보면서 싱글벙글 좋아하는 얼굴을 보니 갑자기 마음이 짠해진다. 이들이 누구인가. 약간 얌체 짓은 해도, 전쟁터도 마다하지 않고 달려온 내 전우들 아닌가.

짐이 온 기념으로 수잔, 미쭈, 토마스, 앤드류, 그리고 비비안을 위해 맛있는 한국 라면을 끓여주었다. 눈치를 주지 않았는데도 먹고 나니 비비안이 자진해서 설거지를 한다. 학습 효과 굿이다!

:: 죽어도 좋을 목숨은 없다

'어제 미군 차량 두 대가 박격포 습격을 받아 2명이 죽고 3명이 부상당했음.'

'국제이주기구에 모술을 당장 떠나라는 협박 편지가 왔음. 이 단체는 우리와 긴밀히 일하는 곳이므로 외출 시 각별한 주의 요함.'

'모술 저항 세력이 도시 서부에 집결한다는 정보 입수. 오늘 모든 월드비전 차량 및 직원은 서부 지역 통행금지.'

우리의 아침 일과는 간단한 예배 후 전날 발생한 사건 사고 보고와 그날의 안전 지침으로 시작된다. 미군의 인명 피해는 하루도 거르지 않는다. 어제 오후에 현장 조사를 하고 돌아오는 길에 앞에 가던 미군 정찰차에 수류탄이 날아들었다. 순식간에 화염이 치솟았다. 그 차의 운전병은 십중팔구 살아남지 못했을 거다. 우리가 안전 수칙대로 미군 차와 열 대 이상의 간격을 유지했기에 망정이지 큰일 날 뻔했다.

원래 점령군은 그 지역의 안전을 책임져야 하지만 미군은 점점 강해지는 저항 세력의 공격에 대응하기도 벅찬 듯했다. 주민들 치안 유지나 재건 지원보다는 자기네 안전 유지가 더 급하다는 인상이다.

모술에서는 하루에도 몇 번씩 총부리를 행인들에게 겨누며 지나가는 미군 정찰차와 정찰병을 만나게 된다. 이런 미군을 대하는 현지인들의 태도는 아주 싸늘하다. 내가 만난 사람 가운데 그 누구도 미군이 이라크의 자유와 평화를 위해 주둔한다고 믿는 사람은 없었다. 미국은 오로지 이라크의 석유와 이스라엘 보호에만 관심이 있다고 말했다. 미국의 속내를 삼척동자도 알고 있는데 부시 대통령이 입만 열면 '이라크 국민을 위해'라고 말하는 것이 너무나 가증스럽다며 이렇게 반문한다.

"대량 살상 무기가 있다면 후세인이 이번 전쟁 때 그걸 왜 안 썼 겠어요?"

그러나 막상 미군 병영에서 아직 솜털도 가시지 않은 어린 군인들을 보면 이런 생각이 든다. 저 어린아이들이 이라크 사람들이 증오하는 대상의 실체란 말인가. 이 친구들은 자기들이 이라크 국민과 세계 평화를 위해 여기에 온 거라고 철썩같이 믿고 있을 텐데, 막상 자기들을 벌레처럼 보거나 해치려는 현지인들을 만나면 얼마나 놀라고 당황할 것인가. 들리는 소문으로는 그 괴리를 이기지 못해 심각한 정신 장애로 결국 본국에 송환된 병사가 많다고 한다. 생각해보면 저들도 정의로운 전쟁이라는 미명 하에 매일매일 목숨을 위협받고 있는 소중한 생명들이다. 저 미군들이 정신도 놓지 말고 죽지도 말고 하루빨리 부모 형제의 품으로, 학교나 직장의 일상으로 무사히 돌아갔으면 좋겠다. 죽어도 좋을 목숨이란 이 세상에 없으니까.

그런데 더 큰 문제는 현지인들은 민간 구호 단체들까지도 색안경을 끼고 본다는 점이다. 겉으로는 도와주는 척하지만 석유를 탐내든지, 아니면 다른 속셈이 있을 거라고 의심한다. 하기야 수십 년간 이 나라 저 나라에 그토록 당했으니 이런 반응이 당연한지도 모른다. 여행을 할 때는 어딜 가든지 현지인들이 언제나 친근한 미소와 호감이 가득한 눈으로 날 환영해주었는데…….

호의적이지 않은 사람들을 보면 현장 조사차 갔던 서부 알룻바에서의 일이 생각난다. 하루는 호주 직원과 길을 가다가 어깨에 정통으로 돌을 맞았다. 돌을 던진 아이를 쳐다보았다. 열 살 남짓의 꼬마. 내가 화를 내는 대신 웃어 보이니까 아이가 어쩔 줄 몰라 했다. 혼란스러워하는 아이의 얼굴을 보니 마음이 아팠다.

나 같은 동양인은 그나마 괜찮지만 서양인들이 지나가면 아이들은 전에 배운 대로 불끈 쥔 주먹을 흔들며 "우리의 혼을 바쳐, 우리의 피를 바쳐, 어버이 사담을 지지한다"며 구호를 외친다. 옆의 어른들은 당장 그만두라고 야단치지만 지난날 아이들에게 그렇게 하라고 가르친 사람은 누구던가. 세상이 어떻게 변했는지 저 어린 아이들이 알 리가 있겠는가.

이런 일을 당하면 마음도 상하고 힘도 빠진다. 우리가 이 대접을 받으려고 땡볕 더위에 무쇠로 만든 방탄조끼를 입고 비지땀을 흘리고 있다는 말인가. 그러나 어쩌랴. 구호 현장에서 도우러 왔다고 해서 우리가 언제나 환영받는 것은 아니다. 오해도 받고 미움도 받을 수 있다. 이것 역시 긴급구호 현장의 엄연한 현실이다.

:: 번개 생일 파티

"오늘 오후 일과 후에 수영장 갈 사람?"
점심시간에 뉴질랜드 IT 담당 요원이 제안한다.

"뭐라고요?"

모두 귀를 의심했다.

"어제 미군 사령부에 갔었는데, 오늘부터 군 수영장을 NGO에게도 개방한대요."

수영장이라니 이게 웬 떡이냐. 말만 들어도 쏟아지는 소나기처럼 시원하다. 다음 순간 우리의 모든 눈길은 토마스에게로 쏠렸다. 저 남자가 안 된다면 다 꽝이니까 말이다. 눈치 빠른 토마스는 재빨리 몇 군데에 무전을 치더니 폼을 재면서 이렇게 말한다.

"해 지기 전, 그러니까 19시 30분까지 귀가하는 조건으로 OK! 도중에 무전 확인을 할 테니 무전기 켜놓을 것, 월드비전 차로 이동할 것."

"야호호호호!!"

그날은 모두들 들떠서 일찍 일과를 끝내고, 서둘러 미군 부대로 갔다. 야외 풀장에는 웃통을 벗고 선탠을 즐기는 미군들로 가득하고, 곳곳에 놓인 아이스박스에는 사이다와 콜라가 가득하다. 비치 파라솔 밑 의자에 군인들의 장총이 잔뜩 놓여 있지 않다면 누가 여기를 전쟁터라고 믿을 수 있을까.

수영복을 입고 풍덩! 한번 풍덩하고 나서는 손바닥이 오이지처럼 쪼글쪼글해질 때까지 풀장에서 나오지 않았다. 모술에 온 후 처음으로 몸이 제대로 식는 것 같다. 다시 물 속으로 머리를 박는다. 아, 살 것 같다!

이제는 일요일에 성당에도 간다. 지금은 미군 부대로 쓰고 있는 후세인의 별장에서 일요일마다 미사가 있다는 정보를 입수했다. 일요일은 근무하는 날이지만 한 시간 삼십 분 미사 외출을 허락받았다. 별장 뒤쪽에 폭격으로 무너진 건물을 성전 삼아, 중앙에 십자가 고상을 놓고 아주 잘생긴 군종 신부님이 집전을 했다. 한 50명 정도의 미군 병사도 나도 모두 방탄조끼를 입고 미사를 보았다.

알고 보니 미사를 보려고 이렇게 미군 부대까지 갈 필요가 없었다. 모술에는 현지인 성당이 동네마다 있기 때문이다. 나만 몰랐던 걸까. 이라크에는 50만 명이 넘는 기독교인이 있다고 한다. 특히 모술은 기독교 신자가 가장 많은 곳이다. 도시 외곽 니느웨 지역은 구약성경에서 요나가 고기 뱃속에 갇혀 곤욕을 치른 후 찾아갔던 바로 그 도읍이다.

여기에서는 모슬렘의 기도 시간을 알리는 소리와 교회 종소리를 함께 들을 수 있다. 그동안 몇몇 한국 선교사들에게 이라크 기독교인들은 말할 수 없는 박해를 당한다고 들었는데 이곳의 기독교 신자들은 박해는커녕 오히려 대접받고 사는 것 같다. 우선 차림새부터 자유롭다. 여자들이 머리를 가리지 않고 딱 붙는 청바지와 짧은 소매의 옷을 입고 다녀도 뭐라는 사람이 없다. 또 근무 시간 중인 일요일 오전에도 미사나 예배를 보러 갈 수 있을 만큼 당당하다. 후세인 정권 때에도 기독교 신자들의 상권은 철저히 보호됐다고 한다.

시내에 있는 성당은 천 년도 넘어 고색창연하기 그지없다. 예배는 예수님이 쓰던 언어라는 아라메안으로 진행돼 한 마디도 못 알아듣지만, 찬송가는 정말 멋지다. 꼭 그레고리안 성가와 아랍 전통 음악을 합쳐놓은 것 같다. 하여간 이슬람교가 국교인 이라크에서 역사와 전통이 깃든 초기 교회 안에 앉아 있다는 것 자체가 감격스럽다.

미사 맨 끝부분은 더욱 감동적이다. 신부님이 "그리스도의 평화가 여러분과 함께" 하며 맨 앞에 있는 신자의 모은 손을 건드리면, 그 사람은 맞붙이고 있던 손을 벌려 양 옆 사람의 손을 친다. 그러면 호수에 파문이 퍼지듯 사람들의 모은 손이 하나하나 펼쳐진다. 마치 커다란 꽃이 활짝 피어나는 것 같다. 그 꽃잎의 파도를 타고 평화가 나에게 오는 듯한 기분이다.

모술에서의 내 일상은 간단하지만 녹록치는 않다. 아침부터 오후까지는 이라크 현장 일을 하고, 오후부터 새벽까지는 한국 신문사에 보낼 글을 쓰거나 전화 또는 인터넷 인터뷰를 하고, 급한 한국 사무실 일까지 본다. 제일 큰 문제는 글쓰기. 나는 뭐든 빨리 하는 편이지만 글은 무진장 늦게 쓴다. 신문 칼럼을 하나 쓰려면 반드시 밤을 새야 한다. 그런 글을 일주일에 평균 두세 편은 써야 하니 이틀에 한 번씩만 자고 일을 해도 늘 시간이 모자란다. 밤새고 일했다고 다음 날 이곳 일을 게을리할 수도 없다. 엄밀히 따지면 한국 일은 이곳 일과는 아무 상관이 없기 때문이다.

이라크에서 맞은 내 생일, 그 전날 밤새 쓴 신문 칼럼을 아침에 이메일로 보내려는데 자꾸 오류가 생겼다. 제대로 들어가지 않으면 큰일 나는 거라 한국 사무실 홍보 팀에 위성전화를 걸기로 했다. 여기서 위성전화를 하려면 옥상에 올라가 그 무지막지한 땡볕을 고스란히 맞으며 주파수가 잘 맞는 곳을 찾아 십수 번을 시도해야 한다. 한 10분 만에 어렵게 전화가 연결되었다.

"아, 한혜원 씨! 나, 한비야예요."

반가운 마음에 소리를 빽 질렀다. 그런데 전화기 저편에서는 너무나 사무적인 목소리가 건너왔다.

"아, 네. 지금 배터리가 다 되어가니까 빨리 말씀하세요."

아니, 어떻게 연결된 전화인데……. 섭섭한 마음에 눈물이 핑 돌았다. 게다가 오늘은 내 생일인데…….

우여곡절 끝에 유엔 연락사무실 인터넷을 잠깐 빌려 칼럼을 보내긴 했지만 내 메일은 하루 종일 체크할 수가 없었다. 오늘같이 메일이 많이 들어올 것 같은 날, 하필 인터넷에 문제가 생길 게 뭐람. 내내 시무룩해서 말수가 적으니까 보는 우리 팀원마다 어디 아프냐고 물어본다.

'응, 마음이 아파서…….'

속으로만 그렇게 대답했다. 그날 저녁, 팀원들에게 비빔냉면을 만들어주겠다니까 입이 찢어진다. 냉면을 맛있게 먹던 수잔이 무심코 묻는다.

"비야 언니, 이건 언니 생일에 먹는다고 아끼던 거 아니에요?"

"응, 맞아. 오늘이 바로 그날이거든."

"What?(뭐라구요?)"

그때부터 부엌이 벌집을 쑤셔놓은 것 같아졌다. 수잔과 토마스가 즉석 생일케이크를 만들고 커다란 도화지에 직원들이 모두 한마디씩 써서 대형 카드를 만들었다. 어디서 구했는지 빨간 초까지 마련해서 12시가 넘어가면 무효라면서 오밤중에 생일파티를 열어주었다. 미리 말을 안 해줬다고 눈을 흘기면서도 모술에 와서 처음 맞는 요원의 생일이라며 모두가 진심 어린 축하 노래를 불러준다. 특히 토마스는 내 손을 잡고 멋지고도 달콤한 사랑 노래 〈Love Me

Tender〉를 불러주었다. 괜히 콧등이 시큰하고 손끝이 짜릿하다. 그래, 늘 집 떠나서 사는 사람은 지금 이 순간 함께 있는 사람이 바로 가족이다. 이렇게 생일을 같이 보내는 사람들이 가족이 아니면 누구란 말인가.

내 방으로 돌아와 가족 사진을 오래 들여다보았다. 이곳에 오기 전 한국 직원들이 정성스럽게 만들어준 스크랩도 펼쳐보았다. 성경 구절, 시 구절, 간단한 편지, 격려와 응원의 메모 등등 페이지마다 마음이 듬뿍 담겨 있었다. 혜원 씨가 쓴 글도 있었다.

"팀장님. 매일 매일 기도할게요. 사랑해요."

이그, 사랑한다면서 아까는 왜 그랬어.

:: You are on my head

"빨리, 빨리. 3분 안으로 빠져나가야 돼."

토마스가 사무실에 있는 우리에게 소리친다. 황급히 여권과 방탄조끼만 챙겨 나오는 순간, 우리를 향해 시커먼 폭탄이 날아든다.

"슈우욱. 꽝!"

"엎드려!"

"아아악!"

간밤에도 불붙은 사무실을 겨우 빠져나오는 꿈을 꿨다. 티셔츠가 흥건히 젖을 정도로 식은땀까지 흘렸다. 요 며칠간 현장 본부장과 토마스의 얼굴이 심상치 않다. 며칠 전에는 안전하게만 여겼던 우리 물자 창고에 방화가 분명한 불이 났고, 사무실 주인도 더 이상 외국인에게 집을 빌려주면 가만두지 않겠다는 협박을 받았다며 이번 달 안으로 사무실을 비워달라고 통고해왔다. 게다가 숙소에는 한밤중에 그냥 뚝 끊는 괴전화가 연일 걸려오고 있다.

사정이 이렇게 절박한데도 치안 유지를 담당해야 할 점령군은 속수무책이다. 바그다드에 있는 국제 구호 단체들이 대부분 철수하고 있다는 소식이다. 우리의 아침 안전 브리핑도 점점 길어지고 있다. 공식적인 안전 상황은 한 달 전과 같은 코드 레드지만 실제로는 코드 블랙에 더 가까운 흑장미색일 거다.

2개월 차로 접어든 식수 프로젝트는 본격적인 공사에 들어가 매일 현장에 나가야 하지만, 내가 직접 갈 수 없는 날이 많아졌다. 그래서 나갈 수 있는 날이 되면 하루 종일 이 현장에서 저 현장으로 온몸에서 김이 모락모락 날 때까지 열심히 다닌다.

엔지니어는 시공업자가 약속한 자재와 인원을 제대로 쓰는지, 설계도대로 하는지 감독하고 잔소리하는 악역을 맡고, 나는 옆에서 잘한다 고맙다 격려하는 천사의 역할을 한다. 그동안 안면이 생겼다고 내가 나타나면 인부들도 "마라하바(안녕), 마이꼬리" 하며 반가워한다.

이 일 외에도 전쟁중 병영으로 쓰였던 학교 정화조에서 불발탄이 발견되면 지뢰 제거 NGO에 즉시 연락하는 일도 해야 하고, 불발탄이 터져 다친 인부들을 병원에 후송하는 일도 해야 하고, 선정되지 않은 학교의 교장선생님으로부터 왜 우리 학교는 빼놓았냐는 항의도 받아야 하고, 설치해놓은 모터 펌프를 도대체 어느 손모가지가 훔쳐갔는지도 직접 조사해야 한다.

그것뿐이랴. 사무실에 돌아와서는 모든 업무 진행 상황을 기간별로는 일일과 주간 단위로, 나라별로는 한국 미국 호주 등 수많은 형식의 사업 보고서를 작성해야 한다. 또한 일주일에 한 번 미군 부대의 민간 협력 팀과도 회의를 하고, 교육부 직원들과도 정기적으로 만나야 한다. 정말 몸이 열 개라도 모자랄 지경이다.

그래도 겉으로는 시간 없어 죽겠다, 더워 죽겠다, 일에 치여 죽겠다고 하지만 사실은 나는 지금 하는 일이 대단히 만족스럽다. 물론 아직도 서툰 것이 많다. 주간 회의 때마다 지적을 당한다. 줘야 할 돈 계산도 매번 틀리고 지출 예산안도 언제나 빗나가서 재무 담당은 나를 미워한다. 하지만 어쩌란 말이냐. 아무리 잘 하려고 해도 안 되는 걸.

또 현지 직원들과 너무 친하게 지낸다고 주의를 받는다. 어찌보면 주의 받을 만도 하지만 얼마간 질투심도 있는 것 같다. 나는 참말이지 우리 팀 직원들이 좋다. 그들과 조금이라도 더 같이 있고 싶어서 매일 지하 회의실에서 그들이 싸온 도시락을 나눠 먹거나 차를 마신다. 그 시간에 각자의 가족 사진도 돌려보며 가족 소개를 하기도 하고, 자기 아내와 어떻게 만나 연애했는지를 얘기하기도 하고, '세계에 모두 몇 나라가 있을까' 같은 퀴즈를 내서 한국 기념품들을 선물로 주기도 했다. 나도 꽃머리핀, 꿀단지, 아랍 전통 문양이 그려진 노트 등 마음이 듬뿍 담긴 작은 선물을 거의 매일 받았다.

한번은 아모르가 "You are on my head"라고 하며 자기 머리를 손바닥으로 툭툭 치기에, '내 머리 꼭대기에 올라앉는다'라고 한국식으로 해석하고는 내가 언제 너한테 버릇없이 굴었냐니까 다들 꺄르르 웃는다. 이라크에서 이 말은 "당신은 내게 아주 소중한 사람입니다"라는 뜻이란다. 나도 아모르처럼 머리에 손을 얹었다.

'당신들이야말로 내 머리 위에 있습니다.'

현지 직원들이 얼마나 내 생활을 기쁘고 풍요롭게 하는지 이들은 꿈에도 모를 거다. 이런 사람이 또 있다. 나만 보면 입이 귀에 걸리도록 좋아하는 열 살짜리 베스마. 이 꼬마 친구는 우리가 식수 사업을 하고 있는 학교 수위의 딸인데, 내가 이 학교에 처음 간 날 얼른 자기 집에 가서 주전자 가득 물을 떠온 아이다. 내가 땡볕에서 일하는 게 제 딴에는 퍽 안쓰러워 보였나 보다. 건네주는 물을 달게 마시는 나를 보며 활짝 웃는 아이의 모습에 피곤이 싹 가셨다.

그날 이후 나는 이 꼬마가 보고 싶어 이런저런 이유를 만들어 그 학교를 자주 찾아갔다. 내가 나타나면 어디선가 쏜살같이 튀어나왔다. 날씨도 더운데 내 손을 꼭 잡고 다녀서 일에 방해가 될 지경이었지만, 귀찮기는커녕 살갑게 느껴졌다. 꼭 내 조카를 보는 것 같았다.

베스마는 지난 봄을 똑똑히 기억하고 있었다.

"집 밖으로 한 발짝도 나갈 수 없었어요. 창문마다 이불로 막아놓았죠. 폭격 소리가 나면 동생은 밤새도록 울고 저도 무서워서 오줌을 싸버렸어요."

그래도 제 언니는 밤에 폭탄이 떨어지면 소리를 질렀지만 자기는 얼른 학교 옥상에 가서 구경했단다.

"불꽃놀이처럼 멋지다고 했다가 아버지한테 혼났어요. 어른들

눈에는 그렇게 안 보인다고 해서 혼낼 것까지는 없잖아요?"

그러면서 살짝 눈을 흘긴다. 그때 혼난 게 아직도 억울한가 보다. 베스마는 전쟁 때문에 학교가 문을 닫아 속상한데, 거기다 사람들이 학교 물건까지 마구 훔쳐가고 망가뜨리니 정말 미웠단다.

어느 날 머리 위로 미군 정찰기가 지나가자 베스마는 귀를 막고 머리를 흔들며, "할라스, 할라스!(이제 제발 그만!)"라며 진저리를 쳤다. 그리곤 내 눈을 똑바로 쳐다보며 따지듯 물었다.

"미국은 우리 옆 나라도 아니면서 왜 우리랑 싸우는 거예요? 도대체 전쟁은 언제 끝나는 거죠?"

구구단보다 전쟁을 먼저 알아버린 베스마에게 뭐라고 대답해야 하나. 베스마, 나도 그 답을 알았으면 좋겠다. 이제 곧 이 소용돌이가 사라지고 다시는 전쟁이 없을 거라고 자신 있게 말해줄 수 있다면 얼마나 좋을까…….

공사가 진행되는 동안 베스마는 나의 보디가드 역할을 톡톡히 해주었다. 더위에 지쳐 앉아 있으면 큰 공책으로 부채질을 해주고, '헬로, 헬로' 하며 나를 귀찮게 하는 동네 아이들도 물리쳐주었다. 그러나 정작 자기는 내게 딱 달라붙어 다니면서 내 '영업'을 크게 방해하고 있다는 걸 아시는지. 하루는 내가 한복을 입은 여자 모양의 열쇠고리를 주니까 뛸 듯이 좋아하며 열쇠고리 속의 여자와 내 뺨에 번갈아가며 마구 뽀뽀를 했다.

그 학교 공사가 완전히 끝난 지 이 주일쯤 지난 어느 날, 누가 사무실로 찾아왔다. 베스마와 그 아버지인 수위 아저씨였다. 물어 물어 찾아왔다는 베스마는 나를 보자마자 원망스런 눈빛을 띠며 왜 더 이상 오지 않느냐며 내 손을 꼭 잡는다. 베스마의 머리와 얼굴을 쓰다듬으며 일이 끝나서 이제 못 간다고 하지 않았냐니까, 그 말이 자기랑 더 이상 못 만난다는 말이었냐며 어젯밤 준비했다는 카드를 건네준다. 한쪽에는 크레파스로 꽃과 여자를 그려넣고, 다른 쪽에는 자기 사진을 붙여놓은 카드였다. 베스마는 미소라는 뜻이라지. 사진 속의 아이는 그 이름처럼 활짝 웃고 있었다. 앞으로 베스마에게 이렇게 웃을 일만 있었으면 좋겠다. 지친 나에게 물 한 잔을 가져다준 베스마. 너의 그 컵에 평화를 담아 돌려주고 싶다.

:: 속옷을 널어둔 채 피신하다

여기는 쿠르드 자치주의 수도인 아르빌. 여기가 이라크 맞나 할 정도로 모술과는 딴판이다. 우선 슈퍼마켓에 없는 게 없다. 터키에서 온 온갖 생필품이 한국의 대형 할인점처럼 산더미같이 쌓여 있다. 이곳 사람들은 《아라비안 나이트》의 신드바드가 입는 바지 같은 것에 두꺼운 허리띠를 졸라매고 빵떡모자를 쓰고 다닌다. 돈도 후세인이 그려진 이라크 디나르가 아니라 쿠르드족 애국자가 그려진 스위스 디나르를 쓴다.

거리 풍경도 모술과는 사뭇 다르다. 여기는 미군보다 쿠르드 병력이 훨씬 많이 눈에 띈다. 곳곳에 "우리에게 자유를 가져다준 미군을 환영합니다"라는 플랜카드도 걸려 있다. 이번 전쟁 때 미군에게 길을 열어주었기 때문에 전쟁 피해와 반미 감정이 없는 곳이다.

치안에도 큰 문제가 없다. 그래서인지 이곳의 미군은 모술의 미군들보다 훨씬 여유 있어 보인다.

바빠 죽겠다면서 왜 아르빌에 왔을까? 코드 블랙, 철수 명령이 떨어졌기 때문이다. 드디어 모술에 상주하는 유일한 국제 단체인 우리에게도 직접 협박이 시작되었다. '모술을 떠나라'는 괴전단이 날아들고 현지 직원들에겐 '외국인을 도우면 가족들이 위험할 것'이라고 협박했다. 급기야 7월 17일, 후세인 집권당인 바트당 창립일 직전에는 "사무실과 숙소, 차량을 모두 폭파하겠다"는 협박 편지가 날아들었고, 어제는 사무실 근처에서 협박용 공포 포탄이 발견되었다.

핵심 요원 3명을 뺀 모든 국제 직원들은 당장 아르빌로 피신하라는 토마스의 메시지는 우리가 종교 지도자의 집에서 거하게 점심 대접을 받고 있을 때 전해졌다. 지역 종교 지도자의 식사 초대는 언제나 대환영이다. 후세인 통치 시절이나 지금이나 이 지역의 실세는 종교 지도자들이어서 이들과 좋은 관계를 쌓는 것이 주민들의 호감을 사는 지름길이기 때문이다. 그래서 초대를 하면 무조건 응할 뿐 아니라, 그와의 친분을 만천하에 알리기 위해 그 집 앞에 일부러 우리 차를 오래 세워두기도 한다.

마침 디저트로 과일과 차를 먹고 있었기에 망정이지 식사 도중 철수를 해야 했다면 큰 실례를 범할 뻔했다. 당장 사무실로 가서 주요 서류와 노트북 컴퓨터를 챙기고, 숙소로 가서 5분 안에 배낭 하나에 짐을 챙겨 45분 거리인 아르빌로 온 것이다. 그날 오후 우리는 다시 토마스와 앤드류로부터 이런 메시지를 받았다.

"코드 블랙, 코드 블랙. 모술의 안전이 악화되고 있으므로 현재 아르빌에 피신중인 요원 전원은 내일 아침 당장 요르단으로 철수하라."

떠날 때는 모두들 한나절만 피신하고 있다가 모술로 돌아갈 줄 알았는데, 갑자기 요르단으로 철수해야 하다니……. 당장 내일 아침 공사 대금도 주어야 하고, 호주 월례 보고서 마감도 해야 하는데……. 앗! 속옷을 길거리에서도 보이는 옥상에 그냥 널어놓고 왔구나. 모슬렘 문화권에서는 절대로 해서는 안 되는 일인데……. 그나저나 이번 주에 한국에서 오기로 한 텔레비전 촬영 팀은 어떻게 해야 하나? 그 다큐멘터리가 방영되어야 모금에 지장이 없을 텐데. 정말 큰일 났다. 난 몰라.

오랜만에 평화롭고 자유로운 요르단에 오니 좋긴 좋다. 국제전화도 인터넷도 실컷 하고, 암만에 사는 친구네 집에 가서 한국말도 실컷 하고, 김치도 실컷 먹고, 다른 한국 구호 단체 요원들도 만나고, 마침 요르단에 와 있던 신문방송 기자들과 예정에 없는 인터뷰도 하고. 또 오이 마사지도 하고, 시내에서 머리도 예쁘게 잘랐다. 한밤중에 무전 확인할 일이 없으니 잠도 푹 잘 수 있었지만 그래도 마음은 몽땅 모술에 가 있었다.

다행히 바트당 창당일에 있을 거라던 저항 세력의 공격이 없어서 이라크 전역이 조용했다. 5일 만에 다시 모술로 왔다. 그 5일 안에 금요일과 토요일이 끼여 있어서 실제로 일하지 못한 날은 딱 3일이고, 새벽 비행기를 타고 왔으니 오후부터는 다시 일을 할 수 있겠다. 업무에는 큰 차질이 없을 것 같다.

:: 한국 사람들이 보낸 선물

"웰컴 백 홈.(집에 온 것을 환영합니다.)"

숙소에 들어서니 토마스가 한 명 한 명 우리를 껴안아주며 환영의 세레모니를 펼친다. 내 차례에는 껴안는 것으로 모자라 양 뺨에 입을 맞추며 반가움을 감추지 못한다. 내심 싫지는 않았지만 모르는 사람이 보면 오해하기 딱 좋을 장면이다. 나 역시 5일 만에 보는 토마스가 어찌나 반갑던지……. 현장 사무실을 지켜야 한다지만 토마스와 현장 본부장을 모술에 두고 가는 것이 내내 마음에 걸렸었다.

이번에 모술에 온 직원 9명 가운데 6명이 새로운 사람이라 얼떨결에 내가 현장 중고참이 되었다. 능숙하게 방탄조끼를 입거나 무전기를 사용하는 나를 모두들 존경의 눈으로 쳐다본다. 안전 브리핑을 받을 때 얼굴을 보니까 완전히 졸아 있는 게 귀엽기까지 하다. 아무리 현장 경험이 많은 베테랑이지만 이렇게 코드 레드와 블랙을 오가는 현장은 처음인 사람이 대부분이기 때문이다.

한번 철수했다 돌아오니 갑자기 마음이 급해진다. 앞으로의 복잡한 정치 일정 때문에 안전은 점점 더 나빠질 테고 언제 다시 철수할지 모르는 상황이다. 우리 프로젝트는 이제 막바지 단계다. 업무 진행의 큰 틀은 모두 잡아놓았고 수석 엔지니어가 일정대로 진행하기만 하면 되기 때문에 당장 철수한다고 해도 큰 문제는 없을 것이다. 게다가 우리 현지 직원들이 자기 일처럼 얼마나 깔끔하게 마무리하겠는가. 그건 전혀 믿어 의심치 않는다.

그러나 할 수만 있다면 내가 시작한 이 프로젝트를 내 손으로 끝내고 싶다. 제발 이 마지막 한 달 동안 아무 일도 없었으면……. 무슨 일이 있더라도 살짝 비켜 가서 내가 모술에 남아 있을 수만 있으면 정말 좋겠다. 그렇게만 된다면 아무리 더워도, 아무리 방탄조끼가 무거워도 견딜 수 있을 것 같다.

다음 날 팀 회의 때 들은 그동안의 모술 사정은 그리 희망적인 것이 아니었다. 치안 부재. 미군과 저항 세력의 싸움뿐만 아니라 일상에서 느끼는 불안감 역시 나날이 고조되고 있었다. 바그다드에서 다른 구호 단체 직원이 납치당해 우리도 사무실에서 숙소까지 걸어가는 것이 금지되었다.

납치 얘기를 들으니 하와이 안전 교육이 생각난다. 그 가운데 납치 대처 방법은 교육 기간 열흘 중 하루를 몽땅 할애할 정도로 매우 중요한 훈련이었다.

그때 배운 납치범에게 대응하는 법은 이렇다. 제일 수칙은 납치범들의 신경을 건드리지 말아야 한다는 것. 납치범도 대단히 긴장해 있는 상태이므로 거칠게 반항하거나 말대꾸하는 등 신경을 건드리는 행동은 절대 금물이다. 비굴할 필요는 없지만 고분고분할 필요는 있다는 말이다. 양손은 언제나 잘 보이게 내놓아 다른 짓을 하지 않는다는 것을 분명히 보여주고, 몸을 움직일 때는 될수록 천천히 움직여야 한다. 납치범을 업신여기는 태도도 안 된다. 여럿이 잡힌 경우 잡힌 사람들끼리 속삭이는 것도 위험하다.

또 물어보기 전에는 먼저 말을 하지 말고 대답할 때는 아주 간략하게 그렇다 아니다를 분명히 한 다음 설명을 한다. 목소리 톤은 납치범보다 낮추고 천천히 말해 납치범들의 권위(?)를 세워줘야 한다. 나는 훈련 중에 목소리가 워낙 높고 딱딱해서 억울하게 가상 납치범에게 개머리판으로 멍이 들 만큼 어깻죽지를 세게 얻어맞았다.

두 번째로는 그들이 원하는 정보를 아는 대로 순순히 알려줘야 한다. 우리들은 구호 활동을 하는 것이지 군사 작전을 하는 것이 아니기 때문에 비밀이 없다. 사무실이나 창고의 위치, 혹은 본부 명령 체계나 최고 책임자의 이름을 말하라고 하면 숨김 없이 말해준다.

세 번째로 만약 납치범이 밥을 안 주거나 잠을 안 재우거나 심지어 고문을 하는 등 기본 인권을 무시해도 절대 거칠게 항의해서는 안 된다. 참고 참고 또 참아야 한다. 우리의 절대 목표는 어떻게든 살아서 나가는 것이라는 걸 명심해야 한다.

마지막으로, 납치범과 최대한 인간적인 공통점을 찾아야 한다. 이때 아주 유용한 것이 바로 가족 사진이다. 안전 지침에 아예 지갑이나 사진첩에 가족 사진을 가지고 다니라는 내용이 있을 정도다. 인질범이 가족 사진을 보게 되면 이게 우리 남편이다 아내다 아들이다 딸이다 설명하고, 결혼했느냐, 부인 이름은 뭐냐, 아이는 몇 살이냐 등의 질문을 한다. 이런 개인적인 질문이 인질범의 경계 수위를 한순간 확 낮춘다. 내가 인질로 잡고 있는 이 사람도 집에서 애타게 기다리는 누군가의 부인이고 엄마라는 사실을 깨닫게 되기 때문이란다.

내가 훈련받을 때는 하와이대학 연영과 학생들이 너무나 리얼하게 납치범 연기를 한 탓에, 인질로 잡혀 있는 몇 시간 동안 가상인 줄 알면서도 진짜 무서웠다. 반군 지역에 물자 배분하려는 차량을 공격해서 6명의 구호 요원의 눈을 가린 채 창고로 납치했다. 납치범들은 우리를 한 명씩 따로 데려가 꿇어 앉혀놓고 물자 창고 위치와 사무실 책임자 이름을 말하라며 머리에 총구를 갖다대고 위협했다.

나는 그런 정보는 말하면 안 되는 줄 알고 끝까지 대답하지 않았더니 죽이겠다 살리겠다 한참 협박을 하고는 한 납치범이 내 머리에 소변을 보는 게 아닌가. 평소 같으면 비명과 욕설이 절로 나왔겠지만 어떡하든 살아야 한다는 생각에 찍소리도 나오지 않았다. 나중에 알고 보니 여자 납치범이 주전자에 담긴 미지근한 물을 부은 거였다. 어찌어찌 나는 이 여자 납치범과 친해져서 사적인 얘기를 주고받았고 그 덕에 우리 6명은 무사히 풀려났다.

이 훈련을 받았다는 게 마음 든든한 건 사실이다. 그러나 이렇게 배운 내용을 이라크에서는 쓸 일이 없었으면 좋겠다. 안전 문제가 발목을 잡는데도 어쩌겠는가. 하는 데까지, 할 수 있을 때까지 최선을 다하는 수밖에. 남은 한 달간 집중적으로 해야 할 일은 마지막 단계인 공사를 끝내고 각 학교 교장선생님께 시설을 인계하고 학생 및 주민 반응을 조사하는 것이다.

이곳에서 가장 처음 식수대와 화장실 공사를 시작한 학교가 내일 교장선생님과 지역 주민들이 모인 자리에서 양도식을 가질 예정이다. 준비한 양도증에는 이렇게 적혀 있었다.

'이 시설은 한국민과 한국 정부가 이라크 어린이들에게 선물하는 것입니다. 이 학교 교장인 OOO는 이 시설을 잘 관리하여 목적대로 유용하게 쓸 것을 서약합니다.'

드디어 첫 번째 양도식. 식수대에서 콸콸 쏟아지는 물을 보고 아이 어른 할 것 없이 함박웃음과 환호성이 터진다. 아이들은 물장난을 하느라 정신이 없고, 교장선생님은 연신 "슈크란 꼬리, 슈크란 제질란 꼬리(한국 사람들 고마워요. 정말 고마워요)" 하며 한국 사람에 대한 고마움을 감추지 못한다.

팝콘 튀기는 냄비에서 첫 팝콘이 튀고 나면 뒤이어 타다다닥 다른 팝콘이 한꺼번에 튀어오르는 것처럼 첫 양도식이 끝나자 줄줄이 공사가 마무리되었다. 다음 주만 해도 30번이 넘는 양도식이 있어 내가 일일이 갈 수도 없는 지경이다. 즐거운 비명이 저절로 나온다. 앞으로 삼 주일만 이대로 가면 되는데……. 두고 보자.

양도식을 다녀올 때마다 이런 생각을 한다. 양도식까지 끝냈으니 식수 사업 자체는 성공적이라고 말할 수 있겠다. 그러나 이것이 우리 일의 전부는 아니다. 현지 직원들과의 첫 미팅에서 말했던 것처럼 우리는 물과 함께 사랑을 나누어줘야 한다. 이들에게 세상의 누군가는 석유 때문이 아니라 순수한 마음으로 당신들을 돕고 있다는 사실을 전해야 한다. 당신들이 하루빨리 평화로운 일상을 되찾기를 바란다는 사실을, 무엇 때문이 아니라 당신은 당신 그 자체로 충분히 사랑받을 가치가 있다는 사실을 전하는 일, 그것까지 잘 했는지 항상 점검해보아야 한다.

:: 99도와 100도의 차이

난민 담당 쥬디는 아마추어 사진작가다. 그녀가 모술 각 사업 현장은 물론 평범한 일상을 다양한 앵글로 순간 포착한 사진들은 우리끼리 보기에는 너무나 아깝다.

어느 날 아침 사무실에 가려고 차를 타려는데, "비야, 잠깐만 거

기에 서봐요" 하는 바람에 얼떨결에 사진을 찍었다. 그날 저녁 쥬
디가 아침에 찍은 사진이 멋지게 나왔다면서 컴퓨터 화면으로 보
여주는데 깜짝 놀랐다.

오렌지색 차 앞에서 방탄조끼를 입고, 손에는 무전기를 든 채 환
하게 웃는 얼굴. 당당하게 그러나 부드럽게 웃는 얼굴. 내게 이런
표정과 분위기가 있었나, 의아할 만큼 내 마음에 쏙 드는 그런 얼
굴이었다. 정말 신기했다. 살인적인 더위와 모자라는 잠, 업무 스
트레스, 불안한 치안 때문에 몸과 마음이 지쳐 있는 상황에서 어떻
게 이런 환한 얼굴이 나올 수 있었을까. 더군다나 그 방탄조끼까지
입고서 말이다.

사실 통풍이 전혀 안 되는 그 쇳덩이 때문에 온몸에 콩알만한 땀
띠가 나 있었다. 땀띠 때문에 앞으로도 뒤로도 누울 수가 없어 옆으
로 비스듬히 앉아서 자야만 했다. 게다가 이 방탄조끼를 입으면 벌
겋게 성이 난 땀띠가 눌려서 벌에 쏘인 듯 따갑다. 거기에 땀이라도
나면 정말 죽음이다. 그래서 방탄조끼만 입으면 저절로 얼굴이 찡
그려지는데 어떻게 이렇게 만족스러운 표정이 나올 수 있을까.

사진을 찬찬히 들여다보고 있자니, 세계 일주 하면서 찍었던 사진
이 생각난다. 에티오피아 시골 마을에서 말라리아 예방약 부작용으
로 머리카락도 매일 뭉텅이로 빠지고, 눈이 시려 하루 종일 눈물이
나고, 급기야는 간이 나빠져 이 주일 동안 아무것도 먹지 못하고 몸
져누워 있을 때 찍은 사진. 사진 속의 나는 피골이 상접했지만 눈빛
은 강렬하고 무엇엔가 아주 만족해하며 평안한 모습이었다. 그것이
내가 세계 일주 하며 찍은 수만 장 가운데 가장 아끼는 사진이다.

그날도 사이다만 겨우 마시고 숙소 침대에서 죽은 듯 누워 있었

다. 그러다가 갑자기 겁이 덜컥 났다. 영어도 한 마디 통하지 않는 이곳에서 내가 죽어도 아무도 모를 거라고, 이런 탈진 상태로 더 이상 여행을 하는 건 무리라고, 일단 한국에 돌아가서 몸을 추스르자고. 또 무슨 일이든 도중에 그만두는 건 정말 싫지만 이번에는 불가항력이라고, 이 정도면 견딜 만큼 견딘 거라고, 내가 집에 간다고 해서 뭐라고 할 사람 아무도 없다고.

한번 집에 갈 생각을 하니까 한국에 가면 먹고 싶은 것, 하고 싶은 일들이 줄줄이 생각나며 마음이 급해졌다. 그래, 내일 당장 아디스아바바로 가서 홍콩이나 방콕으로 가는 첫 번째 비행기를 타면 이틀 안으로 한국에 도착할 수 있을 거야. 그러면 고생 끝이다. 이 괴로운 토증과 이 지저분한 여관 방과 무거운 배낭에서 해방이다. 해방!

헌데 다음 순간 이런 생각이 떠올랐다. 하지만 돌아가서 다시 홍보회사에 다니면 예쁜 옷 입고 맛있는 음식 먹으면서도 마음 한켠 그때 아프리카에서 그만둔 세계 일주를 끝까지 해볼 걸, 해볼 걸 하면서 살 것이다. 이 정도가 정말로 돌아올 만큼 못 참을 일이었나 의심도 할 것이다. 열 살 때부터 꿈꾸어왔던 세계 일주를 그렇게 쉽게 포기한 나를 용서하기도 어려울 것 같다. 몸은 편해도 마음은 불편할 것이 분명하다.

그렇다면 몸은 고생하지만 하고 싶던 일을 하고 있는 지금이 훨씬 행복한 것 아닌가. 이렇게 더 이상 못 할 것 같아도 눈 딱 감고 한 번만 더 꾹 참으면 되는 것 아닌가. 이게 나의 최선이야, 이 정도면 나에게도 남에게도 떳떳해, 라고 생각할 때 그때 한 번 더 해볼 수 있어야 진짜 하고 싶은 일이 아닌가.

그래, 그래, 지금 99도까지 온 거야. 이제 이 고비만 넘기면 드디어 100도가 되는 거야. 물이 끓는 100도와 그렇지 않은 99도. 단 1도 차이지만 바로 그 1도가 얼마나 큰 차이를 만드는가. 그러니 한 발짝만 더 가면 100도가 되는데 99도에서 멈출 수는 없어. 암, 그럴 수는 없지. 99도까지 오느라 들인 노력이 아까워서라도 말이야. 결국 그날의 결론은 '가기는 어딜 가'였다. 그 사진은 그런 기특한 결심을 하고 나서 기념으로 찍은 것이다.

쥬디의 사진과 아프리카 사진에는 공통점이 있다. 몸은 괴로워도 하고 싶은 일을 하고 있는 현장에서 찍었다는 점이다. 이곳 역시 내가 하고 싶은 일과 해야 할 일이 딱 맞아떨어지는 현장이다. 그러니 외적인 조건과는 상관없이 내가 보여줄 수 있는 최고로 예쁜 얼굴이 나올 수밖에.

나도 집에 거울이 있는 사람이니 나의 객관적인 외모가 B⁺라는 거 잘 알고 있다. 그러니 내가 보여줄 수 있는 최고의 얼굴로 살고 싶다. 부모님이 물려준 이목구비 예쁜 얼굴이 아니라 밝고 환해서, 당당해서, 쉽게 포기하지 않아서, 매사에 최선의 최선의 최선을 다해서 사랑스럽고 예뻐 보이는 얼굴로 살고 싶다. 쥬디가 찍어준 사진 속의 나처럼.

:: 코드 블랙, 완전 철수하라

"토마스 어디 있어요?"

막 일과를 끝마치려는 늦은 오후, 유엔 연락사무실 안전 담당이

다급한 얼굴로 우리 사무실에 왔다. 불길한 징조다. 그리고 5분 후, 앤드류가 전 직원 긴급 회의를 소집했다. 긴장된 얼굴이었다.

"우리 사무실은 오늘부터 무기한 폐쇄함. 국제 직원들은 30분 내로 짐을 싸서 아르빌로 떠날 준비를 할 것. 나와 토마스, 재정 담당, 이 세 명이 남아 당분간 숙소에서 사무를 볼 것임."

내용인즉 오늘 오후 바그다드에 있는 유엔 본부가 크게 폭격을 당했다는 거다. 미군의 첩보에 의하면 오늘 밤 전국에 있는 유엔 사무실과 국제 NGO에 대한 총공격이 있을 것이란다. 좀처럼 놀라지 않는 현지 직원들의 얼굴에도 당황하는 빛이 역력하다.

집에 와서 짐을 싸면서 생각했다. 이번에 만약 다시 요르단으로 철수한다면 나로서는 오늘이 모술의 마지막 날이다. 이렇게 우리 직원들하고 작별의 인사 없이 헤어지는 건 싫다. 내 프로젝트를 이렇게 남겨두고 가는 것도 정말 싫다. 짐을 빨리 싸야 하는데도 자꾸만 눈물이 앞을 가려 진도가 안 나간다. 밖에서는 길을 재촉하는 클랙슨 소리가 요란하다.

그런데 다행히(?) 문제가 생겼다. 우리 8명이 모두 움직이려면 차가 두 대 필요한데 한 대가 고장 난 것이다. 3명이 남아야 한다는데, 나도 남기로 했다. 혹시 상황이 좋아져서 이곳에 계속 남아 있을 수도 있다는 실낱같은 희망을 가지고.

해가 지기 전에 차는 아르빌로 떠나고, 원래 남기로 한 3명과 떠나지 못한 3명이 거실에 모였다. 오늘 밤, 무슨 일이 생길지도 모른다는 긴장감에 휩싸였지만 우리 모두 애써 속내를 드러내지 않았다.

앤드류가 유머로 침묵을 깼다. 오늘 자기 선글라스에 알이 하나

빠져 아주 기분이 좋다며 너스레를 떤다. 낮에는 선글라스를 쓰고 밤에는 벗어야 하지만 알이 하나 빠졌으니 낮에는 알이 있는 쪽으로 보고, 밤에는 알 빠진 쪽으로 볼 수 있게 눈만 번갈아 감으면 되니 얼마나 편리하냔다. 우리에게 자기 안경을 주면서 좋으면 우리 선글라스 알도 한쪽 빼란다. 그런 앤드류를 보니 마음이 놓인다. 수많은 현장에서 별일을 다 겪었을 텐데, 저런 농담이 나오는 걸 보니 이곳 상황이 그렇게 나쁜 것은 아닌가 보다.

하지만 이 동네 사람이라면 우리가 외국인이라는 걸 모르는 이가 없다. 그러니 단순 강도든, 무장 세력이든 우리를 노릴 가능성은 얼마든지 있는 것이다. 그래서 만일을 대비해 오늘 밤은 소파를 바리케이드 삼아 거실 한 곳에 쌓아올렸다. 그리고 방탄조끼를 입은 채 그 안에 들어가서 지내기로 했다. 여섯 명이 앉기에는 너무 좁은 공간, 어린 시절 다락방 속에 다닥다닥 붙어 앉았던 그 느낌이었다. 옆에 앉은 토마스에게 들릴까 봐 숨소리 내기도 조심스러웠다.

그러나 드디어 오지 말았으면 하던 것이 왔다. 자정이 넘어가자 기다렸다는 듯 총소리가 나기 시작했다. 얼마간 각오는 하고 있었지만 총소리를 들으니 뒷골이 서늘해지며 진땀이 났다. 우리는 누가 먼저랄 것도 없이 옆 사람의 손을 꽉 잡았다. 가까이 들리는 걸 보니 50미터 전방에 있는 유엔 사무실과 경찰서를 집중 공격하는 모양이다.

한 발 한 발의 총소리가 내 몸에 그대로 박히는 것처럼 짜릿짜릿 아파왔다. 누가 쳐들어오면 어떻게 하나, 밖에서라도 총을 쏘거나 수류탄을 던지면 어떻게 하나, 하는 생각에 온몸의 신경과 근육은

가야금 줄처럼 있는 대로 팽팽해지면서 옆 사람을 잡은 손에 힘이 들어갔다.

'제발, 하느님, 제발 하느님, 저희를 지켜주세요.'

다급해지니 화살기도가 저절로 나왔다.

"야훼는 나의 반석, 나의 요새, 나를 지키시는 이……."

어둠 속에서 시편 18편이 나지막이 들려왔다. 무뚝뚝한 재정 담당의 목소리였다. 놀랍게도 일순 마음이 평안해졌다. 그래, 분명히 우리를 지켜주실 거야. 그렇게 하시겠다고 저렇게 약속하셨잖아. 밖에서 들리던 총소리도 일단 멈췄다. 저것이 소강 상태가 아니라 완전히 끝난 거라면 얼마나 좋을까. 긴장이 풀려서인지 갑자기 잠이 쏟아졌다. 옆 사람의 어깨에 기대어 토끼잠을 자며 자다 깨다 했지만 깰 때마다 내 손을 꼭 잡고 있는 사람이 있다는 것에 마음이 든든했다. 어느새 부옇게 동이 터왔다.

정말 떠날 시간이다. 앤드류는 이렇게 위급했던 상황은 처음이라며 간밤에 아무 일도 없어서 천만다행이라고 했다. 그러면 어제 떨던 그 너스레는 모두 우리를 안심시키기 위한 연극이었단 말인가. 재정 담당은 요르단에 가서도 예산 집행안을 바로바로 넘기라고 마음에도 없는 잔소리를 한다. 토마스는 내내 떠나는 우리에게 무엇인가를 당부하느라 정신이 없다. 모두 참 좋은 사람이다. 극한 상황에서는 본인도 모르던 적나라한 인간성이 드러나게 마련이다. 때문에 이런 위험한 현장에 함께 있던 사람이 좋은 사람이라고 말하면 그 말은 믿어도 된다.

이들을 남겨두고 떠나자니 마음이 무겁다. 아르빌로 떠나는 차창

밖으로 토마스에게 내가 늘 가지고 다니던 거북 마스코트를 내밀
었다.

"이게 뭐예요?"

"한국에서 거북은 장수의 상징이거든요. 나보다 토마스가 더 필
요할 것 같아서요."

아르빌로 가는 차 안에서 생각해본다.

"앗살람 알레이쿰.(당신에게 평화를.)"

"알레이쿰 앗살람.(당신에게도 평화를.)"

만나는 사람마다 이런 인사를 주고받으며 하루에도 수십 번씩 평
화를 빌어보지만 구호 단체 직원도 이렇게 쫓기듯 철수를 해야 할
만큼 이곳은 평화와는 거리가 멀다.

3개월 전까지 이라크는 내게 그저 중동의 한 나라에 불과했다.
그러나 지금은 너무나 소중하고 특별한 나라가 되었다. 나의 눈물
과 땀과 기도를 쏟아 부은 나라니까. 그동안 안타까워서 분하고 억
울해서 일이 뜻대로 되지 않아서 울기도 많이 울고, 귀여운 베스마
와 고마운 현지 직원들과 든든한 나의 전우들 때문에 웃기도 참 많
이 웃었다. 내 평생 이렇게 뜨거운 기도를 드린 적이 언제였는지,
이렇게 많은 땀을 흘린 적은 또 언제였는지. 다만 나의 이 모든 것
들이 이 나라에 조금이라도 보탬이 되기를 바랄 뿐이다.

마 살라마(당신에게 평화를 두고 갑니다), 이라크.

내 평화와 기도를 이라크에 두고 떠난다. 남김없이.

```
┌──┬──┐
│ 1│ 2│
├──┴──┤
│     3│
└──────┘
```

1 무진장 똑똑한 큰딸 젠네부.
2 후원 아동 카드 속의 둘째 딸 아도리.
3 젖 냄새 폴폴 나는 막내 딸 엔크흐진과 그 가족들, 그리고 새끼 염소까지.

나에게는
딸이 셋 있습니다

매 달 내 통장에는 월드비전 이름으로 돈이 빠져나간다.
인출란의 통신비, 식사비 등 여러 항목 가운데
'월드비전'이라는 단어가 보이면 기분이 좋다.
뭔가 대단히 훌륭한 일을 하고 있는 것 같아서다.
이 6만 원이 내가 매달 지출하는 돈 중에서
가장 멋지게 쓰는 돈, 가장 힘센 돈임에 틀림없다.
그 돈이 산을 넘고 물을 건너가는 동안 커지고 또 커져
내 세 딸과 그 가족들이 인간답게 살 수 있는
디딤돌이 되는 거니까.

오랜만에 가족 사진을 찬찬히 들여다본다. 모두 나를 보며 활짝 웃고 있다. 나 역시 반가워서 입꼬리가 올라간다. 나는 1남 3녀 중 셋째 딸이다. 우리 4남매에 형부와 올케, 6명의 조카까지 합한 12명의 직계가족은 나의 영원한 지원군이자 응원군이다. 그래서 어딜 가나 가족 사진을 가지고 다닌다. 힘없을 때는 조카들의 "꼬미야, 힘내요"라는 응원 소리가, 힘이 넘칠 때는 어른들의 "잘했어, 애썼다"라는 박수 소리가 들린다.

그 어른들 중에 내가 세상에서 제일 무서워하는 사람이 있다. 우리 큰언니다. 나랑 일곱 살 차이인데 엄마가 돌아가시고는 자기가 엄마라고 착각하고 있다. 주요 업무는 의식주를 포함한 내 생활 일체를 관리 감독하면서 혼내거나, 잔소리하거나, 째려보는 일이다. 왜 분리수거 안 하느냐, 밥 놔두고 왜 자꾸 라면 먹느냐부터 야근과 해외 출장이 왜 그렇게 많으냐, 월드비전은 너만 부려먹냐, 까지 챙기고 참견할 일이 차고도 넘친다.

우리 큰언니의 남편, 나훈아처럼 생기고 노래도 짱으로 잘하는 이철희 큰형부의 모토는 "내가 조금 손해 보면 모두가 편하다"이다. 그래서 필요도 없는 물건 사오는 게 특기다. 할머니가 팔면 고생하신다고, 아기 엄마가 팔면 안쓰럽다고, 젊은이가 팔면 열심히 사는 게 보기 좋다고. 세상에 저렇게 선한 사람이 또 있을까. 그 마음씀이 놀랍기도 하고 부럽기도 하다.

미국에 살고 있는 작은언니는 언제나 보고 싶은데, 보고 싶을 때 볼 수 없어서 늘 안타깝다. 나랑 두 살 차이인 남동생은 최근 몇 년간 경제적인 부침을 겪었다. 얼마나 마음 고생이 심할지 뻔히 알지만 내가 해줄 수 있는 건 기도뿐이었다. 그러던 어느 날 동생이 보낸 이메일 한 통이 나를 울렸다.

'막내누나, 난 지금 권투 시합중이야. 센 상대방 선수에게 잽을 많이 맞아 비틀거리다가 방금 정통으로 한 방 맞아서 링 위에 뻗어 있어. 심판이 카운트를 하기 시작했어. 하나, 둘, 셋. 그러나 나, 정신은 놓지 않았어. 숫자 세는 소리 똑똑히 듣고 있어. 그러면서 힘을 비축하고 있지. 열 세기 전까지만 일어나면 되는 거 아니야? 그때 일어나서 다시 싸우면 되는 거 아니야? 그러니까 막내누나, 지금 링 위에 누워 있다고 걱정하지 마. 열까지 세기 전에 꼭 일어날게.'

약속대로 내 동생은 다시 일어나주었고 지금도 선전하고 있다.

내 동생의 부인, 올케에게는 손아래라서 그런지 그냥 뭐든지 다 해주고 싶다. 언제나 대견하고 고맙다. 같이 다니면 얼굴은 물론 목소리까지 비슷해서 모두 친동생인 줄 아는데, 그렇게 보이는 게 오히려 기분 좋다. 게다가 내가 좋아하는 비빔국수를 잘 만들어서 더욱 마음에 든다.

:: 외롭지 않냐고요?

이렇게 서로 아끼는 형제들도 혼자 사는 나를 보면 늘 안타깝고 뒷모습이 짠하단다. 난 정말 괜찮은데……. 식구만 그런 게 아니라 남들에게도 그렇게 보이는 모양이다. 인터뷰를 할 때마다 거의 예외 없이 이런 질문을 하는 걸 보면 말이다.

"외롭지 않으세요?"

글쎄, 조금도 외롭지 않다면 거짓말이겠지만 늘 외롭다거나 견딜 수 없을 정도로 외롭지는 않다. 결혼한 친구들도 외롭다고 징징대는 걸 보면 혼자 사는 사람만 외로운 건 아닌 것 같다. 그러나 이 질문이 '독신이라 더 외롭죠?'라는 뜻이라면 그에 대한 내 생각은 이렇다. 외로움은 혼자 사는 사람들의 인생 패키지 안에 있는 품목 같은 게 아닐까. 장미에 가시가 있는 것처럼 독신으로서의 자유로움과 독신이라서 좀더 외로운 것은 한 묶음이다. 자유로움만 택할 순 없다. 단독 포장이 아니라 패키지니까.

그러니 내 몫의 외로움이 없을 리 없다. 그 존재를 인정하고 같이 사는 수밖에. 여름이면 무더위가, 겨울이면 매서운 추위가 오는 것이 자연스러운 것처럼 문득 외로워지면, 아 또 때가 된 모양이구나, 생각하면서 말이다. 가끔씩 찾아오는 외로움에게 아직은 '어서 와' 인사를 건네며 반가워할 만큼은 아니니까, 외로움이 올 때마다 그냥 살짝 지나갔으면 좋겠다.

"왜 결혼 안 하세요?"

역시 참으로 끈질기게 따라다니는 질문이다. 그래도 진짜 궁금해서 물어보는 걸 테니까 또 대답을 하자면 '아직 임자를 만나지 못해서'다. 성직자들처럼 결혼하지 않기로 서약한 사람들 말고, 절대 결혼하지 않겠다는 사람이 있을까? 적어도 나는 아니다. 결혼, 솔직히 하고 싶다. 그리고 좋아하는 사람을 만나 사랑의 감정이 싹트고 그 사랑을 확인해가는 과정의 두려움과 설렘, 그 달뜬 연애 감정은 생각만 해도 가슴이 두근거린다.

미국에 유학 갔을 때 이런 연애에 빠졌었다. 잠깐이지만 결혼할까도 생각했다. 전공 필수 과목 강사였는데, 이 눈치 없는 여자가 그 사람이 나 좋아하는 걸 주위 사람들은 다 아는데 저만 모르고 있었다. 난 그저 그의 관심을 미국인 담당 과목 강사가 동양인 여학생에게 보이는 친절이라고만 생각했다. 나를 향한 그의 마음을 몇 달 뒤 자동차 세차장에서 겨우 알았다. 어느 날 쳐들어오듯이 연구실 문을 활짝 열고 들어오더니 어디 갈 데가 있다면서 다짜고짜 손을 잡아끌었다.

그렇게 간 곳은 자동차 자동 세차장. 차창 밖으로 사방에서 물이 쏟아지는 차 안에서 놀라는 나를 보고 예의 그 순진한 웃음을 지으며 하는 말.

"어제 비 오는 날이 그립다고 했잖아요. 어때요? 비가 폭포처럼 퍼부으니까 좋죠?"

사막 기후인 유타 주에는 좀처럼 비가 안 와서 한국의 여름 밤비가 몹시 그립다는 내 얘기를 듣고 밤새 궁리했더니 이런 좋은 생각이 떠올랐다며 자기가 더 좋아한다. 이 남자, 어찌 사랑하지 않을 수 있겠는가. 유학을 끝내고 한국으로 돌아와서 전화나 편지로만 소통하는 장거리 사랑의 안타까움과 지루함을 견디지 못해 끝내

헤어졌지만 아직도 가슴 한켠이 아련한 사람이다. 그리고 가끔은 다시 이런 남자를 만나 사랑에 빠지는 즐거운 상상을 해본다.

그러나 아직 결혼은 아닌 것 같다. 한 남자를 만나 아이를 낳고 일가를 이룬다는 것은 이미 나에게는 현실성이 없다. '생물학적 내 아이'를 포기한 지금은 훨씬 느긋하다. 도대체 서두를 이유가 없으니까.

게다가 내가 하는 일은 가정을 꾸리기에 아주 열악하다. 우리 단체의 국제 구호 요원인 경우, 1년에 최소한 6개월은 해외 파견 근무를 해야 하기 때문에 늘 가족과 떨어져 지낸다. 얼마 전 남부아프리카 현장에서 동료에게 들은 얘기다. 현장으로 떠나는 자기를 붙잡고 다섯 살 난 딸아이가 또 어디 가냐고 묻더란다. 그래서 "아프리카 아이들을 돌보러 간단다. 지금 그 아이들에게는 아빠가 필요하거든"이라고 했더니, 그 딸아이가 눈물을 글썽이며 하는 말. "아빠, 나도 아빠가 필요해요."

현실이 이러니 내가 이 일을 그만두기 전에는 부부와 아이들이 함께 사는 전통적인 의미의 결혼은 어려울 것 같다. 그래도 인생을 갈무리할 때까지 동무 없이 지내는 건 너무 쓸쓸하지 않을까. 한 쉰다섯 살쯤에 인생길을 같이 갈 동반자를 만나면 좋겠다. 그래서 그 사람과 같이 산도 오르고, '배 타고 지구 세 바퀴 반'도 같이 하고, 함께 글도 쓰면 정말 좋겠다. 이 사람, 제때 안 나타나기만 해봐라!

요즘은 이런 질문도 많이 받는다.

"세계여행 때나 지금이나 아이들 얘기를 많이 하는데 본인 아이를 가질 생각은 없으세요?"

솔직히 말해 결혼한 친구들이 남편 자랑할 때는 별로 안 부러운데 딸 가진 친구들이 딸 얘기할 때는 굉장히 부럽고 나도 딸이 있었으면 한다. 그나마 다행스런 일은 내게 여자 조카가 네 명이나 있다는 거다. 애들과 같이 다니면서 "어머, 딸들이 엄마랑 똑 닮았네"라는 소리를 들으면 얼마나 좋을까마는, 어렸을 땐 나를 닮은 것도 같았는데 커가면서 점점 자기들 엄마를 닮아가고 있다. 아무래도 외모를 결정짓는 내 유전자가 좀 약하게 전해진 것 같다. 망했다!

:: 나의 딸 젠네부, 아도리, 엔크흐진

  그런데 한 가지 고백할 것이 있다. 사실 나에게는 딸이 셋 있다. 큰딸은 에티오피아, 작은딸은 방글라데시, 셋째는 몽골에서 살고 있다. 아주 똘똘하고 귀엽다. 올해 안으로 네팔 아들이 한 명 더 생길 예정이다. 모두 월드비전이 맺어준 아이들이다.

  큰딸 이름은 젠네부, 열한 살이다. 그날 아침 나를 만나러 네 식구 모두가 새벽부터 진흙길을 몇 시간이나 걸어서 왔다고 했다. 나를 보자마자 아이 엄마가 떨듯이 다가와 뺨을 맞추는 인사를 했는데 내 양쪽 뺨이 눈물로 흥건해질 지경이었다. 아이 아버지는 내 손을 꼭 잡으며 "우리 아이를 살려주셔서 고맙습니다, 정말 고맙습니다"를 연발했다. 갑자기 민망해졌다. 내가 이 식구에게 한 일이라고는 한 달에 2만 원을 보냈을 뿐인데……

  사연인즉 이랬다. 이 집은 몹시 가난해서 아버지는 젠네부를 데리고 시골 고향에서 허드렛일 노동자로, 엄마는 도회지에서 식모

살이를 하면서 근근이 살았단다. 그런데 만삭이 된 엄마가 아이를 낳으러 고향에 왔을 때 아버지가 허리를 크게 다쳤단다. 갑자기 집 안에 수입이 하나도 없게 된 데다 갓난아이는 낳자마자 시작된 설사를 멈추지 않더란다. 상심한 아버지는 죽어가는 아기한테 약 한 번 써보지 못하는 인생이라면 죽는 게 낫겠다며 나쁜 마음을 먹고 있을 때 내가 큰딸의 후원자로 맺어진 것이다. 처음 받은 2만 원으로 갓난아이를 보건소에 데려가서 살렸다는 이야기다.

젠네부는 처음에는 수줍어서 제 엄마 등뒤에서 나오지도 않더니 점심밥을 먹을 때부터는 내 옆에 붙어 앉아 알아듣지도 못하는 말로 무엇인가를 하염없이 물었다. 통역에게 물어보니 왜 내 머리는 자기처럼 꼬불꼬불하지 않고 빳빳한가, 내 살색은 어떻게 하길래 하얀가 등을 묻는 거였다. 나를 쳐다보는 까맣고 동그란 눈동자는 호기심으로 가득 차 있었다. 참, 희한하다. 피도 한 방울 안 섞였는데 어쩜 그렇게 날 닮았을까?

나도 어렸을 때 동네에 외국 사람이 지나가면 하던 일도 팽개치고 헬로 헬로 하면서 졸졸 따라다니는 아이였다. 궁금증을 이기지 못해서다. 상상해보라. 허구한날 밖에서만 놀아서 얼굴은 새까매 가지고 눈만 반짝반짝한 깡마른 여자아이. 그 아이가 영어라고는 헬로밖에 못 하니까 일단 헬로로 외국인의 주목을 끈 다음 한국말로 뭔가를 끝없이 물었다. 파란 눈의 외국인에게는 "아저씨는 눈알이 파라니까 내가 파랗게 보이나요?" 흑인에게는 "아저씨는 이를 뭐로 닦았는데 그렇게 하얘요?" 하면서.

담당 직원 말로는 아이가 말도 조리 있게 잘하고 '무진장' 똑똑하단다. 그 말을 들으니 괜히 으쓱해진다. 아, 그럼, 누구 딸인데!

누가 알아, 이 아이가 잘 자라서 에티오피아의 훌륭한 지도자가 될지. 하여간 내 후원금으로 젠네부가 학교를 다니게 된 것도 기분 좋지만 무엇보다도 돈벌이 때문에 떨어져 살아야 했던 한 가족이 함께 살 수 있도록 만들어주었다는 점이 뿌듯하다. 이렇게 하는 데 필요한 돈이 단돈 2만 원이었다.

방글라데시에 있는 둘째 딸, 열한 살 아도리의 사연은 훨씬 극적이다. 아도리의 아버지는 릭샤꾼(바퀴가 셋 달린 자전거로 뒤에 손님을 싣는 인력거)이다. 새벽부터 밤늦게까지 뼈빠지게 일하지만 식구들에게 하루 한 끼 먹일 수 있는 날이 드물다. 그 릭샤가 남의 것이기 때문이다. 릭샤 임대료는 보통 하루 수입의 절반 정도. 자전거 수리비나 부품 값, 비 올 때 치는 비닐 지붕 값도 릭샤꾼이 내야 하니 임대료를 주고 나면 남는 것이 거의 없다.

혹시 극빈자 동네에 반드시 있는 게 무엇인지 아는가? 고리대금업자다. 하루 벌어 하루 먹고 사는 사람들은 집에 아픈 사람이 생기거나 결혼, 장례 등 큰일을 치르려면 돈을 빌리는 수밖에 없다. 그 돈이 문제다. 이런 저런 이유로 조금씩 빌린 돈이 50달러, 우리 돈 5만 원이 넘어가면 고리대금업자는 채무자의 아이 한 명을 데려간다. 그리고 아이를 새벽부터 밤까지 죽도록 부려먹고 돈은 한 푼도 주지 않는다. 아이의 임금이 빌려간 50달러의 이자이기 때문이다. 원금을 갚기 전에는 이 담보노동에서 헤어날 방법이 없지만 가난한 부모에게 50달러는 도저히 갚을 수 없는 어마어마한 돈이다.

내 딸 아도리도 담보노동 어린이였다. 다섯 살 때부터 담배 잎 마는 일, 성냥갑에 성냥 알 집어넣는 일을 하느라 학교는커녕 햇빛 아래서 실컷 놀아본 적도 없는 아이다. 고사리 같은 손은 아이 손이라고는 도저히 믿어지지 않을 정도로 거칠고 상처투성이였다. 담보노동에서 풀려난 지 몇 달 지난 손이 이런데 일할 때에는 어땠을까 상상이 된다. 손바닥의 상처가 아물지 않아, 아직도 밤마다 손을 소금물에 담가야 진통이 된단다.

담보노동 아이가 풀려났다고 해서 끝이 아니다. 가난한 사람들은 구조적으로 돈을 빌리지 않을 수 없기 때문에 이 아이가 다시 담보노동을 하게 되는 것은 시간 문제이다. 정기 후원은 이래서 중요하다.

내가 5만 원을 들여 아이를 풀려나게 하고, 2만 원을 보낸다고 해서 당장 아도리가 학교에 다닐 수 있는 것은 아니다. 극빈자들은 애든 어른이든 돈벌이를 할 수 있는 사람을 총 동원해야 겨우 먹고 살 수 있기 때문에 일을 할 수 있는 아이는 학교에 보내지 않게 마련이다. 그래서 우선 아이가 벌어오는 만큼의 수입을 보장해주는 게 중요하다. 그 방법 중의 하나가 젖이 나오는 어미 염소를 빌려주는 것이다. 그 염소 젖을 팔아 아이 수입을 대체하면 아이가 학교에 다닐 수 있다. 게다가 어미 염소가 새끼를 낳으면 그 새끼는 이 집 것이 된다. 점점 수입이 늘어나는 것이다.

다음에는 우리가 릭샤를 사서 아버지에게 통상 임대료의 반값만을 받고 빌려준다. 그리고 우리가 받은 임대료를 모았다가 아버지가 릭샤 값의 반을 낼 수 있게 되면 릭샤를 살 수 있게 도와준다. 이렇게 해서 아버지는 꿈도 꾸지 못했던 릭샤 주인이 되는 것이다.

릭샤 한 대, 그리고 아이가 받는 초등교육으로 드디어 이 식구는 질긴 가난의 굴레에서 벗어날 발판을 마련하는 것이다. 내 딸의 학비는 물론 전체 프로그램에 필요한 어미 염소, 릭샤 구입 시 대여금 등이 한 달에 2만 원으로 해결된다. 2만 원이 이렇게 큰 돈인 줄 정말 몰랐다.

셋째 딸은 재작년 겨울, 몽골에 식량 배분하러 갔을 때 맺어졌다. 두 살짜리 엔크흐진. 헛간보다 허름한 집에서 엄마, 아빠, 할머니와 함께 살고 있었다. 방 안에 온기라고는 한 점도 없었다. 내가 들어가니 부랴부랴 신문지를 텅 빈 난로 속에 집어넣는다. 고작 종이 뭉치로 영하 25도가 넘는 칼바람 추위를 견디고 있는 거다. 이렇게 추워서 나가 놀지 못하니 많은 아이들이 1년 365일 가운데 270일이 해가 있는 맑은 날씨임에도 햇볕 부족이 원인인 구루병을 앓고 있다. 엔크흐진도 다리가 오자로 구부러져 있었다. 꼬마는 나를 보자 낯설었던지 울음을 터뜨리며 도망간다.

어쩌나 보려고 일부러 모른 척하자 1분도 지나지 않아 살살 다가와서는 내 눈을 들여다보기도 하고 팔뚝을 슬쩍 치기도 하더니 급기야는 내 무릎에 와서 턱 앉았다. 작전 성공이었다. 그 하는 모양새를 보고 어른들끼리 한바탕 웃었더니 자기도 멋쩍었는지 목을 뒤로 젖히면서 꺄르르 웃는다. 하도 귀여워 뺨에 입을 맞추니까 아이는 답으로 내 입술에 입을 맞추었다. 아이 입에서는 달착지근한 젖 냄새가 났다. 어쩌나 예쁘던지······.

한 시간쯤 잘 놀고 집을 나서려니까 그 녀석이 또 울기 시작했다. 이번에는 내가 가는 게 싫어서 우는 거다. 휘어진 다리로 뒤뚱거리며 대문까지 마중 나왔던 아이가 못내 마음에 걸렸는데 내가 보낸 첫 후원금으로 구루병 치료를 시작했다는 소식이 왔다. 열 살 미만이니 정상으로 고칠 수 있다는 의사의 소견과 함께. 머지않아 내

셋째 딸은 반듯한 두 다리로 세상을 바르게 걸을 수 있게 될 것이다. 이 역시 2만 원의 힘이다.

매 달 내 통장에는 월드비전 이름으로 돈이 빠져나간다. 인출란의 통신비, 식사비 등 여러 항목 가운데 '월드비전'이라는 단어가 보이면 기분이 좋다. 뭔가 대단히 훌륭한 일을 하고 있는 것 같아서다. 이 6만 원이 내가 매달 지출하는 돈 중에서 가장 멋지게 쓰는 돈, 가장 힘센 돈임에 틀림없다. 그 돈이 산을 넘고 물을 건너가는 동안 커지고 또 커져 내 세 딸과 그 가족들이 인간답게 살 수 있는 디딤돌이 되는 거니까.

∷ 세상에서 가장 아름다운 사치

아동 후원의 즐거움을 맛보게 되면서 가까운 사람들에게 이 '후원 입양'을 적극 권하게 되었다. 우리 형제들은 집집마다 후원 아동을 한두 명씩 두고 있다. 좋은 일의 보너스일까. 이 후원은 특히 어린아이들에게는 해외 연수나 여행과는 비할 수 없이 좋은 세계화 교육이 되고 있다.

남동생 아이들이 둘 다 초등학교 다닐 때다. 어린 조카들에게, 너희가 군것질하고 싶은 것 조금만 참으면 네 또래 한 명이 굶지도 않고 학교도 다닐 수 있다며, 한 달에 모을 수 있는 만큼 모으고 모자라는 건 꼬미야가 보탤 테니 친구 한 명 도와주자고 했다. 아이들이 얼떨결에 고개를 끄떡였지만 자기 용돈을 나누어 쓰는 게 반가울 리가 없다. 마음이 변하기 전에 당장 방글라데시 또래 한 명을 연결해주었다.

처음에는 시큰둥하던 조카들이 결연 친구의 신상명세서와 사진이 오자 태도가 180도 달라졌다. 신나기 시작한 거다. 세계지도에서 그 나라를 찾아보며 TV나 신문에서 방글라데시 얘기만 나오면 관심이 집중된다. 그 후부터 '아이스크림 사 먹고 싶은 것 꾹 참고' 저금통에 모은 돈이 한 달에 7천 원도 되고 9천 원도 되었다.

벌써 그 친구와 편지나 카드를 주고받은 지 3년, 그사이 우리 아이들도 크고 사진 속의 아이도 쑥 자랐다. 몸만 큰 게 아니라 관심의 영역도 방글라데시의 빈곤, 나아가 아시아의 빈곤 문제까지 넓어지고 있다. 며칠 전에는 재혁이가 이렇게 물었다.

"꼬미야, 세상의 60억 인구 중 30억이 끼니 걱정을 하는 사람이래요. 그러면 여유 있는 30억이 한 사람씩만 맡으면 끝나는 거 아니에요?"

이제 한 술 더 떠 세계 빈곤 문제 해결책까지 내놓는다. 한 달에 2만 원으로 하는 살아 있는 세계화 교육. 짭짤하지 않은가.

그래서 나는 가방에 해외 아동 후원 신청서를 늘 가지고 다닌다. 혹시 만나는 사람이 이런 일에 관심을 보이면 마음 변하기 전에 결연을 맺어주고 싶어서다. 후원하는 사람이나 후원받게 될 아동에게도 좋은 일이지만, 이 두 사람을 이어주는 내 기분도 아주 좋다.

여기서 꼭 얘기하고 싶은 건 한 번에 큰돈을 내는 것보다 적은 돈이라도 꾸준히 정기적으로 도와주는 것이 훨씬 유용하다는 점이다. 그래야 우리 둘째 딸 아도리네가 그랬던 것처럼 근본적으로 가난에서 벗어날 수 있는 가장 효과적인 프로그램을 계획하고 실행할 수 있기 때문이다.

해외 아동 결연. 2백만 원도 아니고 20만 원도 아니고 단돈 2만 원을 한 달에 한 번 쏘는 걸로 좋은 일한다는 뿌듯함을 느끼고, 폼까지 잴 수 있다. 세상에 이런 일이 또 있을까? 이런 믿지 않은 자화자찬, 아름다운 사치는 얼마든지 부려도 좋을 것이다. 아니, 부리면 부릴수록 좋은 것이다.

:: 여러분은 요술 지갑 있으세요?

나에게 딸을 세 명이나 만들어준 월드비전. 5년 전 이 단체 이름을 처음 들었을 때 나는 안경가게인가 했다. 지금도 안과병원이나 방송프로덕션 아니냐고 하는 사람이 많다. 나중에 오렌지색 로고를 보고서야 세계 여행중, 특히 아프리카에서 수없이 스쳤던 단체였다는 것을 알았다. 더욱 놀라운 사실은 이 세계적인 구호 단체의 발생지가 다름아닌 한국이라는 것.

월드비전은 1950년 한국전쟁 당시 전쟁 고아와 미망인을 돕는 일로 시작했다. 국내에서는 한경직 목사님이 아이들을 돌보시고 밥 피얼스 목사님은 외국에서 필요한 자금을 모아 오셨다. 이렇게 작은 규모로 출발한 긴급구호 팀이 지금은 전 세계 100여 개국에서 약 1억 명의 사람을 돌보는 세계 최대의 기독교 구호 및 개발 단체가 된 것이다.

나도 월드비전에 들어와서야 알았다. 전쟁이 끝난 후부터 1990년까지 우리 나라에 들어온 해외 원조 총액이 무려 25조 원이라는 사실을 말이다. 1960년대에는 한 해 원조 액수가 우리 나라 보사부 예산의 두 배를 능가하기도 했다. 내가 어렸을 때 그렇게 맛있게 먹던 옥수수빵과 덩어리 우유도, 학기 초에 받던 공짜 공책과 연필도, 아프게 맞던 예방주사도 바로 이런 돈에서 나온 것이다. 그때는 막연히 바다 건너 부자 나라에서 오는 거려니 했는데 돌이켜 생각해보니 눈물 나게 고맙다. 누군가가 지금 우리처럼 그 돈을 모아다 주려 갖은 애를 썼을 테니 말이다.

우리 나라에도 어려운 사람이 있는데 왜 멀리 있는 한국까지 도와야 하느냐는 사람도 많았을 테고, 희망이 없으니 도울 필요가 없다고 냉소하는 사람들도 있었을 것이다. 실제로 어떤 외국 기자는 노골적으로 이런 기사를 썼다고 한다. '35년간 일본 식민지에, 남북간 이념 대립에, 이제는 전쟁까지 하고 있는 한국이 제 발로 서기를 바라느니 쓰레기 더미에서 장미꽃이 피는 것을 바라겠다'고. 이런 차가운 시선에도 한국의 가능성을 믿고 끝까지 구호 활동을 벌여준 단체들에게 정말 고맙다는 말을 전하고 싶다.

그런데 이 도움은 1990년까지 계속되었다. 가만, 1990년이라니? 처음 이 말을 듣고 귀를 의심했다. 1988년 뻑적지근하게 올림픽을 열고, 경제 선진국 20개국이 모인 OECD에 가입하느니 마느니 할 때도 다른 나라 아이들의 코 묻은 돈으로 우리 아이들을 먹이고, 외국 할머니들의 쌈짓돈으로 우리 할머니들 약을 사드렸다는 말인가? 얼굴이 화끈했다.

다행히 1991년부터는 완전히 해외 원조를 끊고 오히려 우리 돈을 모아 다른 나라를 도와주는 나라가 되었다. 50년 만에 쓰레기 더미에서 장미꽃을 피워낸 것이다. 월드비전 내에서도 수혜국에서 완전한 지원국이 된 나라는 한국밖에 없다. 이건 대단한 희망의 메시지다. 지금 후원을 받고 있는 세계 80여 개국도 한 세대만 노력하면 받는 나라에서 돕는 나라가 될 수 있다는 거니까.

월드비전 한국의 이런 화려한 변신의 일등 공신은 '사랑의 빵'이라는 작은 저금통이다. 학교나 가정, 그리고 가게에서 한 닢 두 닢 채워준 노란 빵 모양의 저금통이 진짜 빵으로 변해 세계 각국 사람들을 먹이고 있다. 그 빵은 점점 부풀어 국내는 물론 북한과 해외에서 긴급구호, 개발, 옹호 사업을 벌이는 원동력이 되고 있다.

우리가 사람을 살리는 일을 한다는 점에서 병원에 비유해보자면, 내가 속해 있는 긴급구호 사업은 응급실과 중환자실에 해당한다. 큰 사고로 목숨이 위태로워진 사람을 긴급히 살려내는 일이다. 이후의 개발 사업은 회복실이다. 응급수술실과 중환자실에서 목숨을 살렸다고 그 환자를 그냥 퇴원시킬 수는 없는 법. 일반 병동에서 혼자 밥을 먹고 걸을 수 있을 때까지 돌봐야 비로소 그 환자가 일상으로 돌아가 생활할 수 있을 것이다.

그러나 병이 나거나 사고를 당하지 않아 병원에 올 일이 없는 것이 최선이다. 그래서 하는 일이 옹호 사업이다. 전쟁이 나기 전에 평화 운동을, 에이즈가 확산되기 전에 예방 교육을 하는 것 등이 포함된다. 병원의 예방주사실에 해당한다고 하겠다.

이 긴급, 개발, 옹호 사업의 삼박자가 잘 맞아야 비로소 사람들을 제대로 도울 수 있는 것이다. 그리고 이 삼박자가 잘 맞으려면, 도움이 필요한 사람, 도움을 주려는 사람, 이 둘을 연결해주는 사람까지 그 삼박자 역시 잘 맞아야만 한다. 이 나눔의 교향곡이 조화롭게 연주되어 그 아름다운 소리가 세상 곳곳으로 퍼져나갔으면 좋겠다.

:: '우리'의 범위를 조금만 넓힌다면

지난번 다녀온 이라크에서 내 별명은 '마이 꼬리'였다. 이 식수 사업에는 정부 지원금이 들어 있었다. 다시 말해 우리 나라 국민은 자기도 모르게 이라크 어린이들에게 깨끗한 물을 가져다준 것이다. 이렇게 보면 '물을 가져다주는 한국인'이라는 별명은 내 개인의 것이 아니라 대한민국 국민 모두의 애칭인 셈이다.

아프가니스탄에서 사이드같이 극심한 영양실조로 죽어가는 아이들을 살린 것도 한국 국민의 힘이다. 이 영양죽 사업에도 한국 정부의 돈이 일부 지원되었기 때문이다. 도대체 어떻게 우리가 낸 세금이 이라크와 아프가니스탄까지 가게 되었을까? 바로 공적개발원조(ODA, Official Development Assistance) 덕분이다.

공적개발원조란 잘사는 나라가 가난한 나라의 자립과 발전을 위해 지원하는 자금인데, 한 나라의 도덕 지수를 나타내는 지표라 할 수 있다. 우리 나라에서는 1987년부터 시작되었다. 여기에는 무상 원조와 유상 원조가 있는데, 전자는 한국국제협력단을 통해, 후자는 수출입은행을 통해 지원된다. 그리고 이 한국국제협력단의 자금 가운데 2퍼센트 정도가 민간 단체를 통해 세계 구석구석 깊은 곳까지 전해진다. 이렇게 해서 한국민의 세금이 이라크와 아프가니스탄에서 물이 되고, 영양죽이 된 것이다.

그뿐인가. 내가 이라크에서 식수 사업을 총괄하는 프로젝트 매니저로 일할 수 있었던 것, 즉 여러 명의 막강한 후보를 제치고 한국인인 내가 그 자리에 임명될 수 있었던 것도 정부 지원금이라는 든든한 백그라운드가 결정적이었다. 결국 우리 국민의 세금 덕분이었다. 더 좋은 것은 한국인 책임자가 현지인을 만나 사업을 직접 진행하니 한국에 대한 인지도와 호감도가 높아질밖에.

대외 원조라는 큰 틀에서 정부가 NGO와 함께 일하는 건 대단히 중요하다. 왜냐하면 NGO는 정부 차원에서 하기 어려운 미수교 국가를 지원할 수 있고, 뛰어난 기동력으로 유연하고 신속하게 대응할 수 있기 때문이다. 게다가 최전선에서 현지인들과 접촉하기 때문에 그들의 요구를 정확하게 파악할 수 있다는 장점도 있다. 한마디로 한국 정부의 도움이라는 추상적인 실체를 한국인의 얼굴로 보여줄 수 있다는 거다. 그러니 마땅히 전체 공적개발원조의 무상원조 비율도 높아져야 하고, 그 무상 원조 중 NGO를 통한 지원도 대폭 늘어나야 한다고 생각한다.

나는 이 원조금 때문에 싫은 소리를 많이 들었다. 액수 때문이다.

"국제 원조의 최대 수혜국이었던 한국이, 살 만해진 지금 다른 나라를 돕는 데는 어쩌면 그렇게 인색한가요?"

그때마다 나는 궁색한 대답을 했다.

"수혜국이 원조국으로 바뀐 나라가 한국 말고 또 있나요? 그것만으로도 대단한 거죠."

그러나 한국이 해외 원조에 인색한 것은 사실이다. 우리가 원조
받은 액수는 총 130억 달러 정도이고, 지금까지 원조한 총액은 약
22억 달러다. 갚아야 할 '은혜의 빚'이 이렇게 많은데도 우리는 국
민 총소득의 0.06퍼센트, 1인당 한 달에 4백 원 정도를 원조금으로
내고 있다. 이것은 유엔이 권장하는 0.7퍼센트는 물론 한국과 국민
소득이 비슷한 그리스의 0.17퍼센트, 포르투갈의 0.25퍼센트와 비
교해도 처지는 수치이며, 1위인 덴마크는 무려 0.91퍼센트이다.

단번에 OECD 국가 평균치인 0.23퍼센트까지 가는 건 어렵더라
도, 경제 규모 세계 13위라는 한국의 위상과 국력에 걸맞으려면 최
소한 0.1퍼센트로는 올려야 한다는 것이 중론이다. 주면서도 인색하
다는 소리는 정말이지 그만 듣고 싶다. 다행히 우리 정부는 2009년
까지 ODA를 두 배로 올리겠다는 의지를 보이고 있다. 이렇게 되면
적어도 인색한 나라, 은혜를 모르는 나라, 라는 평은 면하게 될 것이
다. 다행이다. 정말 다행이다.

"우리 나라에도 도울 사람이 많은데 왜 외국까지 도와야 하나요?"

이 일을 하면서 가장 많이 받는 질문이다. 물론 우리 나라에도 도
울 사람들이 있다. 그리고 누구보다 먼저 제 나라 아이를 돌보는 것
은 너무나 마땅한 일이다. 하지만 한번 생각해보자. 40년 넘게 우리
를 도왔던 외국에는 도움이 필요한 사람이 단 한 명도 없었을까. 더
구나 우리가 돌보고자 하는 이들은 그야말로 벼랑 끝에 선 채로 삶
과 죽음을 동시에 기다리는 사람들이다. 해당 정부가 돌봐야겠지만
대부분의 정부는 지금 당장 그럴 능력이 전혀 없다.

게다가 우리는 똑같은 처지에 있었던 사람들이다. 그때 다른 사람들로부터 전폭적인 지원을 받은 경험도 있다. 그리고 세상은 그것을 잘 기억하고 있다. 하지만 나는 개인적으로 '은혜의 빚'이라는 부채감과 의무감으로 그들을 돕는 것은 참 슬픈 일이라고 생각한다. 남을 도울 때에는 기껍고 즐거운 마음이었으면 좋겠다. 성경에도 이런 말이 있다. '네가 가진 것을 다 팔아 구제하고, 네가 남을 위해 불속에 뛰어든다 하더라도 사랑이 없으면 아무것도 아니다'라고.

나는 우리 나라 사람들의 인정이 대단히 고품질이라는 것을 오지여행을 하면서 절실히 느꼈다. 그리고 그것은 월드비전에서 일하면서 더욱더 확실해졌다. IMF 때보다도 더 어려웠다는 지난해에 월드비전 모금액은 사상 최고치를 기록했다. 물론 대기업이나 고액 기부자는 줄었지만, 개미군단 후원자들이 엄청나게 늘었기 때문이다. 우리 10만 명의 후원자 가운데 대부분이 한 달 수입 2백만 원 이하라는 것을 안다면 감동하지 않을 사람이 있을까. 어려울 때일수록 사람들은 나보다 더 가난한 이들은 얼마나 힘들까를 생각하는 것이다. 그 마음, 아름답다. 멋지다. 그리고 정말 고맙다. 대한민국 만세다.

그 대한민국에 사는 우리 나라 사람들은 유난히 '우리'를 좋아한다. 나도 '우리'라는 단어를 무척 좋아하며 즐겨 사용한다. 이 말은 어떤 명사와 붙여놓아도 단박에 정이 가는 말로 변신시킨다. 우리 엄마, 우리 집, 우리 학교, 우리 마을, 우리 나라. 나를 포함한 한국 사람들은 나라에까지 우리라는 말을 붙여 아주 가까운 공동 운명체로 느끼곤 한다.

이제 그 범위를 조금만 확장시켜보면 안 될까? 우리 나라를 넘어

우리 아시아, 우리 세계라고. 그렇게 생각하면 우리 아시아와 우리 세계에서 살고 있는 아이들이 다 우리 아이들이 될 것이다. 그 '우리' 아이들 가운데 굶는 아이가 있다면, 별것 아닌 병에 걸려 아픈 아이가 있다면, 가난 때문에 노예처럼 하루 종일 일해야 하는 아이가 있다면, 그 아이들을 외면할 수 있을까? 그들도 내 집에 살고 있는 내 아이와 다름없는 우리 딸, 우리 아들인데……

한국에도 도울 사람이 많다는 말만큼 많이 듣는 말이 있다. 나 혼자, 월드비전이라는 단체 혼자 애쓴다고 세상이 변하겠느냐는 말이다. 당연히 변하지 않는다. 나 역시 재난의 현장을 다니면서 복잡하게 얽힌 세계의 문제를 마주하면, 거대한 마차 앞을 가로막고 선 사마귀 한 마리처럼 나 자신이 몹시 무력하게 느껴진다.

물론 나도 알고 있다. 우리가 꿈꾸는 세상이 그렇게 쉽사리 오지 않으리라는 것을. 하지만 그렇다고 두 손 놓고 있는 것은 스스로가 초라해서 견딜 수 없다. 도시 전체가 암흑으로 뒤덮여 있는데, 나 혼자 촛불 하나를 들고 있다고 해서 그 어둠이 걷힐 리 만무하다. 하지만 어둡다, 어둡다 하고만 있을 수는 없다.

우선 내가 가지고 있는 초에 불을 붙이고, 그 불을 옆 사람에게, 또 그 옆 사람에게, 초가 타고 있는 한 옮겨주고 싶다. 그래서 내 주변부터 밝고 따뜻하게 하고 싶다. 모든 일을 해결할 순 없지만 할 수 있는 일은 하고 싶다. 정말 그렇게 하고 싶다.

눈빛 푸른 젊은이여, 만약에 당신이 내 옆에 서 있다면 내 촛불을 기꺼이 받아주시겠는가.

1 시에라리온의 별을 찾아서.
2 무장해제 캠프에서 브리핑을 받다.
3 뒷골 당기는 무장해제 현장.
4 이 녀석, 네가 대장 보디가드였다고? 티보이였으면세!

별을 꿈꾸는 아이들

시에라리온 · 라이베리아

"나는 그동안 미쳐 있었어요. 전쟁이 나를 미치게 했어요!"

목소리가 떨리도록 분노를 감추지 못했던 모모.

소총을 몸의 일부인 양 가지고 다녀서 무장해제를 하니

어깻죽지가 허전하다던 모모.

그러나 작별인사로 라이베리아식 손인사를 하니까

뒤집어지도록 좋아하던 모모. 난 정말 모모와 같은

미칠 뻔한 소년병들에게 패자부활전의 기회를 주고 싶다.

그 기회라는 것이 거창한 것이 아니다.

무거운 총 대신 무거운 책가방을 가지고 다니는 것,

옆집 여학생에게 마음을 빼앗겨 밤잠 설치며

사랑의 열병을 앓는 것. 십대라면 누구라도 누릴 수 있는

이런 일상을 돌려주고 싶다.

서부아프리카 대서양 연안의 조그만 나라 시에라리온. 이름이 참 예쁘다. 꼭 태평양의 외딴 섬에서만 자라는 화려한 열대 꽃 이름 같다. 세계지도를 끼고 살던 내게도 생소한 곳이었는데 이 일을 시작하고는 귀에 익은 나라가 되어버렸다. 국제 회의 때마다 이웃 라이베리아와 함께 빠짐없이 등장하는 대형 전후 복구 현장이기 때문이다.

2003년 봄, 김혜자 선생님과 SBS의 PD 두 명, 그리고 우리 직원 한 명 등 5명이 시에라리온으로 향했다. 그곳의 안전 상황은 코드 옐로우. 10년 내전이 끝난 후 유엔 평화유지군이 정부군과 반군을 대상으로 무장해제를 하고 있는 곳으로, 2002년 종전했지만 아직 치안 불안 등 위험 소지가 있다.

이곳에서 수행할 내 임무는 두 가지. 하나는 한국 언론을 통해 이곳의 어려운 사정을 알리는 것이고 다른 하나는 한국 지원금의 규모와 사업의 내용을 현지 책임자와 협의하는 일이다.

:: 시에라리온의 별

　방콕과 브뤼셀을 거쳐 가느라 비행 시간은 물론 공항 대기 시간이 무지막지하게 길었다. 열 시간 이상 기다릴 때는 일행들이 지루하지 않게 '놀아주는' 것도 내가 해야 할 일 가운데 하나다. 이번에는 '즉석 강의' 작전을 써보았다.

　"시에라리온이 무슨 뜻인지 아는 사람?" (일행들 잠잠.)

　"시에라는 산, 리온은 사자, 즉 '사자의 산'이라는 뜻입니다."

　"어, 서아프리카에는 사자가 없다던데 웬 사자?"

　PD가 아는 체를 한다.

　"맞아요. 15세기 서양 사람들이 처음 갔을 때 들렸던 천둥소리가 사자 포효 같다고 해서 붙여진 이름이래요. 자, 좀더 중요한 정보를 알려드릴까요?"

　이쯤 되면 일행들의 눈길과 관심이 내게로 쏠리게 마련.

　"시에라리온의 국토 면적은 남한 땅 3분의 2정도, 인구 약 5백만 명의 작은 나라지만 여러 가지 세계 기록을 갖고 있어요. 평균 수명이 25~35세로 가장 짧은 나라(우리 나라는 77세 정도), 인구 대비 신체 장애자 수가 가장 많은 나라, 인구 대비 난민 수가 가장 많은 나라(인구의 절반이 난민이다), 그리고 세계에서 세 번째로 큰 다이아몬드가 발견된 나라. 남자 어른 주먹만한 크기의 986.6캐럿이나 되는 이것을 '시에라리온의 별'이라고 부른답니다."

　"아니, 아프리카에서 다이아몬드가 나요?"

　"물론이죠. 세계 다이아몬드의 3분의 1 이상이 아프리카에서 난다는 사실! 최대 생산국은 호주지만 아프리카의 콩고, 남아공, 앙

골라와 함께 시에라리온과 라이베리아도 주요 생산국이죠."

"이상하다. 값비싼 보석이 그렇게 많이 나는데 왜 그렇게들 못 사는 걸까?"

"아주 좋은 질문. 그 보석을 팔아서 국민들을 위해 쓰면 좋겠는데, 안타깝게도 다이아몬드 광산을 차지하기 위해 오히려 전쟁을 일으키니까 문제지요. 내전에 필요한 총과 마약을 사느라 그 다이아몬드를 다 쓰는 거예요. 게다가 서로 세를 과시하느라 사람들의 손목과 발목을 무수히 자르고 천인공노할 방법으로 사람들을 죽였기 때문에, 학자들은 이 전쟁을 인류 역사상 가장 잔인한 전쟁이라고 말하죠."

"세상에. 그 예쁜 다이아몬드가 그런 흉악한 일에 쓰인다는 거야?"

김혜자 선생님이 놀란 눈을 깜빡이며 날 쳐다본다. 사랑스럽다.

비행기 트랩에 발을 딛자마자 공중목욕탕 사우나실 문을 열었을 때 나는 그 냄새와 열기가 얼굴에 확, 스친다. 출입국 심사대가 있는 건물까지 100미터도 걷지 않았는데 티셔츠 밖까지 땀이 배어 나온다. 김혜자 선생님의 하얀 얼굴이 사과처럼 붉어졌다. 마중 나온 현지 직원이 입은 원피스와 머리 스카프의 붉은 기하학적 무늬가 까만 피부색과 멋지게 어울린다. 아프리카다.

한때는 아름다웠을 수도 프리타운. 양철판과 천막으로 급조한 간이 건물들이 영국 식민지 시대에 지은 웅장한 건물들과 강한 대비를 이루고 있다. 건물마다 나 있는 무수한 총알 자국들이 격렬했던 시가전을 대변해주고 있었다. 시장은 활기가 넘쳤지만 조금만 벗어나도 할 일 없는 사람들이 동공이 풀린 채로 어슬렁거리는 모습도 흔하다. 팔다리가 잘린 사람은 주로 청년일 거라고 생각했는데 어린아이부터 파파 할아버지까지 남녀노소를 망라하고 있다.

"밥부터 먹을래요, 샤워부터 할래요?"

언덕 위 직원 숙소에 도착하자 현지 책임자 앤이 물었다.

"샤워워워워워!!!"

우리 5명이 이구동성으로 합창을 했다. 배도 몹시 고팠지만 이틀 동안 이 공항 저 공항에서 노숙하는 바람에 누구라고 할 것 없이 온몸에서 옥수수 쉰 냄새가 진동을 했다.

케냐 사람인 오십대의 앤은 아름다운 몸매에 수려한 이목구비가 잉그리드 버그만을 꼭 빼다박았다. 다정한 태도와 친절한 미소, 게다가 업무 실력까지 국제적으로 소문난 직원과 마주하니, 하느님이 한 사람에게 너무 많은 재능을 주시는 것 아닌가, 샘이 날 지경이었다.

한바탕 찬물로 샤워를 하고 간단하게 점심을 먹은 후, 다른 일행들은 시차 적응 차원에서 한숨씩 자기로 했다. 그동안 나와 앤은 사업 상황과 방문 일정 등을 의논했다. 현장에서 될수록 많은 시간을 보내고 싶다는 내 의견을 십분 반영, 내일 아침 당장 유엔기로 이 나라 최대의 다이아몬드 산지이자 격전지였던 코노 지방으로 떠나기로 했다.

그나저나 앤, 말할 때나 웃을 때면 더욱 잉그리드 버그만 같다. 떠나는 앤의 뒤통수에 대고 업무와는 무관한 말을 물어보고 말았다.

"앤, 잉그리드 버그만 닮았다는 말 안 들어봤어요?"

앤이 깜짝 놀라 내게 되묻는다.

"나야말로 아까부터 묻고 싶었는데. 비야 씨는 아웅산 수지 여사 닮았다는 말 안 들어봤어요?"

웬 아웅산 수지 여사? 아프리카 사람 눈엔 동양 여자들이 다 비슷해 보이나? 목이 깊게 파인 블라우스를 입어서 그런가? 둘 다 마른 편이라 좀더 비슷해 보였나 보다.

:: 그 많던 다이아몬드는 어디로 갔을까

전 인구의 5분의 1인 1백만 명이 죽거나 다쳤다는 이번 내전 중 가장 잔혹한 현장이 코노 지역이다. 반군들이 절대로 놓칠 수 없는 이 나라 최대의 다이아몬드 광산이 있기 때문이다. 세계 일주 할 때 개미굴 같은 은광에도 들어가보고, 지하 100미터 석탄광도 가봐서 다이아몬드광도 땅속에 있으려니 했는데 예상이 완전히 빗나갔다. 코노의 다이아몬드는 끝없이 펼쳐진 평지 위에 곰보 자국처럼 패인 수많은 물웅덩이에서 한 알씩 건져 올려지고 있었다.

작은 웅덩이마다 열두서너 살 정도의 아이들이 수십 명씩 따개비처럼 붙어 있다. 가까이 가서 보니, 그 비싼 다이아몬드를 캐는 데 필요한 도구라고는 달랑 삽과 둥근 채반뿐이었다. 채굴 방법도 아주 간단하다. 웅덩이 안의 진흙을 삽으로 떠서 채반에 놓고 물에 살짝 담근 다음, 쌀 씻듯이 손으로 문질러 작은 돌을 가운데 모이게 한 후 다이아몬드가 있는지 세심하게 살피는 거다. 아이들은 90도 각도로 몸을 꺾고 고인 물 안에서 하루 열 시간 이상, 수백 번씩 같은 일을 반복한다. 일한 대가로 하루 한 끼를 얻어먹는다고 한다. 그렇게 조금 먹고 땡볕 아래서 더러운 웅덩이 물에 하루 종일 몸을 담그고 있는데 무쇳덩이인들 성할까? 아니나 다를까, 아이들의 어깨며 등허리가 노랗게 곪은 좁쌀 모양의 부스럼투성이다.

한 웅덩이에서 만난 20여 명의 아이들은 모두 일한 지 3년이 넘었다는데 그중 아무도 다이아몬드를 찾지 못했단다. 만약 다이아몬드를 발견했다 해도 그건 아이들이 일하는 동안 그늘에 앉아 노닥거리며 이들을 감독하는 관리자와 광산 소유주에게 돌아가고, 아이는 찾은 다이아몬드 값의 몇 만분의 1도 받지 못한다고 했다.

인생역전을 위해 옆 나라 기니에서 온 청년들도 있었다. 참 이상하다. 삼 주일도 아니고 세 달도 아니고, 무려 삼 년이나 그 많은 사람이 아무것도 찾지 못했다면 '이건 헛일이구나' 깨달을 만도 한데, 오늘도 끈질기게 빈 채를 흔들고 있다는 게 말이다.

"다이아몬드를 찾아 큰돈을 벌면 뭐 할 거야?"

모여 있는 아이들에게 물어보았다.

"당장 여기를 떠나 프리타운에 가서 살 거예요."

"최신식 BMW를 끌고 와 자랑할 거예요."

"최고로 좋은 집과 좋은 옷을 살 거예요."

"나는 그 돈 가지고 외국에 갈 거예요. 또 전쟁이 나면 어떡해요."

학교에 다녀야 할 녀석들이 아무도 학교 가겠다는 얘기를 하지 않는다. 이들은 언젠가 자기도 '시에라리온의 별'을 찾을 수 있다는 꿈을 꾸고 있는 게 분명하다. 누가 어디에서 얼마만한 다이아몬드를 캐서 검은 벤츠를 샀다느니, 런던으로 이민 갔다느니 하는 근거 없는 소문을 철썩같이 믿으면서.

"코노에는 논밭도 많고 날씨도 좋은데 왜 농사를 짓지 않니? 씨 뿌리고 5개월만 있으면 밥을 실컷 먹을 수 있잖아."

"5개월이요? 그렇게 오랫동안 어떻게 기다려요?"

"뭐라구? 넌 3년 동안 다이아몬드 한 개도 못 찾았다며?"

"오늘 찾을 수 있을지도 모르잖아요."

아, 바로 이게 문제구나. 이 아이들을 여기서 떠나지 못하게 하는 것이. 지난한 과정 없이, 준비나 노력 없이 하루아침에 무엇인가가 하늘에서 뚝 떨어질지 모른다는 헛된 꿈이 아이들의 발목을 붙잡고 있는 것이다.

현장 관리인의 말에 의하면 십대 후반의 아이들 대부분은 소년병이었다고 한다. 우리가 만난 모하메드도 그랬다. 한 열다섯쯤 되었을까. 여느 사춘기 남자아이처럼 수줍어서 내 얼굴도 똑바로 못 쳐다보는 아이였다. 전쟁중 부모를 잃고 갈 곳이 없어 반군에 들어갔단다. 사람을 죽여보았느냐니까 너무나 당연히 그렇단다. 성폭행도 방화도 수없이 했고, 민간인 팔다리도 셀 수 없이 잘랐단다. 그 사람들에게 미안하지 않냐니까 반군 지도부가 강제로 마약을 먹이고, 명령에 불복하면 죽인다고 협박해 어쩔 수 없었다고 한다.

"다시 전쟁이 나면 또 군인이 될 거니?"

아이가 절대 아니라고 할 줄 알았다. 그러나 대답은 뜻밖이었다.

"네, 다시 총을 들 거예요. 전쟁 때문에 학교도 못 다닌 내가 뭘 할 수 있겠어요. 힘 있는 곳에 기대어 살 수밖에 없잖아요."

그렇다. 소년병들은 자신이 무엇을 위해서 싸우는지 알 필요도 없다. 그저 먹여주는 세력을 위해 싸우겠다는 거다. 이렇게 생계를 위해, 혹은 강압적으로 내전에 말려든 십대 반군 소년병의 수가 약 4만 5천 명이다.

그렇다면 반군이 10년간 썼던 무기와 탄약과 마약은 도대체 어디서 난 것일까. 답은 바로 다이아몬드다. 반군들은 무력으로 코노 지역 등에서 다이아몬드의 소유권과 채굴권을 장악하고, 캐낸 다이아몬드를 라이베리아의 불법 다이아몬드 거래상들에게 팔아 막대한 돈을 벌었다. 그 검은 돈으로 라이베리아에서 각종 무기와 마약을 사서 수백 명의 '인간노새'에게 일인당 100킬로그램 이상의 짐을 지워 시에라리온으로 가져온다. 이렇게 확보한 군사 물자로 막강한 군사력을 갖게 된 반군은 순식간에 시에라리온 전역을 점령하면서 마음껏 못된 짓을 할 수 있었던 것이다.

반군의 공식 명칭은 혁명연합전선. 혁명은 개뿔이 혁명인가. 반군들은 무능한 정부와 특권 계층을 몰아내기 위해서가 아니라 다이아몬드 지역을 장악하기 위해 전쟁이 필요했고, 전쟁을 계속하기 위해서 소년병이라는 말 잘 듣는 병사가 필요했으며, 이들을 부리기 위해서 총과 마약이 필요했다.

이런 마약과 광기에 취한 소년병에게 두 손을 모두 잘린 당시 열네 살이었던 자마엘의 이야기가 압권이다.

"어느 날 새벽 한 무리의 군인들이 우리 마을에 쳐들어왔어요. 눈 깜빡할 사이에 일어난 일이라 도망갈 시간도 없었죠. 내 나이 또래 되는 반군들이 총을 들이대면서 우리 마을 남자들을 한 줄로 세워서는 나무 등걸 밑으로 끌고 갔어요. 그러고는 한 사람, 한 사람 손목을 나무 등걸에 올려놓고는 코코넛 따는 칼로 내리쳤어요. 잘린 손목들에서 솟아나온 피가 나무 등걸 주위에 흥건했어요. 완전히 손목이 잘린 사람들과 반만 잘린 사람들이 땅바닥에 쓰러져서 몸부림치며 울부짖었죠. 내 차례가 왔을 때 나는 속으로 기도했어요. 내 손목이 단칼에 잘려나가게 해달라고."

나는 앞으로 다이아몬드를 볼 때마다, 잘려서 피가 뚝뚝 흐르는 자마엘의 팔목을 생각하지 않을 수 없을 거다. 분명 괴로운 일일 것이다. 몰랐으면 좋았을 것을, 마음 편했을 것을……

갑자기 궁금해진다. 그 많은 '피 묻은 다이아몬드'는 어디로, 누구한테로 간 것일까? 모르긴 몰라도 복잡한 수십 단계를 거쳐서 가공되고 세공되고 예쁘게 세팅이 되어 세계 도처의 고급 보석상 진열대에 놓여 있을 것이다. 상당 부분은 이미 변치 않는 사랑의 징표나 결혼 예물이 되어 누군가의 손가락에 끼워져 있을 것이다. 전 세계 다이아몬드의 5퍼센트 남짓이 우리 나라에 팔린다니 한국 사람 손가락도 예외는 아닐 거다.

내 손가락이 거기에 끼지 않은 게 정말 다행이다. 혹시라도 나에게 사랑의 징표로 다이아몬드 반지를 선물하려는 사람은 참고하시길. 난 반지를 아예 끼지 않는다. 그리고 다이아몬드 반지보다 사랑의 시가 적힌 예쁜 공책이 훨씬 좋다. 자작시면 더 좋고.

:: 장거리 비행에서 살아남는 법

서아프리카는 비행기를 서너 번 갈아타면서 서른다섯 시간 이상 가야 한다. 비행 시간, 공항 대기 시간에 시차까지 합해 한국까지

4일이 걸리는 적도 있다. 이렇게 길게 '하늘'에 있다가 돌아와서는 한국에서 딱 '일박' 하고 이튿날 다음 출장지로 가기도 한다. 심지어 귀국 후 인천공항을 나가지도 못하고 공항에서 사우나 하고, 밥 먹고 웹서핑 하다가 그날 바로 출국하는 경우도 있다.

그래서 긴급구호 5년 차인 나도 이제 비행기 이동이라면 할 말이 많다. 재미삼아 세어보니 지난 5년간 편도 74회, 그것도 비행 시간 열다섯 시간이 넘는 아프리카와 중동 지역을 집중적으로 다녔다. 한 해에 독일의 프랑크푸르트 공항만 12번 지나갔다면 말 다하지 않았는가.

"너는 땅보다 하늘이나 공항에 있는 시간이 더 많을 거다."

친구들의 이런 농담에 일말의 진실이 있는 셈이다. 나도 꾀가 있는지라, 이런 살인적인 비행 시간과 공항 대기 시간에서 살아남는 지혜가 하루가 다르게 쌓여간다.

우선 열 시간 이상의 장거리 비행 시의 노하우. 나는 항상 복도 쪽에 앉는다. 물을 많이 마시는 관계로 화장실에 자주 가기 때문이다. 비행 중에는 물을 많이 마셔야 피로도 덜하고 시차도 덜 느낀다는데 정말 그렇다. 그러나 커피나 탄산음료는 오히려 탈수를 촉진시킨다는 사실. 화장실 오락가락하는 게 적잖이 운동까지 되니 일석이조다. 그리고 창가를 선호하는 사람들은 비행중 창 밖을 오래 내다보지 않는 것이 좋다. 특히 구름 위로 날 때는 고도가 10킬로미터 이상에 있기 때문에 무지막지한 자외선이 고스란히 눈으로 들어오게 된단다.

하여간 이륙하고 방콕 정도 갈 시간인 다섯 시간 정도는 책 보고 기내식 먹고 영화 한 편 보고 나면 후딱 지나간다. 그 다음부터가 문제다. 약간 눈이 아프고 지루해지기 시작한다. 읽어야 할 서류나 끝내야 할 보고서가 있을 때는 마지못해 일을 하기도 하지만 보통은 그때쯤 승무원에게 술을 시킨다. 잠을 잘 자기 위해서다.

맥주는 배가 부르고 수면 효과가 한 시간 미만이라 땡이다. 내가 경험한 계산으로는 와인은 두 시간, 진토닉이나 코냑은 세 시간 정도의 잠이 보장된다. 좀 길게 자고 싶으면 코냑 스트레이트를 달라고 한다. 비행중 술을 마시면 급격히 탈수가 된다는 등 안 좋은 소리를 하도 들어서 한때는 멜라토닌이라는 천연 시차적응제를 먹기도 했지만 역시 내게는 술이 최고다. 비행기 탈 때 잘 자기 위해서 평소에 맥주 두 캔, 소주 다섯 잔 이상의 주량을 키우지 않고 있다.

비행중 숙면의 또 다른 비결은 안대다. 좀 답답하지만 효과는 만점이다. 이건 승무원에게 달라면 준다. 누가 하도 권해서 속는 셈치고 한번 해보았는데 지금은 그거 없으면 큰일 난다.

잘 자고 일어나도 비행 시간이 세 시간 이상 남았으면 레드와인을 한두 잔 마시고 또 잠을 청한다. 식사가 두 번 제공될 만큼 긴 비행은 착륙 한 시간 쯤 전에 식사를 주는데 그건 정말 먹기 싫다. 옆사람 식판에서 나는 음식 냄새만 맡아도 토증이 난다. 그럴 때마다 보글보글 끓인 라면 생각이 얼마나 간절한지.

평소에는 잘 마시지 않는 술을 이렇게 과음(?)하다 보니 내릴 때쯤 되면 속이 무지 쓰리다. 이게 현지 공항에 도착한 긴급구호 팀장의 진정한 속사정이다. 때문에 컵라면과 꼬마 김치를 '해장 식품'으로 갖고 다니며 숙소에 도착하자마자 먹는데, 그런 꿀맛이 없다. 인생삼락 중 하나다.

그러나 긴 비행 시간보다 괴로운 건 열 시간 이상 되는 공항 대기 시간이다. 연결기를 기다리면서 공항에서 먹고 자고 시간 때우는, 그야말로 고급 노숙자와 다름없다. 1년이면 적어도 5~6번 이상 들르는 방콕, 싱가포르, 프랑크푸르트 공항은 내 집 안방만큼 훤해졌다. '세계의 공항과 항공사'라는 책을 쓸 수 있을 정도다. 태국 공항에서라면 한 시간쯤 발 마사지로 피로를 풀고 이 층 식당에서 쌀국수와 수박주스를 먹는다. 싱가포르 공항이라면 곳곳에 있는 무료 인터넷과 게임을 하며 시간을 죽이고, 프랑크푸르트 공항에서는 맥도널드 입구에 있는 새우잠 자기에 안성맞춤인 의자에서 한숨 잔다.

물론 공항마다 공항 호텔이 있지만 두 시간에 40달러 정도의 엄청난 가격이라 NGO 직원인 나에게는 그림의 떡이다. 대기 시간이 아주 길어지면 아예 공항 밖으로 나온다. 그게 훨씬 싸고 시간도 잘 간다. 특히 프랑크푸르트에서는 공항에서 지하철로 이십 분 거리인 시내로 나와 마인 강가를 거닌다든지 성당이나 영화관을 다닌다. 머리도 식히고 문화 생활도 하고 시간도 때우니 꿩 먹고 알 먹기다.

온갖 종류의 비행기도 타보았다. 군용기, 유엔 전용기, 화물기, 전세기, 헬리콥터에, 6인승 경비행기까지. 나를 현장까지 데려다준다면 날개 달린 모든 것을 탈 준비가 되어 있다. 이러다간 열기구까지 탈지도 모르겠다. 독수리 날개인들 못 탈 것 없다.

이렇게 비행기를 많이 타니 포복절도, 진기한 경험도 많았다. 특히 남부나 서부아프리카 비행기는 직항이 거의 없고(우리 단체는 무조건 제일 싼 비행기를 타기 때문이기도 하지만) 완행버스처럼 인근 국가의 수도를 모두 들러서 간다. 처음 이런 비행기를 타고 남아프리카공화국에서 말라위로 가던 중에 들른 모잠비크 공항에서 아무 생각 없이 다른 사람들을 따라 내렸다. 그런데 입국심사대에 '웰컴 투 모잠비크'라고 쓰여 있는 게 아닌가. 얼마나 당황했는지……. 동작이 빨랐으니 망정이지 내 비행기, 눈앞에서 놓칠 뻔했다. 아프 가니스탄에서 파키스탄으로 넘어갈 때에는 비행기 탈 때 잠깐 인사를 나눈 파일럿과 친해져 아예 부조정석에 앉아 오면서 멋진 경치를 만끽하기도 했다.

짐은 왜 또 그렇게 자주 없어지는지. 여럿이 같이 가도 꼭 내 짐만 없어진다. 이번에도 또 없어졌다. 다행히 돈과 여권, 주요 서류는 작은 가방에 있었지만, 갈아입을 옷도, 선탠로션도 없이 지내고 있다. 당장 필요한 건 사야겠지만, 매일같이 내일 짐이 온다고 말하는 통에 그러지도 못하고 있다. 그래서 오지 여행 때의 실력을 발휘해 딱 한 벌 있는 옷은 저녁에 빨아 널고 티셔츠는 남자 PD 것 빌려 입고 침대 시트를 허리에 둘러 치마로 입고 있다. 화장품은 보드카를 사서 레몬을 짜넣어 쓰고 있지만 선탠로션은 만들 재간이 없다. 별수 없이 작열하는 아프리카의 태양을 고스란히 받고 다녀서 콧등에 매일 새로운 깨소금이 생겨나고 있다. 현지 직원이 하루도 빼지 않고 짐이 왔나 하고 공항에 나가고 있지만, 내 경험상 쉽게 찾을 것 같지는 않다.

::: 라이베리아식 인사

라이베리아. '자유의 땅'이라는 이 작은 나라의 이름을 처음 들은 건 이라크 모술의 미군 휴게실에서다. CNN 긴급뉴스로 라이베리아 대통령이 계엄령을 선포했다는 소식이었는데 며칠 안 되어서 그 자가 하야한다고 했다. 14년간의 내전이 끝난 것이다. 아, 곧 긴급 구호 지역이 되겠구나 했는데 아니나 다를까, 바로 카테고리 3 전 세계가 함께 구호해야 하는 대규모 재난 지역으로 선포되어 긴급구호 요원들이 속속 파견되었다. 모술을 떠나는 국제 직원들끼리 반 장난으로 '라이베리아에서 만나요'라고 인사했는데, 그로부터 딱 6개월 후 나도 라이베리아에 오게 되었다.

이 나라는 시에라리온의 옆 나라다. 이웃하고 있는 이 두 나라는 같은 점도 많지만 다른 점 또한 적지 않다. 우선 같은 점부터. 둘 다 아주 예쁜 이름을 가졌다. 공히 십 년 이상 내전을 치렀고, 그 내전에는 다이아몬드가 관여되어 있으며, 수많은 난민과 소년병 문제를 안고 있다. 또한 두 나라 모두 영어가 공용어다.

다른 점은 시에라리온은 영국의 식민지였고 이슬람교가 주요 종교인 데 반해, 라이베리아는 미국에서 해방된 노예들이 건설한 나라이면서 기독교 신자가 많다. 그래서 그런지 이곳 국기는 미국의 성조기와 비슷하다. 영어가 공용어라지만 현지인들이 하는 영어는 도저히 알아들을 수가 없다. 그래서 라이베리아 영어를 '진짜 영어'로 통역하는 직원이 따로 있어야 한다고 했구나.

이런 라이베리아의 사무실 책임자가 누구일까? 놀랍게도 시에라리온에서 만났던 멋쟁이 앤이었다.

"어머, 잉그리드 버그만! 여기는 웬일이세요?"

"어서 오세요, 아웅산 수지 여사! 여기로 발령받았어요."

"정말 반가워요, 앤! 어려운 현장만 골라 다니느라 어깨가 무겁겠어요."

"그래도 비야 씨를 다시 보니 절로 힘이 나는 것 같아요."

"고마워요. 한국에서도 라이베리아 지원 계획이 있는데, 어떤 사업에 가장 도움이 필요한지 살피러 왔어요. 오는 김에 PD 두 명이랑 〈기아 체험 24시간〉이라는 모금 방송에 필요한 다큐멘터리도 찍구요."

"하여간 세 분 모두 환영합니다. 멀리 아시아 사무실에서 와주는 것만으로도 큰 힘이 돼요."

앤이 환한 미소로 대답해주었다. 우리의 열흘간의 짧은 일정과 그 사이에 해야 할 일을 잘 알고 있는 앤의 조언으로 이번에는 무장해제 과정과 무장해제를 끝낸 소년병들의 실태를 파악하고, 그들의 사회 복귀를 위한 심리 치료 및 재활 교육을 살펴보기로 했다.

"참 운 좋으시네요. 오늘이 무장해제 전 과정을 공개하는 첫날이거든요. 여러분이 공식 허가를 받은 첫 번째 팀이구요. 방송은 나갔다 하면 특종일 겁니다."

다음 날 아침 유엔 사무실에서 캠프 출입증과 촬영 허가증을 받을 때 유엔 공보관이 자기 일인 양 기뻐하면서 싱글벙글한다. 우리 일행도 덩달아 싱글거리며 네 시간 거리인 무장해제 캠프로 향했다.

캠프까지 가는 차 안에서 동행한 홍보 담당 대니얼의 브리핑이 있었다. 이 나라는 인구 3백만 중 약 30만 명이 계속된 내전으로 죽거나 다쳤고 1백만 명은 난민이 되어 떠돌고 있다. 내전의 원인은 원주민과 미국에서 온 해방 노예 간의 갈등과 다이아몬드 이권 때문인데, 해방 노예의 후예인 테일러가 대통령 직에서 물러나면서 마침내 평화가 찾아왔다. 종전 직후 유엔 평화유지군이 들어와 무장해제를 진행하고 있다.

한참 큰 길로 달리다 보니 샛길에 '시에라리온 가는 길'이라는 푯말이 붙어 있었다.

"이 길을 통해서 '인간노새'가 무기와 식량을 잔뜩 지고 시에라리온으로 갑니다."

아니, 그럼 바로 이 길의 끝이 내가 지난번에 갔던 곳이란 말이군. 갑자기 두 나라가 이어지면서 이 지역에 대한 시야가 넓어지는 듯했다.

"아, 여기가 그 악명 높은 '피의 다이아몬드' 길이로군요."

대니얼의 표정이 어두워졌다.

"나도 이 길로 난리를 피해서 시에라리온에 간 적 있어요. 우습죠? 그쪽에서는 이곳이 더 안전할 것 같아서 피난을 오고, 우리는 또 그쪽으로 가고. 거기서 손발 잘린 사람들 많이 보았죠? 손이 없는 사람은 평생 일할 수 없으니 산송장이더라구요. 정말 잔인해요. 같은 나라 사람끼리."

"맞아요. 우리 나라도 3년간 내전을 겪었어요. 한 형제가 하루아침에 이념 때문에 남북으로 갈라져 죽기 살기로 싸웠죠. 전쟁 중 사망자와 부상자의 숫자는 공식적인 통계만 해도 무려 약 570만 명이에요. 민간인을 포함한 사상자 수가 제2차 세계대전 중 발생한 숫자보다 훨씬 많았어요. 그때 우리의 싸움을 배후 조종한 미국과 러시아는 이제 친구로 잘 지내고 있는데 우리는 아직도 남북으로 갈린 채 지내고 있답니다. 참 슬픈 일이죠."

"아, 한국도 라이베리아처럼 내전을 겪었군요. 몰랐어요."

동병상련이라고 했던가. 우리도 내전을 겪었다는 한 마디에 오는 내내 사무적이었던 이 친구의 말투가 달라진다. 갑자기 친근해진

목소리로 말한다.

"손 잠깐만 빌려줘요. 내가 라이베리아식 인사법 가르쳐줄게요."

"상대방과 손을 맞잡고 악수를 한 후 미끄러지듯 서서히 풀면서 엄지와 검지로 딱 소리를 낸 다음 주먹을 쥐고 왼쪽 가슴을 두 번 치세요. 이건 '너는 내 친구, 너를 내 마음에 두겠다'라는 뜻이죠."

"와, 진짜 폼 나네요. 많이 써먹어야지."

"이렇게 인사하면 사람들이 아주 좋아할 거예요."

PD 두 사람도 이 인사법을 연습하느라 여념이 없다. 인사의 현지화, 이곳 사람들과 친해지기 위한 첫 단추일 것이다.

:: 누구에게나 패자부활전은 있다

이른 아침인데도 무장해제 캠프 바깥에는 총과 탄약과 각종 폭발물을 든 사람들 수백 명이 장사진을 치고 있었다. 사진을 찍을 생각으로 가까이 다가가니 사람들이 '헬로, 헬로'하며 일제히 악수를 하려고 몰려들다 수십 명의 아이들이 우르르 넘어졌다. 그와 동시에 뒤에 있던 사람들이 우우 하는 소리와 함께 서로 밀지 말라며 목청 높여 싸우는 소리가 들렸다. 보통 때 같으면 넘어진 아이들을 일으켜주려고 했겠지만 지금 저 화난 사람들이 가지고 있는 총에 총탄이 들어 있다고 생각하니 등골이 오싹했다. 얼른 그 자리를 떠나 바로 앞 부대로 등을 보이며 걸어가는데 그 20~30미터가 얼마나 긴지……. 뒷골이 당겨서 죽을 뻔했다.

부대 안에서 진행되는 무장해제 절차는 간단했다. 가져온 무기를 회수하여 기록하고 간략하게 건강 체크를 한 다음, 옷과 깔판, 식기, 담요 등 캠프 생활에 필요한 물자를 받는다. 거기에서 짧게는 삼 주일, 길게는 석 달간의 사회 적응 훈련을 받은 후 300달러의 사회 복귀 지원금을 가지고 일상으로 돌아가게 된다. 사회 적응 훈련을 위해 재활 캠프로 간 아이들은 그곳에 우선 심리 치료를 받고, 원하면 목공이나 기계 조립, 봉재 등 생계에 필요한 기술을 배울 수 있다.

"총을 들면 내가 아주 힘이 센 것 같아요. 사람들이 내 말을 잘 듣거든요."

소년병 출신 카줄루가 말한다.

"그런데 왜 무기를 반납하려고 하지?"

"내가 총을 가지고 있으면 항상 누군가가 날 죽이려는 것 같아요. 총만 없으면 나도 민간인이잖아요. 더 이상은 사람을 죽이기 싫어요."

카줄루는 이제 겨우 열세 살이었다. 그래 카줄루, 이제부터 네 마음속의 분노는 아껴두었다가 불의와 싸우는 데만 썼으면 좋겠다. 어렵겠지만 그 나머지 것들은 다 용서하고.

재활 캠프에서 만난 소년병들은 나이도 사연도 가지가지다. 여덟 살짜리 꼬마에게 군대에서 뭘 했냐니까 대장 보디가드를 했단다. 믿지 못해 좀더 캐물으니 대장을 따라다니며 차를 끓여주는 티보이였다. 물을 끓이다가 데였는지 다리 여기저기에 화상투성이다. 자기 부모가 눈앞에서 무참히 살해되는 것을 보고 자진해서 반군이 되었다는 아이도 있고, 한밤중에 소변보러 나왔다가 잡혀 얼떨결에 소년병이 된 꼬마도 있었다.

저 아이들, 저 녀석들은 여자들을 강간하고, 사람들을 산 채로 불태운 적은 있지만 아마 정성껏 딱지를 모아본 적도, 청바지를 사달라고 엄마에게 떼를 써본 적도, 생일을 손꼽아 기다려본 적도 없을 것이다. 저 아이들의 파괴된 유년기를 무엇으로 보상할 수 있을까.

소녀병이라 불리는 여자아이들의 사연은 더 기막히다. 열여섯 살된 앳된 얼굴의 미티미는 담뱃불자국과 칼자국으로 온몸이 성한곳이 없었다. 반군들은 여자아이들을 끌고 가서 낮에는 탄약을 나르거나 밥, 빨래 등을 시키고 밤이면 성노리개로 삼았다. 얼마나무서웠을까? 저 아이는 몸의 상처보다 마음의 상처를 더 씻을 수없을 것이다.

미티미는 어린아이를 안고 있었다. 아버지가 누군지도 알 수 없는 반군의 아이. 그러나 반군의 직접적인 피해자인 이런 여자아이들도 서류상으로는 소녀병으로 분류된다. 반군들에게 간접적으로협력(?)했다는 이유만으로.

무장해제한 소년병들이라고 모두 가족의 품으로 돌아갈 수 있는건 아니다. 이들은 고향을 떠나오면서 몹쓸 짓을 많이 했기 때문에보복이 두려운 데다 부모형제가 자기와 같은 소년병들에게 희생되어 직계가족이 없기 때문이다. 이들이 도시로 간다 해도 교육을 전혀 받지 못했기 때문에 거리의 부랑아나 범죄 조직의 일원으로 살아가기 쉽다. 게다가 사람을 많이 죽였다는 죄책감과 누군가 자기를 죽일지도 모른다는 공포감을 평생 안고 살아야 한다.

이들의 심리 치료와 사회 복귀 재활 훈련이 반드시 필요한 이유가 여기에 있다. 심리 치료는 대단한 게 아니다. 운동 경기, 그림 그리기, 그리고 간단한 상담을 통해서 아이들의 이야기를 충분히 들어준 후 '너희들은 가해자가 아니다. 어쩔 수 없이 반군이 되었고 시키는 대로 했던 피해자다. 아니, 전쟁에서 살아남은 생존자이고 그저 평범한 아이일 뿐이다. 과거는 다 잊어버리고 앞날만 생각하자'라는 메시지를 전하는 일이다. 그러나 소년병의 성공적인 사회 복귀는 이것만으로는 이루어지지 않는다. 아이들의 고향에서 이 소년병을 기꺼이 받아들이는 것이 결정적이다. 가족은 물론 마을의 어르신들, 교사, 종교 지도자 등이 힘을 합쳐 아이를 돌봐주고 북돋아주지 않으면 돌아온 이들이 견뎌내지 못하기 때문이다.

심리 치료소에 가보았다. 노는 시간인지 누군가가 아프리카 타악기로 연주를 하고 수십 명의 아이들은 그 리듬에 맞추어 엉덩이를 흔들며 신나게 춤을 추고 있었다. 혓바닥을 내밀며 웃고 까부니까 오랫동안 감춰져 있던 천진하고 장난기 가득한 어린애의 얼굴이 나온다.

떠나기 직전 열다섯 살 난 모모가 한 말이 자꾸 목에 걸린다.

"나는 그동안 미쳤었어요. 전쟁이 나를 미치게 했어요!"

목소리가 떨리도록 분노를 감추지 못했던 모모. 소총을 몸의 일부인 양 가지고 다녀서 무장해제를 하니 어깻죽지가 허전하다던 모모. 그러나 작별인사로 라이베리아식 손인사를 하니까 뒤집어지도록 좋아하던 모모. 난 정말 모모와 같이 미칠 뻔한 소년병들에게 패자부활전의 기회를 주고 싶다. 그 기회라는 것이 거창한 것은 아니다. 무거운 총 대신 무거운 책가방을 가지고 다니는 것, 옆집 여학생에게 마음을 빼앗겨 밤잠 설치며 사랑의 열병을 앓는 것. 십대라면 누구라도 누릴 수 있는 그런 일상을 돌려주고 싶다.

평화로워 더 안타까운
산들의 고향

네팔

배분 받는 쌀이 80킬로그램이나 되는데 누가 가지러 올 거냐니까
의아한 얼굴로 이마에 머리띠를 두르는 시늉을 한다.
누구라니, 네팔 여자들은 저 이마로 100킬로그램을 지고
50리 길도 간다는데……. 쌀을 집에 가져오면 우선 솥단지가 넘치도록
아무 잡곡도 넣지 않은 하얀 쌀밥을 지어 배터지게 먹이겠다며
처음으로 이를 다 드러내고 활짝 웃는다.
아, 예쁜 저 얼굴, 저 환한 미소를 다른 사람들에게도 보여주고 싶다.
저 친구의 소망처럼 우리 프로그램이 이 동네에서 계속되어야 하는데
애석하게도 현실은 그렇지가 않다. 정말 안타깝다.

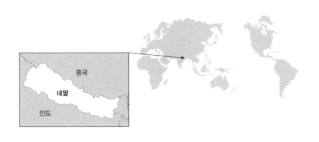

"네네네, 네팔이라구요!!!!!"

국제 본부 식량 프로그램 아시아 담당관인 조지가 국제전화로 내 현장 학습 파견국이 네팔로 정해졌다고 말했을 때 너무 기뻐서 전화통으로 들어갈 뻔했다.

"야호, 네팔로 결정됐어!"

"와, 좋겠다!"

친구들이 부러워서 죽으려고 한다. "그런데 네팔이 긴급구호 현장이야?"라며 의아해하는 사람이 많았다. 긴급구호 현장이 아니면 긴급구호 팀장이 뜰 이유가 있겠는가. 세계 최고봉 에베레스트를 비롯한 산들의 고향으로만 알고 있던 이 나라는 같은 아시아 사람들인 우리조차 무심한 동안 전 국토의 90퍼센트 이상이 공산 반군 손에 들어갔다.

지난 10년, 정부군과 반군 간의 수많은 교전으로 1만여 명의 사상자가 났고, 정부군은 반군에 밀려 수도인 카트만두까지 봉쇄당하는 등 고전을 면치 못하고 있다. 이 양 세력 틈에 끼여 국민들이 절대적인 기아와 빈곤에 허덕이고 있다. 내가 파견 가는 중부 산악 지역은 네팔에서도 가장 열악한 상황으로, 대규모 긴급구호 식량을 배분하고 있는 곳이다.

산이라면 자다가도 벌떡 일어나는 개인 한비야에게도 물론 최상이지만 우리 팀으로도 최선의 파견국이다. 네팔은 분쟁 지역에서 무장 세력과 일해야 하는 상황이라 본격적으로 훈련받고 실습하기에 더없이 좋기 때문이다.

이번 파견 근무를 계기로 내 전문 영역이 홍보에서 물자 배분으로 바뀌었다. 한국 사무실은 그동안 국제 기준에 익숙한 물자 배분 요원이 없어서 대규모 물자를 기증 받았을 때 직접 수행할 수 없는 어려움을 겪었다. 또한 북한에서 발생할지도 모를 긴급구호 상황에 효과적으로 대처하기 위해서라도 물자 배분 전문 인력이 꼭 필요하다는 지도부의 판단도 있었다.

전문 능력을 키우려면 훈련과 실습은 필수. 마침 아시아 물자 배분 담당이 나와 잘 알던 조지라 그가 나를 네팔에 갈 수 있도록 애써주었다. 다른 분야도 그렇겠지만 국제 기구에서도 시스템이 일하는 것 같아도 개인적인 네트워크가 결정적인 때 결정적인 도움을 주기도 한다.

조지와는 인연이 깊다. 그는 아프가니스탄에서 초자 중의 초자인 나를 잘 돌봐주며 마술 같은 배분으로 나를 감동시켰는데, 내가 이 일을 하면서 첫 번째로 '동지'라고 느꼈던 사람이기도 하다. 그는 우리 팀 초청으로 한국 정부와 다른 NGO를 대상으로 물자 배분 교육을 하러 우리 나라를 방문하기도 했다. 그때 인사동에 갔다가 내가 한 무리의 대학생들에게 둘러싸여 사인해주는 것을 보곤 그

때부터 존경의 눈빛으로 나를 본다. 내가 아프가니스탄에서 그에게 보였던 강도 그대로다. 또 바드기스에서 호되게 감기몸살이 난 조지에게 아껴 먹던 인삼차를 타주며 만병통치약이라고 하얀 거짓말을 했는데, 정말 그 다음 날 멀쩡해지기도 했다. 그 후로 이 친구는 인삼가루, 인삼캔디는 물론 인삼비누를 향수 대신 여행가방에 넣고 다닐 정도로 한국 인삼의 신봉자가 되었다.

:: 우리는 모두 대한민국 대표선수

등산 점퍼, 등산화, 등산 양말, 무릎 보호대 등 출장 짐만 보면 마치 산악 원정을 가는 것 같다. 사실은 내가 가는 곳이 산악 지역으로, 현장을 다니려면 몇 날 며칠 산속을 걷는 수밖에 없기 때문에 이런 물건들이 필요한 것이다. 산들의 고향 네팔, 자리에 누워도 잠은 오지 않고, 설레고 좋아서 그냥 히죽히죽 웃음만 나온다.

벌써 10년도 지난 일이구나. 내 세계 일주의 첫 번째 나라가 다름 아닌 네팔이었다. 가장 힘이 왕성할 때 가장 힘든 곳을 먼저 가겠다고 마음먹었기 때문이다. 몇 개의 긴 트레킹 코스를 엮어 해발 4천, 5천 미터의 히말라야 산속을 한 달 이상 실컷 누벼볼 생각이었다. 어릴 때부터 꿈에 그리던 히말라야 산맥을 걷는다는 기대와 흥분도 최고조였다. 등산이라면 걸음마 할 때부터 한 일이라 자신 있었다. 오죽하면 내 별명이 산다람쥐일까.

그런데 이게 웬일! 트레킹을 시작한 지 일주일도 못 되어 복병을 만났다. 고산증이 난 것이다. 어지럽고 토할 것 같고 영하 15도가 넘는데도 온몸에 불이 붙은 듯 더웠다. 한시바삐 산을 내려가서 몸을 추스려야 하지만 나는 이미 탈진한 상태여서 한 발자국도 걸을 수 없었다. 네팔인 안내자 겸 포터는 얼른 주머니에서 마늘을 꺼내 찧어서 입에 물게 했다. 고산증에 특효란다.

그러고는 이마에 끈을 걸어 나를 둘러업고는 100미터쯤 가서는 나를 내려놓고 다시 돌아가 배낭을 가져오기를 수십 차례 반복하며 하산했다. 내가 그의 등에 여러 차례 마늘을 토해놓아도 싫은 표정은커녕 "잘 참았어요. 이제 조금만 더 참으면 돼요"라며 나를 격려하고 안심시켰다. 나는 하루하고도 반나절을 그렇게 포터의 이마에 업혀 무사히 산을 내려왔다.

며칠 후 내가 다시 트래킹을 시작하자니까 두말없이 내 짐을 이마에 이고 성큼 앞장서던 몸집 작은 그 포터, 나중에 알고 보니 가다 또 고산증이 날까 봐 몰래 주머니에 두둑하게 마늘을 준비해두었단다. 다행히 그 후로는 마늘의 도움 없이 예정했던 트래킹을 무사히 끝냄으로써 세계 일주의 첫 장을 멋지게 장식했다. 진심으로 고마워하는 나에게 할 일을 했을 뿐이라며 그는 쑥스러워했다.

그때 나는 아주 짠순이 여행을 하고 있었지만 감사의 표시로 이 친구에게 근사한 저녁과 함께 튼튼한 등산화를 사주고 싶었다. 등산화는 꼭 필요하던 거라 받겠는데 그 대신 저녁은 자기네 집에 가서 먹자고 했다. 못 이기는 척 따라가니 그 집 엄마는 나를 보고 산에서 고생한 얘기를 들었다면서 영양 보충하라고 집에서 키우던 닭을 잡아 카레 양념을 듬뿍 얹어주었다. 내가 앞으로 긴 여행을 할 거라니까 힌두교 신자인 그 집 아버지는 인주같이 빨간 가루에 쌀을 섞어 내 이마에 붙여주며 여행의 안전까지 빌어주었다. 한 명 한 명 모두 고마운 가족이다. 그 후 지금까지도 나는 네팔 사람이라면 무조건 좋고 만나면 반갑고 내가 할 수 있는 한 최대로 잘해주고 싶다.

몇 년 전 한국에서 네팔인 두 명을 만났다. 우리 집 앞 가게에서 과자로 끼니를 때우고 있던 이십대 초반의 노동자였다. 한 달에 두 번 쉬는데 쉬는 날에는 공장에서 밥을 안 주기 때문이란다. 월급 중 5만 원만 빼고 모두 본국으로 보낸다니 밥 사 먹을 돈이 어디 있으랴. 우리 집에 가서 저녁을 먹자고 했다. 뭘 먹고 싶냐니까 계란프라이란다. 그래서 달걀 한 판을 사서 30개 전부를 부쳐주었더니 숨도 안 쉬고 말끔히 먹어치웠다. 밥 먹고 나서 뭐가 제일 하고 싶냐니까 목욕이란다. 공중목욕탕 값이 너무 비쌌던 모양이다. 그날 저녁 조카들이랑 어울려 요란하게 목욕하고, 몇 마디 못 하는 한국말과 영어를 절묘하게 섞어 한바탕 이야기꽃을 피우다 돌아갔다.

그날 이후 그 친구들은 휴일은 물론 설날이나 추석도 우리 집에서 보냈다. 올 때마다 뭘 먹고 싶냐면 예외 없이 계란프라이. '그래, 그걸 못 해주랴. 너희들 네팔로 돌아갈 때까지 올 때마다 한 판씩 부쳐주마.' 이건 순전히 나에게 순수한 친절을 베풀어준, 그 고마운 포터 때문이다. 사람 심리가 이렇다. 단 한사람 때문에 어떤 나라 사람 전체가 고맙고 좋기도 하고, 반대로 그 나라 전체에 거부감이 생기며 꼴 보기 싫기도 하다. 대단히 단면적이고 다분히 감정적이지만 이게 인지상정이다. 이러니 원하든 원하지 않든, 국민 한 사람 한 사람이 대한민국 대표라고 할밖에.

우리는 또한 각자 속해 있는 분야의 대표이기도 하다. 그중 한 사람만 잘못해도 그 분야 사람들을 한꺼번에 싸잡아 욕하고 믿지 못하게 되지 않나. 나 한 사람이 뭐가 그렇게 중요할까 싶겠지만 바로 그 한 사람이 자기 나라와 자기가 속해 있는 분야의 호감도와 이미지를 좌지우지한다. 나 역시, 네팔에 있는 동안 '비공식 대한민국 국가대표'라는 점을 잊지 않을 작정이다.

:: 주물라, 그 예상치 않았던 곳

"통금이 오후 2시부터 시작되니까 서둘러야 합니다."

카트만두 공항으로 마중 나온 네팔 사무실 긴급구호 사업 본부장의 말이다. 며칠 전까지 반군들이 카트만두 도시 외곽을 완전히 차단하고 정부군과 대치하느라 군사 계엄령이 내려졌다고 한다. 얼른 시계를 보니 1시 20분. 이 친구가 나를 호텔에 내려주고 다시자기 집으로 돌아가는 데 남은 시간은 딱 사십 분, 빡빡한 시간이다. 햇살이 눈부시게 쏟아지는 거리에는 총을 든 군인들의 무리가 삼엄한 풍경을 자아냈다.

그날 밤, 자다가 기절하는 줄 알았다. 새벽녘에 물을 마시러 일어나려는데 베란다 유리창 밖에서 시커먼 놈이 어슬렁대며 방을 들여다보고 있는 게 아닌가. 얼마나 놀랐는지, 순간 다시 누워 자는 척하면서 놈이 쳐들어올 때를 대비, 무기될 만한 게 없을까 둘러보았다. 그러나 손이 닿는 곳에 있는 거라곤 플라스틱 물병뿐. 낭패다. 여행할 때는 최루탄 가스총을 늘 옆에 두고 잤는데. 군기가 빠졌다.

'계엄령 때문에 손님도 없다는데 소리를 질러도 도와줄 사람이

없겠다. 저놈이 들어오면 베란다에서 뛰어내리는 수밖에……'

다행히 여기가 삼 층이니까 떨어져도 다리는 부러질망정 목숨에는 지장이 없을 거다. 조금 있으니 몸집이 좀 작은 두 놈이 합세를 했다. 망을 보는지 그놈들이 교대로 어둠 속에 나타났다가 사라지기를 반복했다. 저놈들 저렇게 뜸들이는 거 보면 초범임에 분명하다. 공격하려면 빨리할 것이지. 얼마나 긴장했는지 목 뒤가 뻣뻣해졌다. 이런 적과의 대치 상황이 실제로는 한 20~30분 정도였겠지만 내게는 일각이 여삼추였다. 그러던 중 마침내, 아침 동트기 직전의 어슴푸레한 빛 아래 그중 한 놈의 얼굴을 똑똑히 볼 수 있었다. 세상에. 그놈은 다름아닌 원. 숭. 이! 내 베란다가 호텔 근처 절간으로 음식 얻어먹으러 가는 길목이었던 것이다.

네팔 사무실은 신새벽 6시에 일과를 시작한다. 오후 2시부터 통행금지가 시작되기 때문에 오전 중에 모든 일을 끝내야 한다. 수도인 카트만두가 이 정도면 내가 가려는 서부 산악 지방 주물라는 훨씬 더하겠다 걱정했는데, 오히려 그곳은 반군이 거의 장악한 곳이라 덜 삼엄하다고 귀띔을 한다.

네팔 월드비전 회장과 사업 본부장 등 지도부가 한자리에 모여 우선 안전 브리핑을 들었다. 반군의 역사와 현재 진행 상황, 그들의 활동이 우리 사업에 미치는 영향과 대책, 그들을 대할 때의 기본 원칙들에 대한 설명이었다.

더불어 주물라에서 진행중인 사업과 이번 파견 근무 목적 및 기대에 관해 의견을 나누며 조율하였다. 최종적으로 합의한 네 가지 주요 내용은 다음과 같다.

1) 긴급구호 및 복구 사업 중 특히 식량 관련 사업을 수행한다.

2) 쌀 45만 6천 톤을 관리함으로써 물자 관리 훈련을 받는다.

3) 위 사업에 대한 종합 평가를 현장 진행하고 보고서를 작성한다.

4) 분쟁 지역 내에서 중립성과 독립성을 유지하는 능력을 향상시킨다.

주물라는 인터넷은커녕 유선전화도 없는 곳이란다. 전기는 원래 마을 발전기로 하루에 몇 시간 들어왔지만 그 발전소가 공격을 받아 당분간 개인 발전기에 의지할 수밖에 없다고 한다. 전기도 인터넷도 없는 7주간이라. 그런 세상이 어떤 세상일지 궁금하다. 답답할지, 편안할지……

일단 한국 사무실에 내 파견 근무 일정표와 비상시 연락할 방법을 보내고, 식구들과 친구들에게도 짧은 이메일을 보낸 후, 현지 직원 몇 명과 카트만두에 있는 한국 식당에서 돌솥비빔밥, 불고기 정식, 김치전 등을 배터지게 먹었다. 거기서 고추장 한 통과 한국 라면 다섯 개를 확보하고 나니, 전투 준비가 완료된 느낌이다. 자, 내일부터 산속으로 행군이다!

그런 비행기는 난생 처음이다. 카트만두부터 네팔간지까지 두 시간은 숨도 제대로 쉴 수 없는 황홀한 시간이었다. 창밖에는 히말라야 산맥 수십, 수백 개의 산봉우리들이 뭉게구름에 가려졌다 햇살 아래로 나왔다 하며 파노라마처럼 펼쳐졌다. 새파란 하늘을 이고 있는 하얀 봉우리들, 그 봉우리 주변을 감싸고 있는 뭉게구름. 마치 하늘을 마음껏 날아다니는 천사가 된 기분이었다.

그러나 다음 비행기는 황홀은커녕 공포 그 자체였다. 카트만두 직원은 주물라행 비행기가 예정대로 뜨는 날이 거의 없어 몇 날 며칠 공항에서 진을 쳐야 할지도 모른다고 했다. 하지만 그날은 운 좋게 기다린 지 겨우 일곱 시간 만에 20인승 비행기를 탈 수 있었다. 작은 몸집을 뽐내려는 것인가. 이 비행기, 산과 산 사이를 곡예하듯이 난다. 완전히 롤러코스터다. 어느 지점은 두 산의 간격이 너무 좁아서 양 날개가 닿는 건 아닌지, 또 어느 지점은 너무 산 가까이로 직진해서 정면으로 부딪치는 건 아닌지 걱정되었다. 이곳의 비행기는 한 달에 한 번 꼴로 사고가 난다더니 그게 뭔 소린지 이제야 알겠다.

오늘같이 맑은 날에도 이렇게 멀미가 나도록 요동치는데 비가 오거나 바람이 세게 불거나 비행사가 전날 술을 많이 마셨다거나 한다면 그날의 비행이 어떨지 불을 보듯 뻔하다. 게다가 비행기 자체도 러시아에서 수십 년 전에 폐품 처리한 중고 중에 중고 비행기란다. 비행기가 갑자기 기우뚱했는데도 같이 탄 사람들은 미동도 하지 않는다. 이 정도는 괜찮은 건가 보다. 내가 지금 하고 있는 걱정이 초행자의 기우이기만을 바랄 뿐이다.

관제탑만 우뚝 서 있는 썰렁한 공항에 도착했다. 짐이 많은데 차는 오지 않고 포터가 나와서 의아했는데, 알고 보니 읍내 전체에 자동차가 한 대도 없단다. 주물라에서 차가 다니는 도시까지 나가려면 꼬박 4일을 걸어가야 한단다. 선택의 여지가 없다, 걸어가는 수밖에. 조금 걸으니 숨이 차다. 여기는 이미 해발 3천 미터다.

가는 길이 멋있다. 마을 앞으로는 틸라 강이 그림같이 흐르고, 눈앞에 펼쳐진 논에서는 벼가 누렇게 무르익고 있었다. 그 사이사이에 무리지어 핀 하얀색, 분홍색 코스모스. 겉만 보고는 이렇게 외지고도 아름다운 곳이 긴급구호 현장이라고 누가 짐작이나 하겠는가.

도착 시간이 늦은 오후여서 곧바로 숙소로 갔다. 주물라 출신이 아닌 현지 직원들이 살고 있는, 통나무로 허름하게 지은 이층집이다. 마당에는 온갖 꽃나무가 피어 있어서 환영받는 기분이었다. 나는 이 층 방을 쓰기로 했다. 하루에도 수십 번 가파른 나무 계단을 올라다녀야겠지만 삼 면으로 커다란 창이 나 있어 마음에 든다. 게다가 언덕 위의 집이라 내 방에서 한눈에 마을이 보이는 것도 좋다.

방 안에 놓인 것이라고는 나무로 거칠게 만든 침대와 책상, 걸상이 하나씩. 간소해서 좋기는 한데 두 달 동안 살려면 내 식으로 방을 조금 꾸며야겠다. 내일은 시장에 가야지. 담요를 사다가 카펫 대신 방바닥에 깔고, 예쁜 무늬 천을 사서 커튼을 해서 달고, 침대보며 책상보도 만들어야겠다. 거울도 하나 사고, 나일론 줄과 옷걸이 몇 개를 사서 간이옷장도 만들어야지. 하루 종일 차 마시는 습관이 있으니 커다란 보온병도 하나 장만해야겠다. 참, 전깃불이 안 들어온다니 초도 넉넉히 준비하고 생쥐가 나온다니 쥐덫도 필요하겠다. 모기나 벌레도 많다는데…… 당장 필요한 모기약이나 초 등은 언덕 밑 가게로 사러 갈까 했지만 곧 통행금지라 하루만 참기로 했다.

:: 멋진 남자 라주 대령을 만나다

다음 날 아침에 난리가 났다. 장딴지, 허벅지, 등허리, 배, 목, 심지어는 얼굴까지 온몸이 홍역을 앓는 것처럼 울긋불긋하다. 뭔가에 물린 것이다. 약간 축축하고 청결치 않아 잘 때 께름칙했던 매트리스 안에 있던 벼룩과 빈대, 그리고 모기가 맹활약을 한 것이다. 거기에 개미까지 합세해서 물린 자국이 참 가지가지다. 한 줄로 죽 물린 자국, 이건 벼룩이다. 사방팔방 중구난방으로 문 것, 이건 빈대일 거다. 중심에 핵이 있고 주위가 동그랗고 빨갛게 부푼 것은 모기일 거고, 주위가 나뭇잎처럼 퍼져 있는 것은 개미가 분명하다. 신입 신고식 한번 요란하다.

두고 보자. 첫날은 무방비로 당했지만 매트리스를 땡볕에 말리고, 마른 풀을 태워 방을 구석구석 소독하고, 침낭에 좀약을 넣어 벌레 접근을 방지하고, 모기 안 물리는 약을 단단히 바르고 자는 등 철통 수비전과 모기약 살포, 손바닥으로 때려 잡기 등 총공격전을 함께 펼 테다.

바르면 하얗게 되는, 벌레 물린 데 쓰는 약을 얼굴에 잔뜩 바르고 첫 출근을 했다. 사정을 눈치 챈 현지 직원들이 이구동성으로 한 마디씩 한다.

"비차라(아이구 불쌍해라), 비차라!"

비차라. 첫날 신고식 덕분에 주물라에서 처음 배운 말이고 '나마스테(안녕하세요)'와 함께 가장 즐겨 쓰는 말이 되었다.

버짐이 퍼진 것 같은 얼굴, 여인의 아련한 향기 대신 물파스 냄새를 풀풀 풍기며 직원들과 상견례를 했다. 약 50명 정도 되는 현장 직원에게 어제 연습한 네팔 말로 인사를 했다.

"나마스테, 메로 남 한비야 호.(안녕하세요, 저는 한비야입니다.)머 콜야바트 아에게 후.(한국에서 왔습니다.)"

이 몇 마디에 모두 박수를 치며 좋아한다. 직원들과 일일이 인사를 하고 안전 브리핑을 받았다. 상황이 좋지 않다더니 역시 알아두어야 할 일이 많았다.

주물라의 현재 상황은 다음과 같다. 이곳은 이미 반군들이 읍내를 중심으로 반경 10킬로미터를 제외한 전역을 장악하고 있다. 따라서 우리가 식량 배분을 하고 있는 마을은 100퍼센트 반군 지역이다. 이들은 식량을 가져다주는 우리를 고맙게 생각하며 지금까지는 잘 협조하고 있다.

이 주일 전에 주물라 읍내의 읍사무소, 경찰서, 우체국, 감옥 등 주요 정부 건물 7개동에 대한 기습 공격이 있었다. 반군들의 정보가 얼마나 정확한지 다른 건물들은 털끝 하나 건드리지 않고 정부 건물만 파괴하고 퇴각했다. 다시 그믐이 되는 이 주일 후, 이곳의 정부군을 본격적으로 공격할 것이라는 소문이 있어 정부군이 병력을 3천 명 이상으로 늘리는 중이다.

읍내는 이미 군사기지화 되었고, 이 지역의 가장 중요한 결정권자는 도지사가 아니라 정부군 지휘관이다. 그래서 우리의 식량 배분 지역과 일자를 이 지휘관에게 허락받아야 한다. 정부군은 반군 지역 주민들에게 배분된 식량이 결국 반군들의 군량미가 될 거라고 생각하며 그다지 협조적이지 않단다.

지켜야 할 생활 수칙도 까다로웠다. 저녁 7시부터 대단히 엄격한 통금이 시작된다. 절대로, 다시 한 번 강조하는데, 절대로 저녁 7시 이후에 집 밖에 나가면 안 된단다. 심지어 마당도 안 된다. 반드시 집 안에만 있어야 한다. 숙소 맞은편 언덕 위가 파수대와 헬기 비행장을 갖춘 군사 기지라서 우리 숙소가 특히 잘 보이기 때문에 더 조심해야 한다. 비상시에는 사무실 지하에 있는 대피소로 몸을 숨긴다. 이곳에는 식수와 비스킷 등 비상 식량 3일 분이 늘 비축되어 있다. 만약의 경우 군용 헬기로 탈출하도록 되어 있지만, 여의치 않을 때는 본부에서 민간 헬기가 올 것이란다.

브리핑을 마치고 바로 읍장, 경찰서장 등 지역의 주요 인사들에게 차례로 인사를 하러 갔다. 브리핑에서 들은 것처럼 이곳에서 제일 중요한 인물은 군 지휘관이다. 그를 만나러 언덕 위의 병영으로 찾아갔다. 지휘관인 라주 대령은 신중하고 공정한 사람이지만 우리 입장을 설득하는 데는 굉장히 어려움이 있다는 사전 정보를 받았다.

'고집불통, 안하무인이라는 말이군.'

라주 대령과 모한 소령이 반갑게 맞이해주었다. 네팔 정부군은 공식적으로는 왕에게 충성하는 왕 호위군이라더니 응접실용 막사 안에 역대 왕들의 사진이 걸려 있었다. 얼마 전 존경받던 비렌드라 왕 일가가 피격당한 후, 선왕의 동생이 등극했는데 국민의 지지를 전혀 얻지 못하고 있다. 그런 왕을 위한 군대, 반군에게 밀리고 있는 무력한 정부군의 지휘관이 얼마나 권위적이며 궁색한 얼굴일까 했는데, 전혀 예상 밖이었다.

두 명의 지휘관은, 특히 군인 생활 25년째라는 라주 대령은 권위적이거나 궁색하기는커녕 부드럽고 확신에 찬 표정이었다. 얼굴만 그런 게 아니다. 유창한 영어를 구사하는 대령은 말투나 단어의 선택도 유순하고 정확했다. 유엔군으로 여러 나라에서 근무했다는 그는, 한국 사람이 이렇게 험한 곳까지 와서 인도주의적 활동을 해주어서 고맙다며 정부군이 도울 수 있는 것은 최대한 돕겠다고 약속했다.

그 말이 떨어지기가 무섭게 나는 치안 문제로 이 주일째 연기되고 있는 주물라 외곽 지역의 물자 배분 허가를 부탁했다. 그는 약간 놀라더니 모한 소령에게 즉시 관련 서류를 가져와보라고 명령했다.

다시 한 번 라주 대령의 얼굴을 찬찬히 보았다. 썩 잘생긴 얼굴은 아니지만 눈매가 서늘하고, 웃는 모습도 천진하다. 무엇보다도 함부로 할 수 없는 품위가 배어나왔다. 신기하다. 도대체 그 품위는 어디서 나오는 걸까? 군인이라는 직업이나 지휘관이라는 직책은 아닐 거다. 군 지휘관이라고 모두 라주 대령 같지는 않을 테니까. 사람의 품위를 결정하는 게 외적 조건 같은 하드웨어가 아니라는 건 확실하다. 그럼 답은 분명해진다. 결국 품위는 자기 존재에 대한 당당함, 자기 일에 대한 자부심, 통제력, 타인에 대한 정직함과 배려 같은 소프트웨어에서 나오는 거다. 이것이 없다면 왕이라도 전혀 품위가 안 날 것이고, 이것이 있다면 일개 농부라도 품위가 넘칠 것이다. 나는? 난, 아직도 멀었다. 저 소프트웨어가 대단히 탐나지만 하루아침에 얻을 수 없다는 것도 잘 알고 있다.

점심시간이 되었으니 같이 식사를 하자고 해서 기꺼이 그러기로 했다. 식판에 밥, 고기를 넣은 카레, 감자튀김과 계란프라이가 나왔다. 보통 네팔 사람들은 손으로 밥을 먹지만 외국 생활을 오래했다는 라주 대령은 어떨까 했는데 역시 손을 씻고 와 오른손으로 먹기 시작한다. 나도 따라 수저 대신 손으로 먹었더니 같이 있던 사람들이 놀라면서도 좋아하는 기색이 역력하다. 이번에도 세계 일주 할 때 많이 해보던 덕을 톡톡히 본다.

하여간 그 덕에 모두가 무장해제를 한 듯 화제가 갑자기 풍부해졌다. 식사 후 차를 마시면서 서로 나이를 묻게 되었는데, 나보다 세 살 위인 대령에게 당신은 양띠라서 유순한 거라고 했더니 나는 무슨 띠냔다. 개띠라니까. 원래는 개가 양을 돌보는 거지만 주물라에서는 역할을 바꿔 자기(양)가 나(개)를 돌보게 되었다며 맡은 임무를 충실히 하겠단다. 모두들 배꼽을 잡고 한바탕 신나게 웃었다.

"오늘 반갑고 즐거웠습니다. 서로의 업무에 방해가 되지 않는 한, 자주 뵙게 되길 바랍니다."

그의 손에는 지난 몇 주간 우리를 애태우던 배분 허가서가 들려 있었다.

"저도 재미있었습니다. 자주 오겠습니다."

숙소로 오는 길에 같이 갔던 직원들이 대령의 저런 얼굴은 처음 본다고 했다. 저 사람은 계엄중인 이 지역 전 주민의 생사여탈권을 가지고 있을 뿐 아니라, 그 사람 한마디에 우리의 모든 프로그램이 중지될 수도 있기 때문에 언제나 대하기가 살얼음을 딛듯이 조심스러웠단다. 앞으로 정부군과 일하기 편해지겠다며 좋아했다. 이들에게는 라주 대령이 하늘을 나는 새도 떨어뜨리는 사람이겠지만 나에게는 그저 품위를 갖춘 한 인간일 뿐이다.

나도 여기 있는 동안 이 대령하고 친하게 지내고 싶다. 그러나 정부군과 반군이 대립하는 분쟁 지역의 구호 요원이 정부군 지휘관과 필요 이상으로 가까이 지내는 건 바람직하지도 현명하지도 않은 처사다. 요원 수칙에도 그렇게 명시되어 있다. 마음에 드는 사람을 바로 코앞에 두고도 아껴서 만나야 하는 것, 이것도 구호 요원이 감수해야 하는 괴로움 중의 하나인가 보다.

:: 달콤한 중독

　다음 날부터 주요 업무 파악과 향후 계획에 들어갔다. 주요 업무는 물론 식량 배분이다. 지난해 12월부터 세계식량계획(WFP)과 함께 약 2만여 명에게 650톤의 쌀을 배분하고 있다. 무상 배분이 아니라 '푸드 포 워크(Food For Work)'라는 프로그램을 통해서다. 이것은 주민들이 자기 마을에 꼭 필요한 시설을 만들면서 임금을 식량으로 받는 프로그램이다.

　이렇게 하면 마을에도 도움이 되고, 가장이 도시로 일거리를 찾아 떠나지 않아도 되니 일석이조다. 또한 남녀를 불문하고 한 집에서 어른 한 명만 나가면 되니까 집에 남자가 없거나 아프더라도 가족들이 식량을 얻을 수 있다. 임금을 현금으로 바꿀 수 없는 식량으로 주어 남자 가장 마음대로 노름이나 술로 없애지 못한다는 것도 큰 장점이다.

　이곳은 산악 지역이라 길이 좁고, 강을 건널 다리가 없고, 홍수가 잦다. 이런 문제를 해결하기 위해 산길을 넓히거나, 다리를 놓거나, 관개수로를 만드는 일이 시급하다. 각 마을에서 자기 고장에 가장 긴요한 시설을 결정하면, 우리는 필요한 자재를 대고 공사에 참여한 사람들에게 식량으로 임금을 준다. 이렇게 하면 주민들은 필요한 시설을 얻게 되고, 우리는 주민들의 독립심과 자존심을 지켜주면서 식량을 배분할 수 있다.

　일주일 임금은 대략 40킬로그램짜리 쌀 한 포대. 여섯 식구 한 가족이 감자나 옥수수, 조 등과 섞어 먹으면 한 달 반 정도 견딜 수 있는 양이고, 보통 공사 기간이 2~3주 정도라 적어도 석 달 식량은 확보되는 셈이다. 이곳 주민들이 수확한 곡식으로 6개월 정도 버틸 수 있다니 적어도 1년에 9개월 치 식량은 해결되는 것이다. 그럼 나머지 3개월은? 고스란히 굶는 수밖에 없다는 것이 현지인들의 말이다.

그런데 네팔은 왜 이렇게 식량이 부족한 건가. 원래 산악 지역이라는 척박한 환경에다 반군 문제까지 겪고 있기 때문이다. 네팔은 50년 전부터 마오쩌둥 사상을 따르는 반군, 소위 마오이스트와 왕이 이끄는 정부가 날카롭게 대립하고 있는데, 2001년 왕족 일가 몰살 사건을 계기로 이 갈등이 더욱 악화되었다. 반군이라지만 마오이스트들은 놀랄 만큼 치밀한 행정 및 통치 체계를 갖추고 있다. 전국에 주민 투표로 선출된 지역대가 있고, 교육·보건·사회보장 체계를 갖추고 있으며, 2만여 명의 정예 군대도 있다. 네팔의 75개 행정 지역 중 세 곳만 빼고는 정부군보다 반군의 영향력이 훨씬 크다고 한다. 특히 중·서부 산악 지역은 읍내에서 30분만 나가도 정부의 행정력과 군사력이 전혀 미치지 못하고 있다.

주물라도 예외가 아니다. 그래서 정부군과 반군 사이에 낀 이곳 주민들만 죽어난다. 가장 심각한 문제가 바로 식량 부족이다. 1년 수확으로 반년도 살기 힘든데, 반군들에게 각종 명목으로 식량을 상납해야 한다. 더구나 최근 반군들이 '신발 끈 바싹 조여매기' 운동을 벌이며 한 집에 한 명씩 입대나 입당을 강요해, 한창 일할 젊은이들이 고향을 떠나면서 식량 부족이 심해지고 있다.

현장 조사차 내가 처음 찾아간 동네는 강을 건너 세 시간 정도의 거리에 있었다. 카스트 제도에서 가장 하층민인 불가촉천민 동네라서 그런지 주민들의 차림새도 아주 지저분하고 집들도 축사처럼 허름하다. 마을 앞에 추수를 앞둔 논이 펼쳐져 있지만 이 동네 50여 가구를 먹여 살리기에는 턱없이 부족해 보인다. 그래서 동네 주민들은 우리 식량 프로그램에 아주 적극적이다. 게다가 정부에서는 어떤 일에도 자기들처럼 낮은 신분은 끼워주지 않는데, 우리가 먼저 일하자고 제안한 것이 이들의 자긍심을 높여주었다.

마을에 들어서니 촌장과 현장 직원, 주민들까지 30여 명이나 나와 있었다. 내가 나타나자 그들은 일제히 합장을 하며, "나마스테" 인사를 한다. 촌장이 나서서 자기 집으로 가자며 손을 잡아끈다. 하지만 난 동네에서 제일 못 사는 집에 가보고 싶었다.

그 제일 못 사는 집에서도 사과가 한 접시 나왔다. 주물라의 사과는 조그맣지만 맛있기로는 네팔에서도 넘버원이다. 한 입 베어 물면 아삭 하는 소리와 함께 새콤한 꿀물이 흐른다. 열 명 가까운 집안 식구들이 노인이건 갓난아이건 하나같이 사과를 입에 물고 있었다. 사과를 진짜 좋아하는구나 했더니 덜 익은 사과를 먹으면 배도 덜 고프고 입맛이 떨어져 밥을 적게 먹어서 그러는 거란다.

딜리안이라는 이름의, 서른다섯 살 여주인은 비록 꼬질꼬질한 옷을 입었지만 눈에 번쩍 띄는 미인이다. 눈이 크고 얼굴이 갸름한 게 꼭 올리비아 핫세를 닮았다. 이 집 남편은 도시로 막노동을 하러 가고 아내 혼자서 졸망졸망한 아이 6명과 노부모를 모시는데, 텃밭 수준의 뒷밭이 전부라 그야말로 굶기를 밥 먹듯 한다. 이 집 아이들 서너 명은 영양실조 증상을 보였다. 아이들 눈 밑을 까보니 붉어야 할 눈 아래가 백지장처럼 하얗다. 피가 모자라는 것이다. 땅도, 배운 것도 없고 계급도 제일 낮은 젊은 엄마에게는 아무리 혼자 발버둥쳐도 벗어날 수 없는 가난의 굴레가 씌인 것이다.

이 동네에서는 소규모 수로를 짓는 공사가 진행 중인데 이 엄마도 하루도 빠짐없이 공사에 참여해 다음 주 월요일, 40킬로그램짜리 쌀 두 부대를 배분받는단다. 내가 일은 힘들지 않았느냐, 우리 직원이 잘 가르쳐주더냐, 배분되는 곡식의 양에 만족하느냐, 이 일을 하면서 뭐가 제일 어려웠느냐 등 여러 가지를 물었는데 답은 딱 한 가지로 돌아왔다.

"안 힘들었어요. 전혀 안 힘들어요. 제발 우리 동네에서 이 프로그램을 계속하게만 해주세요. 그러면 남편이 돌아올 때까지 아이들을 굶기지 않고 쌀강아지처럼 잘 키울 수 있어요."

예쁜 얼굴과 전혀 어울리지 않는 거친 손을 흔들며 간곡히 부탁하였다. 배분 받는 쌀이 80킬로그램이나 되는데 누가 가지러 올 거냐니까 의아한 얼굴로 이마에 머리띠를 두르는 시늉을 한다. 누구라니. 네팔 여자들은 저 이마로 100킬로그램을 지고 50리 길도 간다는데……. 쌀을 집에 가져오면 우선 솥단지가 넘치도록 아무 잡곡도 넣지 않은 하얀 쌀밥을 지어 배터지게 먹이겠다며 처음으로 이를 다 드러내고 활짝 웃는다.

아, 예쁜 저 얼굴. 우물쭈물 수줍어만 하던 사람이 마침내 지어보이는 저 환한 미소, 그 아름다운 미소를 다른 사람들에게도 보여주고 싶다. 그리고 할 수만 있다면 저 미소를 계속 지을 수 있게 해주고 싶다. 그렇게 하려면 저 친구의 소망처럼 우리 프로그램이 이 동네에서 계속되어야 하는데 애석하게도 현실은 그렇지가 않다. 한번 프로그램이 진행된 동네에서는 다시 하지 않는 것이 원칙이다. 아직 구호 식량이 미치지 못한 다른 마을과의 형평에 어긋나기 때문이다. 정말 안타깝다.

사실 이곳의 식량 배분 사업은 다른 나라에 비해 비용이 수십 배로 든다. 우선은 도로가 전혀 없어 배분할 쌀을 모두 비행기로 실어와야 하기 때문에 운송비가 어마어마하다. 소형 비행기가 한 번에 실을 수 있는 쌀의 양은 겨우 100부대. 배분하는 쌀이 총 2만 부대 정도니 운임료만 4억 원이다. 게다가 역시 비행기로 날라야 하는 철근, 시멘트 등 공사 자재는 도시보다 여섯 배나 비싸다. 그래서 전반적인 사업 비용이 천정부지지만 정작 돈을 제일 많이 낼 수 있는 미국과 영국의 원조는 받을 수가 없다. 최근 네팔 정부가 무슨 이유에선지 이들의 지원을 전면 거절하고 있어 구호 사업 자금이 절대 부족하다.

이렇게 어려운 재정 사정에 안전 문제까지 겹쳤다. 우선 프로그램의 안전 문제. 식량을 배분하려면 읍내에서는 정부군의 명령에, 현장에서는 반군의 결정에 따라야 하는 사정이다. 외줄을 타는 심정이 이럴까? 아주 사소한 실수에도 프로그램 전체가 중단될 수 있다는 심적 부담으로 매일 밤잠을 설칠 지경이다.

요원의 안전 문제도 간단치 않다. 물론 우리 단체가 정치적 중립인 구호 단체임을 양쪽 모두 인정하고 신변 안전을 약속했지만, 양편 모두 총과 탄약으로 중무장한 군인들이라 한시도 긴장을 늦출 수 없다는 것 또한 우리의 현실이다.

매주 월, 수, 금요일은 식량을 배분하는 날이다. 8시부터 시작인데 동이 트기가 무섭게 사람들이 몰려와 문이 열리기만을 기다린다. 우리 집 마당에서도 신새벽의 어둠 속에서 이빨만 하얗게 드러내고 나지막이 웃는 사람들의 모습이 보인다.

자세히 보면 남자고 여자고 모두 머리띠를 하나씩 가져와 배분받은 쌀부대를 이마로 져 나를 준비를 한다. 쌀 한 부대가 그렇게 가볍지는 않을 텐데도 파파 할머니건 열여덟 살 젊은 엄마건 베개를 들듯 사뿐히 들고 나가는 게 신기하다. 밥 먹을 생각만으로도 알 수 없는 힘이 솟는 게 분명하다.

나는 식량 배분 총책임자 훈련생으로서 창고에 쌀자루가 규정대로 잘 쌓여 있는지, 배분일까지 필요한 숫자만큼의 식량이 확보되는지, 주민들은 일한 만큼 정확히 식량을 받아 가는지, 배분 일에는 주민 소요 등 별 문제가 없는지, 식량을 다른 물건으로 바꾸지는 않는지 등을 총괄하는 일을 배우며 익히는 중이다. 어느 날은 너무 순조롭게 진행되어 식량 배분 일이 우습게 보이다가도 어느 날은 배분 단계마다 꼬이고 얽혀 내 혈압을 올린다.

새벽 댓바람부터 사람들이 몰려와 자기 마을이 명단에서 빠졌다며 항의해 알아보니 아직 공사가 덜 끝난 마을이었다. 조금만 기다리라며 달래서 보내고 한숨 돌리니, 곧 이어서 정부에 불만을 품은 주민들이 배분소 근처에서 돌을 던지며 소요를 일으키기 직전이었다. 동네 유지를 앞세워 가까스로 정리하고 돌아서니 이번에는 기다렸다는 듯 산처럼 쌓여 있던 쌀부대가 무너져 우리 직원이 깔리는 일이 벌어졌다. 얼마나 정신이 없었는지, 하루 종일 얼굴이 붉으락푸르락해서 다녔다. 게다가 오후 늦게 배분 장부 한 권이 없어져서 생난리가 났는데, 어이없게도 우리 집 요리사가 두툼하고 딱딱한 비닐 서류철이 도마로 쓰기 좋을 것 같아서 집에 갖다놓았단다. 앗, 내 혈압!

그러나 이런 저런 어려움에도 불구하고 웬만해서는 지치지 않는 이유가 있다. 소리 내어 말은 하지 않아도 사람들이 우리에게 보내는 따뜻한 눈빛, 수줍은 미소, 살짝 스치는 작은 손동작 하나에도 고마워하는 마음을 느낄 수 있기 때문이다. 이럴 때마다 내 마음은 한여름 아이스크림처럼 녹아내린다. 이처럼 늘 작은 것이 우리를 위로하고 감동시킨다. 언제나 작은 것이 우리를 괴롭히고 상처를 내는 것처럼……. 우리 요원들 모두 같은 마음일 거다. 이래서 긴급구호는 달콤한 중독이다.

:: 바람의 문에서 보내는 하루

'탁, 탁, 탁.'

주물라에서의 나의 일과는 남자 가정부 나렌드라의 장작 패는 소리로 시작된다. 그 소리는 앞으로 20분 후면 우유를 듬뿍 넣은 홍차를 마실 수 있다는 신호다. 얼른 일어나 세수하고 대충 옷을 입은 후 앞마당으로 나간다. 새벽 6시, 마을이 훤히 내다보이는 마당에서 예쁜 아침을 맞는다. 아직 완전히 밝지 않아 푸른색을 띤 해발 4천 미터급 산들이 사방에 병풍처럼 둘러 있다. 아랫마을에서는 밥 짓는 하얀 연기가 피어오르고 어디선가 일찍 깬 새들이 즐겁게 지저귀는 소리가 들린다. 마당 가득 피어 있는 갖가지 모양과 색깔의 꽃들이 이제 막 봉우리를 펼치려는 시간, 이 시간은 내가 하느님과 은밀히 만나는 시간이기도 하다.

그날의 성경구절을 읽고 묵상을 한 후 기도를 하고 있으면 나렌드라가 뜨거운 밀크티와 사과 한 접시를 가지고 나온다. 달콤하고도 따뜻한 차 한 잔의 온기와 향기가 쌀쌀한 새벽 공기로 약간 곱아진 손과 몸에 당장 엔도르핀을 불어넣는다.

그때쯤이면 부지런한 윗마을 사람들은 벌써 가축을 몰고 꼴을 베러 오고, 산 중턱에 사는 사람들은 아랫마을로 일하러 내려온다. 돌산을 깨서 그 등짝만한 돌을 이마로 지고 산 밑으로 옮기는 어린 여자아이, 남자아이 들도 지나간다. 우리 집 꽃나무 울타리 앞을 지나가는 사람마다 "나마스테" 아침 인사를 건네면, 바로 "나마스테" 수줍은 인사가 되돌아온다.

매일 새벽 6시부터 8시 반, 이 시간은 나에게 너무나 소중한 시간이다. 두 시간 반 동안 나는 그날의 기분에 따라 묵주신공을 바치든지, 기도하고 싶은 사람 한 명 한 명을 호명하는 호명기도와 중보기도를 하든지, 기도할 무드가 아니면 책을 읽든지, 그것도 아니면 일기를 쓴다. 특히 이때는 글이 참 잘 써진다. 마치 누군가 불러주는 걸 그냥 받아쓰는 것같이 술술 써지는 게 신기하다. 실제로 주물라에서는 일기장으로 두꺼운 대학 노트 한 권을 다 쓰고도 모자랐다. 아무리 생각해보아도 모두 고품질 아침 명상 시간 덕이다.

8시 반이 지나면 언덕 밑 초등학교로 등교하는 아이들의 떠드는 소리가 들리고, 우리 직원들이 하나 둘 출근하기 시작한다. 이때쯤 되면 이미 햇살이 너무 눈부셔 더 이상 마당에 앉아 있을 수가 없다. 그러면 집 안으로 들어가 홍차를 한 잔 더 마시고는 나도 출근 준비를 한다. 그런 날 보고 나렌드라가 눈을 치켜뜨며 소리를 지른다.

"왜 아침밥은 안 먹는 거예요?"

"도대체 내가 뭘 만들어주어야 먹겠냐구요?"

"밥 대신 사과랑 당근만 먹는 사람이 세상에 어디 있어요?"

나렌드라의 잔소리를 뒤로 하고 한 줄 오솔길을 따라 사무실로 간다. 업무 시간은 9시부터 6시까지. 일을 방해하는 건 전기다. 마을 발전소를 공격당해 자체 발전기를 쓰는데, 그 소리가 어찌나 시끄러운지 온 동네가 쩌렁쩌렁할 지경이라 아침 두 시간만 쓰기로 했다. 그 사이 컴퓨터와 디지털카메라 배터리를 충전하고, 프린트와 복사도 빨리빨리 해야 한다.

마을이 한눈에 보이는 이 층 내 사무실에서는 아침마다 15분간 각 부서장 회의가 진행된다. 업무 파트별로 전날 업무 보고를 하고 그날의 일을 서로 점검한다. 그리고는 각자의 업무로. 이 지역에서 우리 단체는 식량 배분과 함께 이동 보건소 및 직업 훈련소 운영, 그리고 소자본 창업 지원 등의 일도 하고 있다. 금요일 오후에는 전 직원 미팅이 있다.

나는 월, 수, 금 오전에는 식량을 배분하고, 화요일이나 목요일 오전에는 공항에서 비행기로 실어온 쌀부대가 우리 창고까지 잘 운반되는지 관리 감독하고, 일주일에 한 번은 사업 마을을 방문해 현장 조사를 한다. 오후에는 사무실에서 서류를 정리하거나 방문한 외부 손님들을 맞거나 보고서 작성 등 볼 일을 본다. 하루 종일 전화 한 통, 팩스 한 통, 이메일 한 통이 없다. 위성전화가 있지만 수신 상태가 몹시 나빠 일주일에 두 번만 카트만두 본부와 연결되어도 대만족이다. 처음엔 몹시 불편할 것 같았는데 천국이 따로 없다. 일의 집중도가 100퍼센트다.

그렇게 일하다 눈이 아프거나 싫증이 나면 옥상으로 올라간다. 거기서는 언제든 잘생긴 산과 아랫마을을 볼 수 있고 파란 하늘의 하얀 뭉게구름도 볼 수 있어 눈과 마음이 단박에 시원해진다. 윙윙, 전깃줄 사이로 바람이 지나가는 소리가 나면 이제 오후가 되었구나 한다. 주물라는 지형상의 특징으로 정오부터 해 질 때까지 바람이 몹시 분다. 맞바람을 맞고는 걸을 수 없을 정도로 세다. 그래서인지 주물라는 이름의 뜻이 '바람의 문'이란다. 덕분에 빨래는 무지 잘 마른다.

뉘엿뉘엿 해가 지면 아무리 중요한 일이 있어도 저녁 7시 5분 전까지는 집에 들어가 있어야 한다. 나렌드라도 퇴근을 한다. 2년 전부터 시작된 공포의 통행금지. 현지인인 나렌드라가 무서워하는 걸 보면 뭔가 굉장히 엄격한 거다. 덕분에 한 숙소를 쓰는 현지 직원들과 아주 친하게 지낸다. 이동 보건소 의사 2명을 포함, 모두 7명이다.

매일 밤 모두들 촛불 아래서 밥을 먹고 화덕에 둘러앉아 밀크티를 마시며 이런저런 얘기를 두런두런 나누는데, 그 저녁 시간이 얼마나 정겨운지 모른다. 밖에 비라도 오는 날이면 차 대신 사과주가 한 잔씩 돌아간다. 부엌 지붕 플라스틱 차양으로 증폭된 빗소리가 무척 크게 들리고, 신입 직원의 진로부터 연애 상담을 거쳐 네팔의 앞날과 세계의 평화에 이르기까지 온갖 화제로 이야기꽃을 피운다. 이때 빠지지 않는 것은 그날 마을에서 돌고 있는 소문. 신문도 라디오도 텔레비전도 없는 곳에 '카더라 통신'은 요긴한 정보원이다. 이렇게 두 시간 정도 노닥거리다 보면 그날에 할

당된 초가 다 타버리고 모두 자기 방으로 흩어진다. 나는 11시 정도까지 촛불 아래서 글을 쓰거나 책을 읽다 기도를 드린 후 잠자리에 든다. 보통 때도 맞은편 병영에서 주기적으로 비치는 밝디밝은 서치라이트가 단잠을 방해하지만 어느 때는 달이 너무 밝아 잠을 이룰 수가 없다. 반달도 밝은데 보름달이면 어떨까 상상이 가지 않는다. 하기야 주물라의 달과 구름은 이 세상에서 제일 밝고 깨끗할 거다. 차가 한 대 있기를 하나, 공장이 있기를 하나, 에어컨이 있기를 하나, 게다가 사방이 울창한 산이니 얼마나 공기가 맑고 깨끗할까. 별도 아주 많다. 다만 창밖으로 내다보아야 하는 게 아쉬울 뿐이다.

아무튼 통금 덕분에 내 평생 처음으로 매일 밤 11시에 자고 아침 6시에 일어나는 규칙적인 생활을 하고 있다. 이곳에서 반년 동안 잘 잠을 두 달 만에 다 자버릴 것 같다. 웬 호강인지 모르겠다. 덕분에 일주일 만에 피부가 얼마나 좋아졌는지, 반질반질 삶은 계란같이 부드럽고 야들야들하다. 눈빛도 초롱초롱, 옛날 내 별명이었던 초롱이로 다시 돌아갔다.

주말에는 직원 집에 가거나 근처 경치 좋은 곳으로 먹을 것을 싸 가지고 놀러 가기도 하고, 학교 운동장에서 열리는 군인들의 축구 시합을 보러 가기도 한다. 동네 시장을 한 바퀴 구경하기도 하고, 힌두사원을 기웃거리기도 하고, 기분이 나면 직원들을 위해 한국식 볶음밥과 계란국을 만들어주기도 한다.

라주 대령이 사람을 보내 정중하게 초대한 점심을 몇 번 거절하다가 더 이상 구실을 댈 게 없어 병영으로 두세 번 점심도 먹으러 갔다. 어느 날은 갔더니 나를 아침마다 본다며, 어제는 파란 티셔츠에 까만 바지를 입고 오렌지색 가방을 들고 가더라나. 내가 놀라서 어떻게 알았냐고 했더니 망루를 가리킨다. 허락을 받고 올라가 망원경으로 보니 세상에, 숙소와 사무실이 손바닥 손금 보이듯이 환히 보이는 게 아닌가. 하여간 갈 때마다 대단히 재미있고 점점 화제가 풍부해진다. 한번은 세계 일주 얘기를 하다가 저녁 7시가 넘어가는 줄도 몰랐다. 다행히 총지휘관의 직권으로 모한 소령과 무장 군인 6명에게 내 호위를 명령했다. 무사히 숙소로 돌아오긴 했지만 그런 모습은 반군들이 보면 절대로 안 되는 장면이다.

:: 사람은 밥을 먹어야 한다!

주물라에서 고맙고도 웬수 같은 사람은 당연히 나렌드라다. 나에게 큰소리치는 유일한 사람인데, 이제 겨우 스물두 살이지만 결혼을 해서 아이도 있다. 숙소에 묵는 직원들의 세 끼 밥과 집 안 관리를 맡아 하는데, 고집이 보통이 아니다. 첫날 이름을 가르쳐주자마자 '비야 툴루디디(큰누나)'라고 부르며 살갑게 대하기는 하지만, 우리 큰언니처럼 어찌나 내 일거수일투족을 감시 및 관리 감독하는지 시어머니가 따로 없다. 특히 본인이 너무나 중요하게 생각하는 아침밥을 소홀히 한다고 아침마다 내게 잔소리를 퍼붓는다.

이렇게 들들 볶는 '나렌드라 시어머니'가 무섭긴 해도 몇 십 년 동안 아침밥을 안 먹던 버릇을 어떻게 하루아침에 고치나. 게다가 메뉴는 기름을 잔뜩 넣은 볶은밥, 야채볶음, 기름 범벅으로 튀긴

닭고기까지! 정말 난 때려 죽여도 아침에 그렇게 기름진 거 못 먹는다.

아침밥뿐만이 아니다. 이 친구가 신봉하는 절대불변의 진리는 '사람은 매 끼 밥을 먹어야 한다'다. 나렌드라는 아주 가난한 마을의 가난한 집에서 태어나 1년에 한두 번밖에 밥을 먹지 못했기 때문에 그게 얼마나 중요한지 잘 안다고 했다. 그래서 매일 히말라야 같이 밥을 해놓고 우리들을 '사육'한다. 많이 안 먹으면 막 째려보고 난리난리다.

게다가 야채는 가난한 사람이 먹을 것이 없어 먹는 거라며 하루도 거르지 않고 고기 반찬을 해준다. 난 고기보다 야채가 좋다고 해도 말을 안 듣는다. 야채 중에서 딱 하나, 아주 가끔씩 사오는 게 콜리플라워다. 그게 제일 비싼 야채거니와 전에 있던 영국 직원이 즐겨 먹어 외국인은 다 그걸 좋아한다고 굴뚝같이 믿고 있다. 끼니마다 이렇게 먹으니 일주일도 되지 않아 벌써 질리기 시작한다. 아, 새콤달콤한 한국의 도라지무침이여, 김치찌개여, 콩나물국이여, 떡볶이여!

한번은 참다못해 아침밥 먹으라고 안 하면 하루에 15분씩 영어를 가르쳐주겠다니까, 잠깐 솔깃해한다. 나렌드라는 전에도 외국인 직원 식사 담당을 했던 덕에 영어 단어를 약 100개 정도 알고 있는데, 단어의 응용력이 대단히 뛰어나 그걸 가지고 못 하는 말이 없다. 황우석 박사의 줄기세포 연구에 관해서도 너끈히 설명할 수 있을 거라 믿어 의심치 않는다. 그러나 영어를 조금만 더 잘 하면 가정부보다 좀더 나은 취직자리가 분명히 있을 거다. 잔소리 근절 차원이 아니라 인력 양성 차원에서 이 친구의 영어 과외 선생을 자처해야겠다.

그런데 이 잔소리꾼의 '만행'이 이것뿐이라면 내가 말을 안 한다. 한번은 한 숙소를 쓰고 있는 직원들이 모두 이동 보건소에 파견 근무를 나가느라 3일간 나 혼자 지낸 적이 있었다. 그 첫날 나렌드라가 퇴근하면서 집 대문을 밖에서 잠그는 소리를 들었다. 놀란 내가 얼른 이 층으로 올라가 창밖으로 소리쳤다.

"어머머, 왜 바깥에서 문을 잠그는 거야?"

"씨큐리티!(안전 제일!) 대문을 자물쇠로 잠가놓아야 나쁜 놈들이 집 안으로 못 들어가죠."

그러고는 자기 집으로 휙 가버렸다. 허걱! 그러면 난 어떻게 되는 건가. 내일 아침 나렌드라가 올 때까지 꼼짝없이 집 안에 감금이다. 다음 날 아침, 만에 하나 불이라도 나면 어떻게 할 뻔했냐고 짐짓 목소리를 높이니까 나를 빤히 쳐다보면서 하는 말.

"내가 장작불 불씨 다 죽이고 가는데 집에 불이 왜 나요?"

말도 안 된다는 표정이다. 이그, 정말 못 말려!

이런 엉터리도 아침 영어수업에는 얼마나 진지한지 전날 배운 표현을 복습할 때는 한 번도 틀린 적이 없다. 일주일에 한 번씩 단어 30개를 구두로 시험 보는데 볼 때마다 100점이다. 분명 하루 종일 연습하며 외웠을 게다. 영어 쓰는 법을 알면 훨씬 빨리 배울 텐데 아무리 꼬드겨도 그건 아주 심드렁하다. 그렇게 고집을 부리는 걸 보면 분명 나름대로 '거창한 이유'가 있을 거다.

알고 보니 고집불통 나렌드라는 이 일을 해서 버는 쥐꼬리만한 월급으로 자기 식구들은 물론 어린 동생들 공부까지 시키는 장한 친구다. 작년에 돈 벌러 인도에 가서 잡부 노릇을 하며 온갖 고생을 했지만 차 떼고 포 떼고 나니 1년간 모은 돈이 겨우 30달러, 우리 돈으로 3만 원이었단다. 이제 자기는 아이도 있는 아버지니 다시는 어떤 일도 인간 이하의 대접을 받으면서는 하지 않겠다는 전의를 불태우고 있다. 기특하다. 이 친구의 각오에 뭔가 도움을 줄 수는 없을까.

그러다 나렌드라의 아내가 시장에서 장사를 하고 싶어한다는 걸 알았다. 여기는 읍내라 실, 바늘, 거울, 비누 같은 것이 잘 팔린단다. 좌판 밑천을 대주고는 싶지만 아무런 이유 없이 돈을 줄 수가 없어 나름대로 일을 꾸몄다. 나렌드라를 보러 온 부인에게 나는 아주 깔끔한 사람이라 이불도 매주 빨아야 하고 옷도 매일 갈아입어야 해서 빨랫거리가 많다, 근데 내가 어떻게 맨날 개울가에서 빨래를 하겠느냐, 당신이 내 빨래 좀 해주면 안 되겠느냐, 빨래해주는 값으로 일주일에 500루피씩 7주간 3,500루피를 미리 가불해줄 테니 좌판을 한번 마련해볼 테냐, 라고 말했다. 깜짝 놀라는 그녀의 어린 얼굴에 미소가 피어올랐다.

"근데 한 가지 부탁이 있는데 들어줄래요?"

"뭐든지요."

"제발 남편한테 아침밥 먹으라는 잔소리 좀 하지 말라고 해줘요."

그렇지 않아도 집에 와서 맨날 그것 때문에 내 흉을 본다며 물어본다.

"그런데 도대체 왜 아침밥을 안 먹는 거예요?"

눈꼬리를 있는 대로 치켜뜨고 한 대 칠 기세다. 정말 그 남편에 그 부인이다.

:::: "애썼다" 한 마디면 족하옵니다

눈을 들어 산을 보아라. 너의 도움이 어디서 오나?

천지 지으신, 너를 만드신 야훼께로다.

네 발이 헛디딜까, 야훼 너를 지키시며 졸지 아니하시리라.

너를 지키시는 자는 졸지도 잠들지도 아니하신다.

야훼는 너의 그늘, 너를 지키시는 자는 항상 네 오른편에 서 계시어

낮의 해와 밤의 달도 너를 해치지 못하리라.

야훼께서 너를 모든 재앙에서 지켜주시고 네 목숨을 지키시리라.

떠날 때부터 돌아올 때까지 너를 지켜주시리라.

이제로부터 영원히 너를 지켜주시리라.

– 시편 121편 –

사방이 산으로 둘러싸여서일까, 아침 기도는 언제나 시편 121편 '순례자의 노래'로 시작하게 된다. 한 달이 넘었는데도 질리기는커녕 소리 내어 외울 때마다 온몸이 찌릿찌릿하다. 이곳은 이미 해발 4천 미터, 하늘이 가까워서인지 기도가 참 잘 된다. 내 기도를 드리는 것뿐만 아니라 하느님이 내게 무슨 말씀을 하시려는가도 귀 기울여 듣게 된다. 그분은 아침, 저녁 만나면서도 만날 때마다 반갑고 새롭다. 기도가 끝날 때쯤은 아쉽기까지 하다. 이렇게 나는 그분과 매일 조금씩 가까워지고 있는 중이다.

하느님, 당신을 진심으로 사랑합니다.

이 아침, 이렇게 기도 드릴 수 있게 해주셔서 감사합니다. 당신의

말씀이 적혀 있는 성경책, 그리고 자연이라는 성경책을 한꺼번에 보여주셔서 감사합니다. 제 가족, 제 친구들, 제 팀원과 전 직원들의 건강을 지켜주셔서 감사합니다. 무엇보다도 저를 평화의 도구로 써주셔서 정말 감사합니다.

하느님, 이 아름다운 네팔을 지켜주시기를 부탁드립니다. 또한 우리 나라와 아시아, 나아가 전 세계의 평화를 위해서 기도하오니 부디 간청하는 우리의 목소리를 기억하여주시기 바랍니다.

그동안 저를 세계 곳곳에 보내셔서 많은 것을 보고 많은 사람들을 만나게 하셨습니다. 그런데 정말 이상합니다. 왜 저같이 부족한 사람에게 이토록 좋은 기회를 주시는 건가요? 왜 저를 택하셨을까 정말 궁금합니다. 제가 얼마나 허술한지 누구보다도 잘 아시면서 계속 일을 맡기시니 몸 둘 바를 모르겠습니다. 그러니 하느님, 제가 힘은 부족하지만 있는 힘을 다하겠습니다.

그러나 제 힘만으로 할 수 있는 일은 단 하나도 없다는 것, 잘 알고 있습니다. 저는 무조건 하느님한테 딱 달라붙어 있어야 해요. '나는 포도나무요, 너희는 가지로다'라는 말, 한시도 잊지 않으면서요.

컴퓨터가 아무리 최신 성능과 온갖 기능을 갖추었다 하더라도 전깃줄을 통해 전기가 들어오지 않으면 그저 네모난 쇳덩이에 불과한 것처럼, 저 역시 제 에너지의 원천인 당신과 단단하게 연결되어 있지 않으면 아무것도 아니니까요.

하느님, 저의 재능도 건강도 시간도 모두 당신께 받은 것이니 제 것이 아니옵니다. 제 생명 역시 제 것이 아니옵니다. 바라옵고 원하옵기는 저의 모든 것으로 당신의 이름을 가리는 일이 아니라, 기리는 일을 위해 쓸 수 있도록 해주시옵소서.

당신의 평화의 도구로서, 기쁨과 충만함과 함께 고난과 시련도 있을 것이라 각오하고 있습니다. 그러나 당신이 시키는 일이라면, '저요 저요, 제가 할게요'라며 기꺼이 하겠습니다. 맡기신 일이라면, '이런 것쯤, 괜찮아요'라며 아무리 힘들어도 즐겁게 하겠습니다.

하느님, 제가 당신을 위해 무엇을 하오리까? 저를 온전히 바치오니 준비하신 대로 쓰시옵소서. 순종하겠나이다. 저는 당신의 "애썼다" 그 한마디면 족하나이다.

이 모든 말씀 우리 주 예수 그리스도의 이름을 통하여 비나이다.

아멘.

:: 죽거나 혹은 까무러치거나

시골 마을 현장 방문을 가게 되었다. 명색이 오지 여행가인 나도 주물라 정도면 망설임 없이 오지로 쳐주는 곳이건만, 더 산골에 사는 사람들은 이런 곳도 뉴욕이나 서울보다 번화하고, '없는 거 없이 다 파는' 세계의 상업 중심처럼 여기고 있다. 네팔이 오지 '나라'라면, 주물라는 오지 '지역'이고, 이 지역에서도 제일 오지, 그야말로 '오지의 제일 끝동네'가 바로 우리가 지금 가려는 마을들이다.

주물라 읍내부터 걸어서 최소한 4일은 걸리는데, 시골 마을 20여 곳을 직접 방문하여 현황 조사, 사업 평가 및 보고서 작성을 하게 된다. 방문 기간은 10일. 같이 가는 5명에 나렌드라도 끼여 있다. 나렌드라는 이번에 식사 및 장비 담당 외에 현지 코디라는 중책을 맡았다. 가려는 지역이 그의 고향이기 때문이다. 나의 적극적인 추천으로 가정부에서 임시 직원으로 한 단계 신분 상승을 한 셈이다. 영어 공부도 계속할 수 있으니 더욱 잘됐다.

이곳 직원들은 한 번도 국제 기준에 맞추어 사업 평가를 해본 적이 없었다. 그래서 관련 내용에 대해 차트와 도표까지 정성껏 준비해 떠나기 직전 이틀 동안 특강을 했다. 이런 교육에 목말랐던 직원들의 반응은 역시 진지하고도 뜨거웠다. 출장 준비로 정신없이 바쁜 와중에도 이런 교육을 한 것은, 나도 예전에 어디서부터 시작해야 할지 몰라 막막할 때 누군가의 아주 작은 도움이 문제 해결의 실마리가 되곤 했기 때문이다. 몇몇 현장에서의 내 경험이 충분하거나 완벽할 리는 없지만 그 일천한 경험이 그 일을 처음 해보는 누군가에게는 어떻게든 보탬이 될 거라고 믿는다. 게다가 여태껏은 피교육자였는데, 교육자로서 현지인 역량 강화에 일조를 했다는 점도 뿌듯하다. 현장 방문을 끝낸 후에 다시 한 번 마무리 교육을 하기로 약속하고 길을 떠났다.

떠나는 날 아침, 약간의 문제가 생겼다. 며칠 전부터 온 마을에 흉흉한 소문이 돌았다. 마오이스트들이 다음 주에 주물라 읍내를 공격할 것인데, 이번에는 치고 빠지는 게릴라전이 아니라 대대적인 교전을 벌여 아예 주물라를 접수할 거라는, 그 확인되지 않은 소문이 카트만두까지 전해졌나 보다. 이 주일 후 우리와 공동 평가 작업을 하기로 했던 유엔과 세계식량계획 사업 평가단의 방문이 무기한 연기되었다는 소식이 온 것이다. 우리 현장 방문도 뒤로 미루어야 하는지를 지도부와 논의한 끝에 예정대로 진행하기로 했다. 언제 해도 해야 하는 일이고, 나 또한 떠나기 전에 직원들에게 약속한 교육을 해주고 싶었기 때문이다.

각자의 침낭과 갈아입을 옷, 손전등, 땅콩 같은 간식, 비상약, 그리고 갖가지 서류 등을 꾸려 길을 떠났다. 월드비전 로고가 들어 있는 모자나 티셔츠는 물론 깃발까지 준비했다. 지금 가는 반군 지역에서는 우리 로고가 바로 안전 보장증이라고 한다.

한 30분쯤 북쪽으로 가니 이건 완전히 딴 세상이다. 다리 이편에 총을 든 정부군이 있는데도 다리 저편 반군의 검문소에서 우리의 출입을 통제한다. 월드비전이라니까 반가워하며 무사 통과시킨다. 검문소를 지나니 반군 지역에 들어왔구나, 실감이 났다. 여기서부터는 아무도 우리의 안전을 책임져줄 수 없다. 우리 안전은 오로지 우리가 지켜야 하는 것이다. 긴장된다.

방문했던 20개 마을의 사정은 대동소이했지만 산속으로 들어갈수록 사는 게 더욱 형편없다. 땅이 더 척박해서 1년 농사를 지으면 3~4개월분 식량밖에 나지 않는데 그것도 쌀이 아니라 옥수수나 콩, 조 등의 잡곡이다. 그래서 거의 한 집에 남자 한 명씩은 읍내나 다른 도시에서 날품을 팔아보지만 턱없이 부족하다. 깊은 산속 마을에는 약초나 귀한 버섯 등을 캐서 읍내에 파는 사람들도 있는데 이 무지한 시골 사람들을 어떻게 속이는지 말도 안 되는 가격을 받고 팔아 살림에 큰 도움이 되지 않는다. 염소나 소, 말 등이 있는 집은 그래도 낫다. 특히 말은 훌륭한 운송 수단으로, 읍내를 오가는 사람들에게 빌려주고 임대료로 옥수수나 다른 농산물을 받는다.

이런 형편이니 아이들을 학교에 보내는 일도 버겁거니와 가족 중에 누가 다치거나 아프거나 하면 고리로 빚을 내는 수밖에 없다. 그래서 집집마다 많은 빚이 있다. 이렇게 보잘것없는 살림인데, 지역 반군들에게 소출의 일부를 상납까지 해야 한다. 소문에는 반군들이 아직 익지도 않은 옥수수의 개수나 사과 수를 일일이 세어 기록해 두고, 수확기에 주민들이 제대로 상납하는지 체크를 한다고한다.

이 지역은 수년 전부터 정부군은 얼씬도 못 하는 반군 지역으로, 붉은 바탕에 노란 별이 그려진 마오이스트 기가 꽂혀 있는 집이 많다. 당원이 산다는 표시다. 우리가 어느 집에 묵어도 그날 저녁에는 반드시 그 동네에서 최고로 높은 당원이 방문해 적어도 한 시간 이상 마오이스트 이념에 대해 열변을 토한다. 이런 당원은 보통 삼십대 초반의 아주 깔끔한 차림인데, 교사 등 동네 인텔리란다. 이들의 특징은 머리를 짧게 깎고 옆구리에 두꺼운 공책을 끼고 다닌다는 것, 그리고 할 말이 무진장 많다는 것. 나야 외국인이라 네팔 말 못 알아듣는다는 핑계로 도중에 빠져나올 수나 있지, 우리 직원들은 꼼짝없이 매일 밤 한 시간씩 벌을 서야 한다. 어느 동네에서는 세를 과시하기 위해 장총을 든 보디가드까지 동원한 당원도 있었는데, 피곤한 우리 직원들에게 핏대를 세우며 새벽까지 정신 무장 교육을 시키기도 했다. 정말 맨날 무슨 사상 교육인지, 살 수가 없다.

주민들은 마오이스트(여기서는 마오바디라고 한다)를 경계하며 조심한다. 당원이 아닌 사람들끼리 얘기할 때는 거의 귓속말 수준으로 소곤소곤하고, 혹시라도 누가 들을까 주위를 두리번거린다. 우리를 만능 박사로 여기며 태양열 안테나, 맹장염까지 고쳐달라는 순진한 시골 사람들이지만 마오바디 관련 질문을 하면 아주 두려워한다. 후환이 무서워 무조건 아무 문제없다고 하는 사람들이 많았지만 우리가 배분한 식량의 일부를 마오바디에게 바쳐야 한다는 등 이곳 상황을 용감하게 말해주는 사람들이 없었다면 사업 평가 자료는 엉망이 되었을 거다. 나렌드라의 눈부신 주민 설득 작업 덕분이기도 했다.

물론 마오바디들이 잘 하는 일도 있다. 이른바 사회 개혁이다. 그랬으니까 10년 만에 전 국토의 대부분을 차지했겠지. 악덕 지주나 고리대금업자들을 응징하여 부채 원금을 탕감하고, 만민 평등을 외치며 카스트 제도 철폐에 앞장서고, 가난한 가정의 아이들도 교육을 받게끔 하고, 여자들을 때리거나 생리 때면 축사에서 자게 하는 지독히 가부장적인 관습을 금하고, 남자들이 술을 못 마시게 하고 포커나 노름을 못 하게 한다. 포커 하다 걸리면 카드를 잘게 찢어서 먹게 한단다. 한마디로 마오바디들이 주장하는 것은 신분 제도와 왕정을 타파하여 만민 평등한 사회를 이룩, 능력껏 일하고 공평하게 분배하자는 거다.

이번에 현장 방문 조사를 계획하면서 가장 우려했던 것은 방문 마을에 대규모 반군 집회가 있으면 어쩌나 하는 거였다. 이런 집회는 정치적으로 아주 중요한 것이라 반드시 우리를 부르는데, 만약 참석하지 않으면 자기네 권위를 무시한다고 여겨 그곳에서 일을 하지 못하도록 만든다. 내가 주물라에 오기 전 이 주일 동안 식량 배분을 못한 이유도 우리 직원이 강압에 못 이겨 참석한 반군 집회 때문이었다. 그냥 앉아 있기만 했는데 정부군 끄나풀이 밀고를 해서 사업이 일시 중단된 것이다. 참석하면 정부군이, 안 하면 반군이 우리 프로그램을 못 하게 할 것이 뻔하니, 진퇴양난이다. 그러니 어쩔 것인가. 대규모 집회와 맞닥뜨리지 않는 것이 상책이랄밖에. 그러나 드디어 올 것이 왔다.

산속에 들어온 지 일주일째 되는 날 늦은 오후, 설문조사지를 정리하고 있는데 전령이 찾아와서 한 장의 통지문을 전했다.

'내일 오전 10시부터 학교 운동장에서 교육 정책에 관한 열린 토론회가 있을 예정이니 반드시 참석해주시기 바랍니다. 특히 우리 지역에 오신 첫 번째 한국인에게 집회 개회 때 격려의 한 말씀을 부탁드립니다. 이상. 인민 해방군 당원 아무개.'

맙소사! 한순간 우리 팀원들의 얼굴이 새하얗게 변했다. 정중하게 써서 마치 내키지 않으면 안 가도 될 것 같지만 실상은 절대로 빠져나갈 수 없는 덫이다. 이 일을 어쩌면 좋단 말인가. 게다가 개회 인사까지. 그렇게 했다가는 정부군이 우리 식량 배분 프로그램 전체를 전면 중지시킬 것이다. 나라도 그렇게 하겠다.

같이 갔던 5명이 몇 시간 동안 야반도주를 하자는 등 머리를 짜냈지만 뾰족한 수가 나오지 않았다. 그런데 순간 좋은 꾀가 떠올랐다.

"이렇게 하죠. 오늘 저녁으로 닭을 세 마리 잡아달라고 해요. 그리고 배터지게 먹는 거예요. 나는 특별히 기름진 부위를 먹고 찬물을 마시면서 어떻게든 배탈을 낼게요. 그러면 개회 연설을 안 해도 되잖아요."

"일부러 배탈을 내요? 그냥 말로만 배탈이 났다고 해도 되지 않을까요?"

놀란 일행이 묻는다.

"아니오. 내가 병이 나서 참석 못 한다고 하면 분명히 꾀병으로 의심해서 뒷조사를 할 테니, 확실히 해야 해요."

지금 학교 운동장에는 3백 명이 모인 집회가 한창이다. 여느 공산당 행사처럼 수십 개의 붉은 기가 걸려 있고, 사람들이 둥글게 모여 앉아 열변을 토하는 단상 위의 젊은이에게 일제히 박수를 보내고 있다. 우리 직원들은 혹시 있을지도 모르는 정부군 *끄나풀*을 의식해 적극적으로 참석했다고 볼 수 없을 정도의 거리에 앉아 있다. 그 시간 나는 운동장이 빤히 내다보이는 숙소에서 위경련에 시달리고 있다. 덕분에 '한 말씀' 하지 않아도 됐지만 일정을 이틀이나 늦춰야 했다. 설사를 예상했는데 뜻밖에 위경련이다.

아, 주기적으로 찾아오는 이 쥐어짜는 듯한 고통. 한번 경련이 나면 허리를 구부린 채 데굴데굴 구른다. 신음소리를 내면 조금 덜 아픈 것 같다. 이마로, 앞가슴으로, 등줄기로 식은땀이 강물처럼 흘러내리면 경련은 잠시 소강 상태가 된다. 그때 얼른 일어나 물을 마시고 볼일도 본다. 그러고는 또 쥐어짜는 듯한 고통.

이그, 미련 곰탱이, 머리는 어디다 두고 몸으로 때우고 있나. 그래도 내가 자초한 일이니 누구를 탓하리오. 어쨌든 '배탈 작전' 성공으로 모두 한시름 놓게 되어 다행이다. 나렌드라는 평소와 달리 잔소리 한마디 없이 흰 죽을 쑤어오고 뜨거운 차를 끓여오고 배에다 올려놓을 따끈한 수건을 만들어 온다.

"툴루디디 비차라.(불쌍한 큰누나.)"

나렌드라의 살가운 병간호가 눈물겹다.

:: 딱 15분만 만날 수 있다면

올 추석은 위경련 덕분에 예상보다 오래 묵게 된 한 시골집에서 그 가족과 함께 보냈다. 이 집은 일 층은 축사, 이 층은 방과 부엌, 삼 층은 곡식이나 호두, 마늘 등을 말리고 보관하는 창고인 전형적인 시골 흙집이다. 층과 층 사이는 통나무에 홈을 내서 만든 사다리로 이어놓았다. 맨몸으로 다니기도 가파른 이 사다리를 이 집 여자들은 무거운 물통이나 짐을 이고도 잘도 오르내린다.

이 집에는 할머니와 결혼한 아들 내외 두 쌍, 손자 손녀 5명, 그리고 미혼의 아들 한 명이 함께 살고 있다. 막내를 낳자마자 혼자 되셨다는 일흔 전후의 할머니는 명실공히 왕할머니다. 새벽부터 밤까지 할머니의 한마디에 가족 모두 일사불란으로 움직인다. 곳간 열쇠 등 각종 열쇠를 목걸이처럼 만들어서 늘 지니고 다니며 집 안의 실세임을 과시할 뿐만 아니라 아들이나 손자들이 조금만 눈에 거슬리는 행동을 해도 욕과 동시에 당장 머리통에 손이 올라가는 폭력 할머니이기도 하다.

우리 일행들도 그 카리스마에 눌려 짐짓 무서워하는 척하니 좋아하신다. 그러나 아파 누워 있는 나에게는 어찌나 사근사근 대해주시는지, 꼭 우리 외할머니 같다. 내일이면 이 집을 떠나야 하는 밤, 그날은 우리 겨레의 명절 추석이었다.

할머니한테 오늘 밤은 아주 특별한 날이라 옥상에서 달을 보며 밤을 새겠다고 했더니 그럼 자기도 함께 있어주겠단다. 저녁을 먹은 후 이부자리 일체를 가지고 옥상으로 올라갔다. 할머니는 마오바디 몰래 만든 막걸리 비슷한 밀주 한 병과 호두 말린 것을 가지고 오셨다.

와아! 파란 동쪽 하늘에는 세상에서 가장 크고 노란 달이 둥실 떠 있었다. 하늘 아래 첫 동네이자 오지 마을 끝동네인 이곳의 달빛은 은은하기는커녕 야구경기장 야간 라이트를 몽땅 켜놓은 것처럼 눈이 부실 지경이었다.

'이번 추석은 이렇게 네팔에서 맞는구나.'

1987년 미국 유학 때부터 외국에서 공부하거나 여행하거나 일하느라 지금까지 친형제들의 결혼식을 비롯한 집안 대소사에 거의 참석하지 못하며 지냈다. 연말연시, 엄마 아버지 기일, 내 생일은 물론 식구들과 꼭 같이 있고 싶은 추석 같은 명절 때도 나는 이렇게 외국에서 고아처럼 혼자서 보내는 일이 흔하다. 보통 때는 일이 바빠서 쓸쓸하다고 느낄 틈도 없이 씩씩하게 지나가는데, 오늘처럼 아프고 달까지 밝은데 식구들과 전화 한 통 못 하고 혼자 지내야 하는 건 정말이지 피하고 싶다. 보름달을 쳐다보다 나도 모르게 눈물이 주르르, 흘러내렸다. 옆에 계시던 할머니가 내 눈물을 보시고 아무 말 없이 내 어깨를 껴안아주신다.

"식구들 생각나지?"

"네."

"누가 제일 보고 싶은데?"

"엄마, 아버지요. 이제는 볼 수 없거든요."

"걱정 말아. 내가 이제 곧 하늘나라로 가면, 비야 엄마 아버지를 만나서 비야가 얼마나 그리워하는지 잘 전해줄게."

고개를 끄덕였다. 산속이라서 그런가, 오늘은 산을 좋아하셨던 아버지가 유난히 보고 싶다. 아버지와 함께했던 어린 시절 기억의 대부분은 산이 배경이다. 자주 산에 데리고 다녀 나를 산다람쥐로 만들어주신 아버지, 산에 갈 때마다 손수 맛있게 밥을 해주셨던 아버지⋯⋯. 어느 날 산 정상에 선 내가 말했다.

"와, 높다. 세상이 다 보이네."

그러자 아버지가 자상하게 일러주셨다.

"세상에서 제일 높은 산은 저기 먼 나라에 있는 에베레스트야. 여기보다 훨씬 높지."

"얼마나 높은데요?"

"8,848미터."

"여기는요?"

"한 500미터쯤 될까?"

"와, 거기 올라가면 세상이 진짜 다 보이겠네요? 나도 올라갈 수 있어요?"

"물론 올라갈 수 있지."

그 제일 높은 산이 있는 곳이 바로 여기 네팔이다.

같이 보냈던 시간은 단 15년이지만 우리 아버지는 늘 내 마음속에 살아 계시다. 아버지와 딱 15분만 만날 수 있다면 얼마나 좋을까. 만나면 우선 세상 사람들에게 이분이 바로 우리 아버지라고 뻐기면서 자랑하고 싶다. 그리고는 눈을 마주 보고 내가 아버지를 얼마나 사랑하는지, 얼마나 그리워하는지 말해주고 싶다. 나를 이렇게 천방지축으로 키워주셔서, 어린 나를 늘 북돋아주셔서 고맙다는 얘기를 꼭 하고 싶다. 그리고 약속하고 싶다. 나도 아버지의 멋진 딸이 되어 아버지가 하늘에서 마구 뻐기게 해드리겠다고. 적어도 부끄럽게는 해드리지 않겠다고.

:: 초라한 화분에서도 꽃은 핀다

현장에서 이틀이나 늦게 나온 덕분에 주물라 업무 마무리를 남은 닷새 동안 다 하느라 정신이 하나도 없었다. 그동안 마을의 발전소가 복구되어 전기가 다시 들어와서 얼마나 다행인지. 밤새도록 컴퓨터를 쓸 수 있게 되었다. 현장 조사에서 얻은 기초 자료를 토대로 보고서 및 차기 사업 제안서를 만들고, 그것을 바탕으로 약속했던 대로 현지 직원들에게 사업 평가에 대한 교육을 실시하고, 시험도 보았다. 이렇게 일하는 사이사이 짐도 싸야 하고 신세졌던 동네 유지들에게도 작별인사를 해야 했다.

겨우 숨쉴 시간이 생긴 떠나기 전날 오후, 직원들이 정성 어린 네팔식 파티를 열어주었다. 우리 집 마당에 임시 부엌을 차려서 솥단지가 넘치도록 밥을 하고, 양을 잡고, 계란을 삶고, 감자를 튀겼다. 선물로 꽃 목걸이 세 줄과 이 동네 특산 양모 판초를 받았다. 글 쓸 때 두르고 쓰라면서……. 나렌드라는 오후 내내 내 눈길을 피하면서 손님 수발을 든다, 솥뚜껑을 열어본다 하며 공연히 바쁜 척을 했다.

떠나는 날 새벽 비행장에 라주 대령이 나와 있었다. 반가웠다. 전날 병영에 작별인사를 하러 갔을 때, 대령이 자리를 비워서 모한 소령에게만 형식적인 인사를 대신 전하고 왔기 때문이다.

"좀더 친해질 수 있었는데, 좀 섭섭해요. 이유야 잘 아실 테지만……."

내가 악수를 청하며 말했다.

"물론 잘 알고 있었습니다. 그래도 아직 친해질 시간은 많이 있잖아요. 앞으로 자주 연락하며 지냅시다."

그러며 이메일 주소를 주고받았다. 실제로 그곳을 떠난 이후에는 자유롭게 연락하며 주물라 때보다 훨씬 친하게 지내고 있다. 가장 최근 소식으로는 이 대령이 유엔 평화유지군으로 곧 콩고로 떠날 예정이란다. 그곳도 긴급구호 현장인데, 혹시 나도 그곳에 가게 되면 다시 만날지도 모르는 일이다. 우리의 인연이 어떻게 이어질지 자못 궁금하다.

카트만두로 돌아오는 즉시, 거의 두 달 만에 기다리고 기다리던 이메일을 체크했다. 체크할 메일 중에는 중요한 공적 메일과 반가운 사적 메일도 많지만 귀찮은 스팸 메일도 만만치 않았다. 하나하나 지우고 있는데 '축하드립니다.♡YWCA'라는 제목이 보였다. 하트가 있는 걸 보니 분명 뭔가 쓸데없는 것에 당첨되었다는 스팸메일이라고 생각하고 지우려는 순간, YWCA라는 것이 마음에 걸려 속는 셈 치고 열어보았다.

아니, 그런데 이게 웬일! 내가 2004년 'YWCA 젊은 지도자 상'을 받게 되었다는 것이다. 상금도 1천만 원이란다! 세상에 이런 일이! 젊은 지도자라니! 놀랍고도 민망하다. 맹세코 나는 내가 지도자라고 생각해본 적이 단 한 번도 없다. 오히려 자칭 타칭 지도자라는 인물에 대해 매우 냉소적이다. 표리부동에, 언행불일치에, 이기기만 하면 된다며 온갖 반칙을 범하는 수많은 자들을 지도자라고 도저히 인정할 수 없다. 그런데 나더러 지도자라니, 큰일 났다. 지도자란 무엇을 하는 사람인가에 대해서 생각해본 적도 없는데. 아, 한 번 있었구나.

지난 봄에 베란다의 화분을 정리할 때의 일이다. 꽃봉오리가 맺혀 있지 않은 화분을 다 버리려니까 옆에 있던 큰언니가 미처 올라오지 못한 게 있을지도 모르니 며칠만 더 두고 보자고 했다. 그런데 글쎄 이 주일 만에 베란다 가득 꽃들이 활짝 피어나는 게 아닌가. 저걸 버렸으면 어쩔 뻔했나. 그러나 그때 어떻게 알 수 있었을까. 이파리만 남아 있는 화분에 그렇게 예쁜 꽃이 숨어 있을지…….

그러나 눈 밝은 사람은 알아볼 수 있을 것이다. 어느 싹이 앞으로 크고 소담스러운 꽃을 피울지, 또 어느 한철 자기 혼자 피었다가 지는지, 피고 나서 많은 씨를 맺어 널리 퍼뜨릴 수 있는지.

그때 초라한 화분 안에서 활짝 핀 꽃을 보는 것이 바로 지도자가 아닐까 생각했다. 지금 피어 있는 꽃을 알아보는 것은 누군들 못 하랴. 눈에 보이는 것이 아니라 그 사람의 잠재력을 보고 밀어주는 사람. 이미 가지고 있는 것의 합산으로 사람을 보지 않고 그가 가질 수 있는 모든 가능성의 합산이라고 믿어주는 사람이 지도자일 거다. 그 가능성을 발견하면, 어린 싹일 때는 비바람을 막아주고 물도 주는 사람. 그러다 어느 정도 자란 후에는 시련을 이기며 혼자 크는 모습을 뒤에서 응원하는 사람. 이런 사람에게 '찍히는 건' 정말 일생일대의 행운이 아닐 수 없다.

개인적으로 내게도 이런 은인들이 계시다. 한 분은 우리 양아버지, 또 한 분은 월드비전 오재식 전 회장님이시다. 지금도 궁금하다. 전 세계를 돌아다녔을 뿐, 업무 능력이 하나도 검증되지 않은 사람에게서 도대체 무엇을 보셨기에 긴급구호 팀장이라는 중책을 맡기셨을까. 나중에 듣기로는 나의 영입을 반대하는 사람들도 많았다는데 그런 부담까지 안으면서 나를 택하신 이유는 무엇이었을까? 내가 물어보면 오 회장님은 늘 싱긋이 웃으며 대답하신다.

"싹이 보이던걸. 그러나 한 선생 부디 겸손하시오. 아직도 갈 길이 머니까."

나는 오 회장님의 선택이 옳았다는 것을 증명해 보이기 위해서라도 열심히, 더 열심히 일할 거다. 그래서 이런 말씀, 꼭 듣고 싶다.

"한 선생, 참 잘했소이다. 자랑스럽소이다."

그런데 이제는 내가 우리 양아버지나 오 회장님처럼 '싹 있는 사람'을 찾아야 할 때가 된 것이다. 그분들이 내게 했듯 이제는 내가 누군가에게 날개를 달아줄 차례가 된 것이다.

내일이면 네팔을 떠난다.

이곳에 온 제일 큰 목적은 물자 배분 훈련과 실습이었는데, 일을 배웠을 뿐 아니라 가르치기도 했으니 목표 달성이다. 그리고 일 외에 산을 실컷 걸은 것, 일기를 많이 쓴 것, 깊은 기도를 드린 것, 많은 사람들을 만난 것도 그에 못지않은 수확이었다.

돌아보니 이번에도 좋은 인연을 많이 만들고 간다. 잔소리꾼 나렌드라, 멋있는 라주 대령, 올리비아 핫세처럼 예쁜 얼굴의 딜리안, 내 그리움을 엄마 아버지에게 전해주겠다던 왕할머니, 그리고 내 혈압을 올리기도 하고 마음을 녹이기도 했던 주민들……. 10년 전 트래킹 포터 덕분에 시작된 네팔과의 정겨운 인연은 이번에도 이렇듯 풍성하게 영글고 있다.

모두모두 다시 만날 때까지, 나마스테!

STOP THE KILLING

1 이봐, 내 올리브 숲을 돌려줘.
2 점령은 게임이 아니다.
3 이렇게 손잡고 평화롭게 살았으면······
4 팔-이 문제의 핵심은 검문소와 정착촌, 그리고 분리장벽.

세계의 화약고

팔레스타인·이스라엘

그동안은 평화롭게 같이 살았는데 갑자기 왜 전쟁이 일어나고
관계가 급속도로 나빠진 것일까? 사람들은 말한다.
이건 이스라엘의 유대교와 팔레스타인의 이슬람교 간의 대립이라고.
현장에 가보면 이 문제는 종교와는 아무 상관이 없다는 걸
금방 알 수 있다. 또한 양측 누구도 종교 때문이라고 말하지 않는다.
이 문제에 관한 어떤 협상이나 합의에도 종교가 언급된 적이 없다.
내가 만난 팔레스타인인들 가운데 유대교인이 밉다고 말하는 사람은
단 한 명도 보지 못했다. 그들에게 총을 겨누고 삶을 파괴하는
이스라엘 군인들을 미워할 뿐이다.

얼마 전 인터넷 검색을 하다가 배꼽을 잡고 웃었다. 《세계가 100명의 마을이라면》을 패러디한 '세계가 한 학급이라면'이라는 유머인데, 작금의 국제 역학관계를 아주 잘 나타내고 있었다. 그대로 정규 교과서에 실으면 일부러 공부하지 않아도 머리에 쏙쏙 들어올 텐데. 그 '학급'의 주요 '학생'을 간추려보면 이렇다.

이라키 >>> 중간 동네에서 진짜 잘나가던 애였는데 미국이가 아즈라엘 편을 들어주면서 틀어졌음. 미국이가 이웃집 이란이를 혼내줄 때는 친했으나 중간 동네 대장 자리를 노리자 미국이한테 팽당했음. 요즘은 미국이가 심심할 때 두들겨 패는 샌드백 신세다.

아즈라엘과 빨레스타인 >>> 교실 중간 자리가 옛날에 자기 자리였다고 원래 앉아 있던 빨레스타인을 마구 쥐어패고 그 자리를 꿰차고 앉았음. 반장하고 막역한 사이라서 눈에 뵈는 것이 없음. 머리가 좋고 독특한 정신세계를 가지고 있음. 중간파 열 몇 명과 일대 다수로 싸워 이겨 학교의 전설로 남았다.

북한이 〉〉〉 키는 작아도 깡과 자존심은 엄청나게 강해서 반장한테도 마구 대듦. 남한하고는 일란성 쌍둥이. 요즘에는 '핵'이라는 무시무시한 방귀탄을 들고 반 전체를 협박. 때문에 반장인 미국이랑 유엔 담임선생님이 가정방문을 하려 했으나 배 째라며 버티고 있다.

남한이 〉〉〉 반장하고는 친한 편이지만 동생(북한이) 때문에 눈치 보고 있음. 예전에 동생 북한이하고 코피 터지게 싸웠는데 (알고 보니 반장 미국이와 당시 부반장 소련이를 대신해서 한판 붙었다고 함) 요즘도 '배 째라' 동생 때문에 바람 잘 날 없다.

미국이 〉〉〉 학급 반장. 공부 진짜 잘함. 싸움은 더 잘함. 집안도 갑부라서 반 아이들이 설설 김. 하지만 반의 사소한 일에까지 참견해서 욕을 많이 먹고 있음. 그래도 어쩔 수 없음. 건들면 죽음이니까. 최근에 한 친구(이라키)가 제대로 걸려서 개 패듯이 두들겨 패고 있다.

유엔 〉〉〉 담임선생님. 미국이네서 촌지 받은 거 때문에 싫어도 미국이 말을 잘 들어줌. 최근 미국이가 말 안 듣고 방자하게 굴어도 가만히 놔둬서 권위가 땅에 떨어지고 있음.

특히 아즈라엘과 빨레스타인 학생 대목이 압권이다. 이 유머를 보니 더욱 궁금해진다. 전학 온 아즈라엘이 어떻게 빨레스타인을 내쫓고 교실 중간 자리를 차지했는지, 반장 미국이는 왜 아즈라엘 편만 드는지, 왜 다른 친구들은 빨레스타인 편을 들어주지 않는지, 담임선생님은 도대체 뭘 하고 있는지.

지난해 11월, 팔레스타인해방기구(PLO)의 지도자 아라파트가 사망했을 때 나도 빈소가 있는 팔레스타인 라말라에 있었다. 조문을 간 것은 아니고 난민촌 내 학교 건축을 위해서였다. 보통 이스라엘인의 교육열만 뜨겁다고 알고 있지만 팔레스타인인의 교육열은 뜨겁다 못해 끓어오른다. 대부분 하루 2천 원 미만으로 살아가는 가난한 난민촌 사람들이 구호 단체에게 최우선적으로 바라는 것은 식량도 옷도 아닌 학교 건립이다.

이웃 나라에서 힘겨운 난민 생활을 하는 사람들의 교육 수준도 매우 높아 중동 지역 교사 중 팔레스타인 출신이 많다고 한다. 요르단, 시리아, 이라크 등지에서 흔하게 만날 수 있는 팔레스타인 난민들은 바로 눈앞에 두고도 돌아갈 수 없는 고향을 몹시 그리워하고 있었다. 마치 우리 나라 1천만 실향민이 그런 것처럼.

그들이 목놓아 그리워하면서도 가지 못하는 팔레스타인을 나는 세 번이나 다녀왔다. 한 번은 여행자로, 두 번은 구호 단체 직원으로. 자치구를 돌아보면서 확실히 알게 되었다. 이 지역의 문제가 단순히 팔레스타인과 이스라엘 양국 간의 문제가 아니라 중동, 나아가 세계 평화와 직결된 문제라는 것을. 이 지역의 별명은 '세계의 화약고'. 만약 제3차 세계대전이 일어난다면 바로 이곳에서 터질 거라는 극단적인 예언에 고개가 끄덕여진다.

제3차 세계대전이라……. 만에 하나 이 전쟁이 난다면, 이곳이 먼 나라라고 해서 한국에게 아무런 영향도 주지 않을까. 그건 아닐 것이다. 사우디아라비아 왕의 죽음 하나로 우리 나라 유가가 이렇게 출렁이는데……. 그래서 이 지역 문제의 핵심을 잘 아는 것이 중요하다. 나 역시 팔레스타인과 이스라엘의 문제를 대단히 막연하고 복잡하게만 느꼈는데, 몇 번 이곳을 다녀오고 나니 그 문제의 핵심이 보이기 시작한다.

기본적으로 구호 단체 직원은 경제·사회·정치·국제적 약자의 편이다. 그래서 여태껏 강자의 입장에서 쓴 책이나 그 입장을 대변하는 언론에서 보고 듣던 것과는 다른 관점에서 문제를 볼 수밖에 없다. 물론 '호전적인 주위의 아랍 국가들에게 존재를 위협받는' 이스라엘이라는 표현도 전혀 틀린 말은 아니다. 그러나 구호 요원으로서의 내 눈엔 미국이란 최강자를 등에 업고 약자인 팔레스타인을 함부로 대하는 이스라엘이 더 불편한 존재로 보인다. '닮고 싶은 나라 이스라엘'에 익숙한 사람들에게는 생소한 관점일 것이다. 하지만 그동안은 한쪽 얘기만 많이 들었으니 다른 쪽 얘기를 들어보는 것도 도움이 될 것이다. 그래야 정보의 균형이 맞을 테니까.

:: 우리를 모욕하고 괴롭히려는 것뿐이죠 - 검문소

구호 단체 직원으로 처음 그곳에 갔을 때 요르단 - 이스라엘 국경에서 불쾌한 일을 당했다. 내 여권에 아프가니스탄, 파키스탄, 이란 등 온갖 중동 국가의 비자가 있으니 의심스러웠던 모양이다. 아니나 다를까. 출입국 관리소의 군인은 가타부타 말도 없이 세 시간 동안 기다리게 하더니 거의 한 시간 이상 집요한 심문과 철저한 짐 수색을 했다. 범죄자를 추궁하는 양 고압적인 말투와 몸짓이었다. 이런 태도에 내가 최소한의 권리를 주장하며 항의하자 담당 군인이 눈을 부라린다.

나중에 보니 팔레스타인에서 일하는 구호 단체 요원들 중 이와 비슷한 일을 당하지 않은 사람이 없었다. 알몸 수색을 당했다는 사람도 여러 명 만났다. 다음 해 두 번째 방문 때에도, 같은 국경에서 똑같은 일을 당했다. 두 번 다 내 항의에 대한 이스라엘 측의 답은 같았다. 보안 때문이란다.

이스라엘에서 팔레스타인 지역으로 들어가는 검문소도 미니 국경이었다. 팔레스타인 자치구인 가자지구로 들어갈 때 또 무려 다섯 시간을 기다렸다. 역시 무례한 태도로 일일이 짐을 꺼내 검사하더니 내 일용할 양식인 '3분 카레'와 '3분 짜장'을 압수했다. 폭발물이 될 수도 있다면서. 여기서도 이런 과도한 검문 검색의 이유는 보안. 난 그나마 외국인이라고 봐준 거였다.

팔레스타인인을 대하는 이스라엘 군인의 태도는 차마 눈 뜨고 볼 수가 없었다. 땡볕에서 몇 시간씩 무작정 기다리게 하는 건 보통이고, 심지어는 진통중인 임산부조차 통과시켜주지 않아 그 자리에서 아이를 낳고서도 응급조치를 받지 못한 경우도 있다고 한다.

문제는 큰 도로에 있는 이런 검문소뿐만이 아니다. 이스라엘 군인들은 아무 곳에나 콘크리트로 저지선을 만들어놓고 사람들의 이동을 철통같이 통제한다. 사람들 앞에서 발가벗겨놓고 검문을 하는 건 예사고, 운이 나쁘면 영문도 모른 채 잡혀 가서 감옥에 몇 개월씩 갇혀 있어야 한다. 이런 모욕을 당하면서도 팔레스타인 사람들은 매일 검문소를 지나야 한다. 학교와 직장을 가야 하기 때문이다.

검문소에서 만난 한 팔레스타인 아저씨는 이렇게 말했다.

"저들은 우리를 모욕하고 괴롭히려는 것뿐이에요."

이스라엘 군인은 하루 종일 팔레스타인 사람들을 세워놓았다가 조사도 안 하고 한꺼번에 다 통과시키기도 하고, 폭발물을 수색한다고 몇 시간이나 붙잡아놓고는 정작 가방도 열어보지 않는단다. 초를 다투는 앰뷸런스도 예외는 아니다. 검문소를 통과하느냐 못하느냐, 죽느냐 사느냐는 순전히 그날 검문을 하고 있는 이스라엘 군인의 기분 하나에 달려 있는 셈이다.

팔레스타인은 크게 예루살렘, 서안지구(웨스트뱅크), 가자지구의 세 지역으로 나뉘는데 이 지역 내에는 약 170여 개의 검문소가 있다. 특히 가자지구는 수십 곳의 상설 이스라엘 검문소를 거치지 않고는 마음대로 이동할 수 없는 거대한 감옥이다. 예컨대 팔레스타인 사람들에게 검문소란 이런 거다. 어느 날 내 집에 낯선 사람이 들어와 이제 이 집은 자기 집이라고 한다. 그러면서 인심 쓰듯 이 집에서 계속 살게는 해주겠지만 안방에서 건넌방, 부엌, 어디를 가든지 자기 허락을 받아야 한다는 것과 같다.

그런데 중요한 것은 국제법상 팔레스타인 자치 지역 안에 이런 이스라엘 검문소를 설치하는 것 자체가 완전히 불법이라는 사실이다. 전쟁이 끝난 점령 지역 안의 자치권을 일단 인정하면 점령군 측 검문소를 설치할 수 없기 때문이다.

:: 탱크에 뭉개진 할머니의 올리브 숲 - 이스라엘 정착촌

　팔레스타인을 다녀온 후로 나는 흰 벽에 붉은색 지붕만 봐도 마음이 섬뜩하다. 유대인 정착촌 집들이 그렇게 생겼기 때문이다. 정착촌이란 전 세계에서 온 유대인들이 이스라엘 정부로부터 정착금을 받아 팔레스타인 자치지역 안에 모여 사는 동네다. 이 정착촌이야말로 팔레스타인 문제 해결을 어렵게 하고 중동의 평화, 나아가 세계 평화를 깨뜨리는 주범 중의 주범이다.

　이 땅에는 수천 년 동안 유대인과 팔레스타인인들이 평화롭게 공존하고 있었다. 하지만 약 60년 전 이스라엘이 영국과 미국의 도움으로 팔레스타인에 들어가 국가 수립을 선포하면서 문제가 발생했다. 이스라엘과 아랍 국가의 전쟁이 끝난 후인 1967년, 이스라엘은 예루살렘 성지를 다시 찾자며 예루살렘의 팔레스타인 지역 내에 정착촌을 짓기 시작했다. 그러면서 그곳에서 살고 있던 팔레스타인 사람들을 강제로 추방하고 땅을 몰수했다.

　그 후 5년 동안 정착촌은 4백 개로 늘어났고, 이 때문에 고향을 등져야 했던 팔레스타인 난민의 수는 공식적으로 250만 명, 비공식적으로는 무려 4백만 명에 이른다. 지금 이들은 이웃 나라인 요르단, 레바논, 시리아 등에 흩어져 살고 있다. 이 때문에 팔레스타인은 자기 나라에서 사는 인구보다 다른 나라에서 난민으로 사는 인구가 훨씬 많은 이상한 나라가 되어버렸다. 이스라엘은 이스라엘과 아무런 연고가 없는 아프리카 유대인들에게까지 막대한 지원금을 주며 귀향을 종용하고 있다. 하지만 이곳이 수천 년간 고향이었고 얼마 전까지 여기서 살던 팔레스타인 사람들의 귀향은 철저히 금지하고 있다.

하여간 이스라엘은 귀향민을 팔레스타인 동네에 정착시키고, 정착민을 보호한다는 명분 아래 군대를 주둔시키고, 정착민용 도로를 따로 냈다. 이 관통 도로는 유대인 정착민의 안전을 보장하는 동시에 이스라엘 내에 있는 직장으로 쉽게 이동할 수 있도록 만든 것인데, 팔레스타인 사람들은 얼씬도 하지 못한다. 이런 도로를 만드느라 그 동네에 오랫동안 살던 팔레스타인 주민들의 생활 터전은 깡그리 없어지고 있다.

수천 명도 되지 않는 정착민을 위한 땅을 확보하느라 수백만 명의 팔레스타인 주민들의 생존권은 완전 무시당하는 것이다. 생각해보라. 평생 올리브를 키우고 그 열매를 따서 생활해온 할머니가 어느 날 대대로 내려오던 올리브 숲이 이스라엘 탱크에 무참히 깔아뭉개지는 걸 보는 그 심정을 말이다. 또한 물이 부족한 이 지역에서 정착민들이 상수원의 물을 몽땅 끌어다 쓰고 수영장까지 만드는 바람에 식수가 절대적으로 부족해져, 그곳 주민들은 살기가 더 어려워졌다.

그뿐만이 아니다. 일단 정착촌이 생기면 주변의 팔레스타인 마을들은 밀려나다가 반대편에서 확장해오는 또 다른 정착촌 사이에 끼여 축소된다. 이 정착촌과 다른 정착촌이 연결되면서 그 사이에 끼인 마을은 외부와 단절된 섬처럼 고립되어 결국 그곳에서 살 수가 없게 된다. 이렇게 반강제로 내쫓긴 사람들이 난민이 되는 것이다. 집과 일거리를 하루아침에 잃고 이웃 나라의 난민촌에서조차 환영받지 못하는 신세로 전락한다.

내가 요르단에서 만난 팔레스타인 난민 가족의 인생 유전은 참으로 안타까웠다. 그는 20년 전 이스라엘 정착촌에 밀려 이라크로 떠났는데, 이라크에 전쟁이 나면서 제2의 고향이었던 그곳에서도 쫓겨나 요르단 난민촌에 머물고 있었다. 태어난 지 한 달도 되지 않은 아기를 들쳐업고 황망히 이라크를 빠져나왔다는 그는 이렇게 말했다.

"우리는 어디로 가야 할까요? 하늘로 솟아야 할까요, 땅으로 꺼져야 할까요? 우리도 살 땅이 필요하고 가족들과 고향에서 최소한 인간답게 살 권리가 있는 사람입니다."

이렇게 수백만 사람들의 삶을 송두리째 흔드는 이스라엘의 정착촌 역시 명백한 국제법 위반이다. 팔레스타인과 이스라엘 사이의 갈등을 해결하기 위해 1967년에 맺어진 제네바 협약은 점령국이 점령지를 식민지로 만들 목적으로 인구와 군대를 이주시키는 것을 금지하고 있기 때문이다.

물론 이스라엘 내에도 이런 정책이 말도 안 된다는 걸 아는 사람들이 있다. 이스라엘 평화 운동 인권 단체들은 이 문제를 알리기 위해 팔레스타인 영토 안에 만들어진 정착촌을 부수는 컴퓨터 게임을 만들어 보급하면서 마지막에 이런 문구를 넣었다.

"수천 명의 팔레스타인인과 이스라엘인이 점령으로 목숨을 잃었다. 점령은 게임이 아니다."

이들이 전하려는 메시지는 명료하다. 아랍인과 유대인이 중동 땅에서 함께 살아야 한다는 것. 그러려면 팔레스타인 사람들의 생존권을 인정해야 한다는 거다.

∷ 열 배는 돌아가야 해요 - 분리장벽

　분리장벽은 정착민촌과 더불어 팔레스타인 문제의 핵심이다. 2002년 6월부터 짓기 시작해 2005년 말 완공할 예정이라는데, 높이 5~8미터, 총 연장 길이는 서울에서 부산까지 왕복 거리인 832킬로미터다. '중동의 베를린 장벽'인 육중한 벽을 이스라엘 사람들은 자살폭탄 등의 테러를 막는 안전벽이라고 한다. 그쪽에서는 그렇게 생각할 수도 있겠지만 팔레스타인 사람들 입장에서는 이스라엘로의 출입을 완전히 봉쇄하는 국경 분리선이다.

　이스라엘은 정착촌을 세우기 위해 팔레스타인인들의 터전을 없앤 것처럼 분리장벽을 세울 땅을 확보한다는 명분 하에 팔레스타인 마을의 집을 부수고 농토를 훼손하고 있다. 이렇게 훼손된 농토는 이 지역 내에서도 가장 비옥한 땅으로, 농사를 지어 먹고 사는 팔레스타인 주민들에게는 치명적이다.

　분리장벽이 완성되면 팔레스타인 주민들은 독 안에 든 쥐가 된다. 장벽 서쪽에 있는 약 24만 명이 장벽 안에 갇히게 되고, 장벽 동쪽 거주민 40만 명도 반대쪽에 있는 농장과 일터 및 학교, 시장, 병원 등을 왕래하기가 어려워진다. 심지어 사방이 장벽으로 막혀 섬처럼 완전히 고립된 지역 주민만도 15만 명이 넘을 거라고 한다.

　분리장벽을 살펴보러 갔다가 아직 공사중인 벽 틈으로 드나드는 팔레스타인 주민들을 만났다. 양복을 차려입은 회사원, 배낭을 멘 학생, 아이를 안고 있는 젊은 엄마……. 모두들 경사가 심한 언덕을 기어올라가 개구멍처럼 좁은 틈으로 빠져나오고 있었다. 나도 그들과 똑같이 해보았는데, 밀수꾼도 아니고 잡상인도 아닌 내가 그렇게 지나자니 모욕이라도 당한 듯 몹시 불쾌했다. 말쑥한 차림의 직장인이 분리장벽 때문에 직장까지 바로 가지 못하고 분리장벽 저쪽에서 차를 내려 개구멍을 지나 이쪽에서 다시 다른 차로 갈아타야 한다고 했다. 이러느라 시간도 몇 배로 걸린단다.

"공사중인 분리장벽이 완성되면 어떨 것 같아요?"

"그러면 열 배는 돌아가야 해요. 그 사이에 검문소도 많아서 직장을 다닐 수 있을지 모르겠어요. 검문소를 통과하는 데 시간이 무한정 걸리거든요."

도대체 이들은 언제까지 견딜 수 있을까? 결국 이들도 여기를 떠날 수밖에 없지 않을까?

분리장벽을 조사했던 유엔 인도지원국은 이 장벽 때문에 팔레스타인인들의 삶이 심각하게 붕괴될 것이라는 결론을 내렸다. 국제사법재판소도 2004년 7월에 분리장벽은 점령지 거주민들의 이동권과 직업 선택권, 교육 및 의료권을 침해하는 것으로, 명백한 국제법 위반이라고 판결했다.

그러나 이스라엘은 콧방귀도 뀌지 않고 지금도 공사를 계속하고 있다. 그들은 장벽에 전기 충격 울타리와 감시 카메라까지 설치해놓고 팔레스타인 무장 세력의 테러 공격을 막기 위한 안전 장벽이라고 주장하고 있다.

:: 착한 오빠가 죽어서 너무 억울해요 - 난민촌 아이들

처음 가자지구 라파에 갔을 때 깜짝 놀랐다. 도시 전체가 방금 시가전을 치른 듯 성한 건물들이 없고 벽마다 인물 포스터가 붙어 있었기 때문이다. 순교자 사진이란다. 이스라엘 군인들에 맞서다 죽은 사람들이라는데, 한 살도 안 된 아기 사진도 보았다. 아기가 총을 들고 싸울 리는 없을 텐데…….

알고 보니 이스라엘 탱크와 불도저가 하루가 멀다 하고 집을 부순다고 했다. 팔레스타인 동네면 어디든 이스라엘군의 탱크에 위협당한다. 무장 단체인 하마스에 가입하거나 가입 여부가 의심된다는 이유로 그 집은 물론 주위의 집까지 다 부숴버리기 때문이다. 소위 집단 형벌이다. 미처 빠져나오지 못한 갓난아이가 건물 더미에 묻히면 어떻게 살 수 있겠는가. 게다가 이 동네는 이집트와 맞닿아 있어서 그쪽에서 무기가 넘어올지도 모른다며 항상 감시를 받고 있었다. 내가 갔을 때도 마을 끝에 몇 대의 탱크 총구가 우리 쪽을 향하고 있었고, 오후에는 위협 사격까지 있었다. 섬뜩했다. 누군가가 마음만 먹으면 언제든지 나를 쏠 수도 있다는 사실이 말이다.

초등학교 벽에도 총알 자국투성이였다. 가장 안전해야 할 학교에서 공부하다가, 혹은 학교에 오고 가다가 총에 맞아 죽은 아이의 사진이 교실 복도에 수십 장 걸려 있었다.

작년에 이곳에서 믿지 못할 일이 벌어졌다. 열세 살짜리 팔레스타인 여자아이가 등교길에 20발 이상의 총알을 맞아 즉사한 것이다. 지각할까 봐 지름길로 가느라 이스라엘 초소에 너무 가까이 간게 화근이었다. 당시 초소를 지키던 병사가 중대장에게 "10세 정도의 여자아이가 초소 근처로 오고 있다, 우발적인 것으로 보인다"고 보고했음에도 초소의 중대장은 여자아이의 머리에 두 발의 총알을 쏜 후 탄약이 떨어질 때까지 확인사살을 했다. 그때의 교신내용은 이렇다.

"나는 중대장이다. 보안을 위해서 이 구역에서 움직이는 건 모두, 세 살짜리라도 죽여야 한다. 오버."

사실 어린아이들이 이스라엘군에 의해 죽는 사건은 일상적으로 일어나는 일이라 이 일도 그냥 묻혀버릴 뻔했는데, 그날 초소에 있던 양심적인 이스라엘군의 내부 고발로 세상에 알려진 것뿐이다. 평범한 팔레스타인 사람이 막강 이스라엘군을 고발하고 국제 뉴스로 만드는 것은 현실적으로 거의 불가능하다.

라말라 난민촌에서 만났던 아홉 살짜리 파티마의 오빠는 일주일 전에 친구들과 함께 탱크에 돌을 던지다가 총알에 맞아 즉사했단다. 오빠는 겨우 열한 살이었다.

"착한 오빠가 죽어서 너무 억울해요."

그러더니 갑자기 그 예쁜 눈에 적의를 불태우며 말을 이었다.

"우리 오빠를 죽인 이스라엘 군인, 빨리 커서 다 죽여버릴 거예요."

그저 인형놀이나 해야 할 아이의 입에서 그렇게 험한 말이 거침없이 나오는 게 안타까웠다. 단 한 번도 평화로운 세상에서 살아보지 못한 파티마가 어른이 될 때쯤이면 그 평화라는 것이 찾아올까? 아니, 아이가 그때까지 살 수나 있을까? 운 좋게 어른이 되더라도 이렇게 뼛 속 깊은 증오를 가지고 정상적인 삶을 살 수 있을까?

인권 문제로는 전 세계가 권위를 인정하는 단체 엠네스티의 직원들조차 "세계 어느 군대도 이스라엘군처럼 행동하는 경우는 없다. 재산을 파괴하고 약탈하고 무고한 민간인을 스스럼없이 죽이는 행위는 즉각 군사재판에 회부해야 한다"고 말하고 있다. 등교길 여자아이를 즉사시킨 그 중대장, 어떤 처벌을 받았는지 궁금하다.

길거리에서 이스라엘 탱크에 돌을 던지고 있는 남자아이를 보고, 왜 이런 무모한 짓을 하느냐고 물었다. 아이는 눈을 크게 뜨며 대답한다.

"그럼, 내 집에 누군가 들어와 우리를 내쫓으려는데 아줌마라면 가만히 있겠어요?"

:: 우리도 그들을 테러리스트라고 부릅니다

도대체 팔 – 이 문제의 시작과 끝은 어디일까? 그동안은 평화롭게 같이 살았는데 갑자기 왜 전쟁이 일어나고 관계가 급속도로 나빠진 것일까? 사람들은 말한다. 그건 이스라엘의 유대교와 팔레스타인의 이슬람교 간의 대립이라고. 그러나 나는 서구 사회가 문명의 충돌이니 뭐니 하며 전 세계를 기독교 문화권과 이슬람 문화권으로 나누고, 이교도인 모슬렘을 악의 근원으로 여기는 것은 서방 언론들의 무책임한 이분법이라고 생각한다.

직접 현장에 가보면 이 문제는 종교와는 아무 상관이 없다는 걸 금방 알 수 있다. 또한 양측 누구도 종교 때문이라고 말하지 않는다. 이 문제에 관한 어떤 협상이나 합의에도 종교가 언급된 적이 없다. 내가 만난 팔레스타인인들 가운데 유대교인이 밉다고 말하는 사람은 단 한 명도 없었다. 그들에게 총을 겨누고 삶을 파괴하는 이스라엘 군인들을 미워할 뿐이다.

아마추어의 눈으로 봐도 이건 명백한 영토 분쟁이다. 한쪽에서는 우리가 대를 이어 살아온 땅이라 하고, 한쪽에서는 수천 년 전에 우리에게 예정된 땅이라고 주장하고 있는 것이다. 이 분쟁의 시작과 끝은 땅 때문이고, 그 땅에 누가 사는 것이 옳은가 하는 주권의 문제다.

그러나 상식적으로 생각해보아도 자기네 역사에 씌어 있다며 2천 년간 다른 곳에 있다가 어느 날 갑자기 그곳 사람을 몰아내고 들어와 살겠다고 할 수는 없는 일이다. 이것을 국제 사회가 묵인한다면 우리도 고구려 광개토왕 시대의 영토까지를 한국 땅이라고 할 수 있고, 몽골은 중국과 이란을 넘어 바그다드까지 자기 영토라고 주장해도 된다는 말이나 다름없다.

잘 들여다보면 이곳은 영토뿐만 아니라 우리의 남북 문제처럼 강대국의 정치적 역학 관계와 맞물려 복잡하게 얽혀 있는 걸 알 수 있다. 이스라엘은 1인당 국민 소득이 한국보다 높은 1만 4천 달러의 부자 나라다. 그런데 미국의 대외 원조를 가장 크게 받는 나라는 아프리카의 최빈국이 아니라 바로 이스라엘이다. 미국 대외 원조 총액의 3분의 1을 차지할 정도로 천문학적인 액수다. 그러나 미국도 이해관계가 없다면 국제 사회의 비난을 감수하면서까지 이렇게 이스라엘에 공을 들일 리가 없다. 즉 미국은 석유로 세계 패권을 장악할 수 있는 중동 지역을 이스라엘을 이용해 효과적으로 장악하려는 것이다.

그런데 미국은 이런 직접적인 이해관계가 있어서 그렇다지만 아랍권을 제외한 다른 국가들은 팔 – 이 문제에 관해 왜 이스라엘에게 편파적일 만큼 호의적인 걸까? 유대인이 미국 언론계를 장악하고 있는 것도 큰 이유겠지만 제2차 세계대전 중 유대인을 대상으로 동유럽과 독일, 소련에서 벌어진 홀로코스트(대량 학살)에 대한 죄의식도 한 몫 한다고 한다.

또 기독교적 배경도 무시 못 할 요인일 거다. 많은 서구 유럽 국가들의 문화적 배경이 기독교인 만큼 이슬람교보다 유대교 쪽에 교감과 공감의 폭이 큰 건 어쩌면 자연스러운 일일 테니까.

이렇듯 편파적인 호의와 동정심과 대 언론 플레이의 결과는 전 세계 사람들이 이 지역의 현실을 직시하지 못하게 하는 방해 요인이 되고 있다. 예를 들면 언론들은 '시위 진압, 안전장벽, 테러리스트'처럼 이스라엘 측에서 쓰는 용어를 그대로 쓰면서 자기도 모르는 사이에 진실 왜곡의 길로 빠지는 것이다.

실제로 팔레스타인에 가보면 조그만 아이들이 중무장한 탱크에 돌을 던지거나 새총을 쏘고 있는데, 언론에서 이것을 거창하게 '시위'라 규정 짓고 그 아이들을 향해 총을 쏘는 것을 '시위 진압'이라고 부른다. 테러리스트라……. 자신들의 빼앗긴 조국을 되찾으려 여러 방법으로 투쟁하는 사람들을 모두 테러리스트라고 부를 수 있을까. 물론 무고한 사람을 죽이는 그런 '테러리스트'도 없지 않다. 그러나 일제시대와 같은 강점기에 안중근 의사나 윤봉길 의사를 상대방도 아닌 전 세계가 테러리스트라고 부를 수는 없는 것 아닐까.

내가 팔레스타인 지도층에게 서방 언론에서 당신들을 테러리스트라고 부른다고 하니까 곧바로 이런 답이 되돌아왔다.

"우리도 그들을 테러리스트라고 부릅니다."

그러면 40년 넘게 계속되는 이 분쟁의 해결책은 전혀 없는 걸까? 그동안 가시적인 몇 가지 해결책이 나오긴 했다. 특히 10여년 전 이스라엘과 팔레스타인해방기구 간에 최초로 합의가 이루어졌을 때, 전 세계는 이곳에도 평화가 올 거라며 큰 기대를 했다. 그러나 2000년 이후부터 오히려 팔 – 이 간의 충돌은 더 빈번해지고 그 강도도 더 세지고 범위는 더욱 확대되었다.

그러던 2003년, 미국의 중재로 새로운 평화안인 로드맵이 완성되었다. 그 안에는 팔레스타인 측의 폭력 중단과 이스라엘 측의 정착촌 건설 중단 및 철수 등이 들어 있다. 하지만 그런 협상 후에도 이스라엘은 보란 듯이 분리장벽을 세우고 있는데 어떤 진전을 기대할 수 있을까? 다행히 최근 들어 이스라엘이 가자와 서안지구의 일부 정착민촌을 철수하고 있다. 팔 –이 문제를 해결하기 위한 국제 사회의 요구에 처음으로 적극적인 자세를 보인 것은 대단히 고무적이다. 이런 시작이 그저 국제 사회의 비난을 면하기 위한 혹은 더 많은 것을 얻어내기 위한 제스처가 아니길 진심으로 바란다.

팔레스타인 측에 아무 문제가 없다는 건 물론 아니다. 얼마 전 죽은 아라파트를 비롯한 지도부들의 지도력이나 국제 사회와의 의사소통 방법 등에는 문제가 많다. 또 자살 테러나 민간인 납치 등 극단적인 행동으로 평화 협상에 찬물을 끼얹는 세력들이 있는 것도 사실이다.

이렇게 얽히고설킨 국제 문제를 접하면 가슴이 답답해질 것이다. 혹은 분리장벽이든 정착촌이든 도대체 나와 무슨 상관이냐는 사람도 있을 것이다. 그렇다면 최근 독도 문제에 대한 국제 사회의 반응을 생각해보자. 독도가 우리 땅이라고 아무리 말해도 그게 나와 무슨 상관이냐는 반응 아니었나? 그때 우리는 그들의 무관심이 너무도 야속하고 분통이 터졌다.

한편으로는 이런 문제에 처해 있는 복잡한 상황을 우리가 안다 한들 뭘 할 수 있을까 싶은 생각이 들 것이다. 그러나 정말 우리가 할 수 있는 일은 없을까? 나는 있다고 믿는다. 그곳에 평화가 오기를 진심으로 바라는 일, 우리가 그들을 똑바로 지켜보는 일, 어느 편이건 간에 국제 사회와의 약속을 어기고 불의를 저지른다면, 한목소리로 응징하는 일 등등. 이렇게 우리를 포함한 전 세계가 감시자와 목격자의 역할을 충실히 한다면 팔레스타인과 이스라엘에, 중동에, 나아가 세계에 마침내 평화가 찾아올 것이라고 믿는다. 적어도 평화가 오는 날을 앞당길 수 있을 것이라고 굳게 믿는다.

옛말에도 보는 눈이 무섭다고 하지 않던가.

1 생지옥이 있다면 바로 이런 모습이리라.
2 저쪽에 시체가 많이 있어요!
3 어부들은 바다로 나가야 힘이 솟는다.
4 많이 먹고 힘내세요.

쓰나미는 과연 천재(天災)였을까

남아시아 해일 대참사

아, 그렇구나. 사랑하는 가족을, 유일한 생계 수단을,
살아가야 하는 이유를, 이 모든 것을 빼앗아간 것 같은
쓰나미 이후에도 삶은 이렇게 계속되는 거구나.
등뒤의 것을 돌아보지 않고 앞으로만 나아가는 게 바로
생명의 본능이구나. 새 생명이 태어나고, 아이들이 공부하고,
연인들은 결혼하고, 일터에 나가기 위해 준비하는
일상의 삶이 끈질기게 이어지는구나.
이곳에서 우리가 해야 할 일이 분명해진다.
저 삶의 끈을 놓지 않게 도와주는 것이다.

인도 • • 태국
• 스리랑카
• 인도네시아

"제발 큰일이 아니길……."

2004년 12월 26일 아침, 출근 준비를 하면서 본 CNN 뉴스에서 인도네시아에서 해일이 발생했다는 자막을 얼핏 보았다. 머리를 말리다가 반사적으로 시선을 고정시켰다. 지진 규모 9.3리히터. 뭐라고? 눈을 의심했다.

9.3이라니! 지난해 10만 명의 인구 중 4만여 명을 한순간에 앗아간 이란 지진이 6.9였는데……. 한국 방송들은 아직까지는 잠잠했다. 그러나 CNN에서 긴급 뉴스로 다루기 시작한 자체만으로도 불길하다. 아무리 바닷속이라지만 9.0 이상이라면 대규모 재난을 불러일으키기에 충분하다. 얼른 휴대폰을 찾았다. 아시아 사무실이든 국제 본부든 언제 전화가 올지 모르기 때문이다.

CNN의 뉴스 한 줄이 이렇게 나의 하루를 뒤흔들며 비상사태를 선포한다. 세상이 시끄러우면 긴급구호 요원인 내 생활도 따라서 시끄러워진다. 작년에도 크리스마스 다음 날 이란에서 지진이 터져, 조카들과 제주도에 놀러 가기로 한 계획을 취소해야 했다. 그래서 올해는 무슨 일이 있어도 함께 가겠다고 철석같이 약속했다. 일찌감치 예약도 끝내고 조카들은 동네방네 자랑도 끝내놓은 상태다. 그 휴가가 바로 내일부터인데……

하지만 그게 문제가 아니었다. 매 시간 피해 규모가 눈덩이처럼 불어나더니 단 세 시간 만에 벌써 사상자가 1천 명이나 발생했다는 보도다. 일이 커지겠는데……. 오후 2시, 아시아 본부와 연락하니 아니나 다를까 이미 카테고리 3이 선포되었단다. 48시간 대기조인 나는 일단 비상 간부회의를 요청하여 긴급구호 자금 2억 5천만 원을 확보한 후 재빨리 여행사에 전화를 걸었다.

"27, 28, 29일 중 언제라도 떠날 수 있는 스리랑카 콜롬보 행 비행기 표를 예약해주세요."

그리고 12월 29일 새벽, 콜롬보 행 비행기에 몸을 실었다. 또 약속을 못 지켜서 정말 미안하다는 문자 메시지를 여러 건 보낸 후에.

∷ 나는 지금 지옥에 온 것일까?

쓰나미 발생 3일 차. 여기는 스리랑카 동부 해안 지역 바티칼로다. 생지옥이 있다면 바로 이런 모습이리라. 미처 수습하지 못한 시신이 해변에 방치돼 있고 굶주린 개들이 주위를 어슬렁거린다. 그 위로는 까마귀 떼가 깍깍거리며 하늘을 뒤덮고 있다. 마치 공포 영화를 보고 있는 듯하다.

바닷가에 촘촘하던 초가들은 진공청소기가 지나간 것처럼 흔적도 없이 사라졌다. 물이 덜 빠진 마을에서는 나도 별수 없이 바지를 종아리까지 걷어붙이고 건너다녀야 했다. 발밑에 물컹한 게 밟힐 때마다 시체는 아닐까 얼마나 오싹했는지 모른다.

피난민촌 역시 생지옥이긴 마찬가지다. 불교사원이나 교회, 혹은 학교에 마련한 피난민 캠프에 적게는 수백 명에서 많게는 수천 명까지 모여 있다. 눕기는커녕 앉기에도 비좁은 공간에 갓 태어난 아이부터 팔십 노인까지 섞여 지낸다. 구사일생으로 살았다는 생후 10일 된 아기는 설사를 심하게 하고 있었고, 탈진한 팔십 노인은 빨래처럼 기진해 있었다. 깨끗한 물도 화장실도 없는 집단 수용 생활. '전염병 쓰나미'가 우려된다.

밤에 자다가 놀라서 깼다. 커다란 벌레가 다리로 스멀스멀 기어다니는 것 같았다. 불을 켜고 보니 양쪽 종아리가 두드러기가 난 것처럼 벌겋게 부어올랐다. 혹시 아까 오염된 물 속을 걸어서 피부병이 옮은 게 아닐까, 은근히 걱정된다. 얼마나 가려운지 아픈 것도 꾹 참고 박박 긁었더니 단박에 손톱자국마다 피멍이 든다. 열은 또 왜 펄펄 나는 거지? 제발 말라리아는 아니어야 할 텐데.

재난 발생 14일 차. 여기는 인도네시아 반다아체다. 스리랑카에서 한국으로 돌아갔다가 딱 하루를 자고 인도네시아로 왔다. 쓰나미의 진원지인 반다아체 공항에 내리니 생선 썩는 악취가 진동을 한다. 공항 근처에 대규모 시신 매립지가 있기 때문이란다. 현지 직원들은 마스크를 쓰고도 코를 막고 있다. 정말이지, 구역질을 참을 수 없다.

그동안 대형 현장을 많이 다녔지만 이런 참상은 처음이다. 제2차 세계대전 이후 최대의 참사라는 신문의 헤드라인이 과장이 아니다. 아체 시만 하더라도 가공할 만한 파도가 무려 5킬로미터나 내륙 깊숙이 들어와 수천 채의 건물을 콩가루처럼 부셔놓았다. 콘크리트 건물도 한순간에 저렇게 박살을 내는데, 사람들은 얼마나 속수무책이었을까. 오늘까지 발표된 사망자 수는 15만 6천60명, 실종자 수는 10만여 명이다.

세계 각국의 군인들과 구호 단체들이 중장비를 동원하여 시체 발굴과 수습에 박차를 가하고 있다. 하루에 수천 구 이상을 찾아내는데, 늦은 오후 수거 차량이 오기 전까지 시신들은 까만 비닐에 싸인 채 길 양 옆에 그대로 방치되어 있다. 제대로 싸지 못한 비닐 밖으로는 죽은 사람의 손이 삐져나와 있고 가스가 차서 빵빵하게 부푼 배가 터져 내장이 사방으로 흩어지기도 했다.

그만 눈을 감고 싶은 현장이다. 그러나 나는 눈을 부릅뜨고 이런 장면들을 꼼꼼히 카메라에 담아야 한다. 괴롭고 끔찍하지만 피할 수 없다. 이게 내 일 중의 하나니까.

이렇게 많은 시체를 보는 건 처음이다. 직업이 장의사가 아닌 다음에야 보통 사람들이 한평생 보는 시체의 숫자는 10구 남짓일 텐데, 나는 지난 두 주간 수천 구의 시신을 봐야 했으니 내 팔자가 좋은 건지 나쁜 건지 모르겠다. 평생 볼 시체를 여기서 다 보았으니, 다시는 볼 일이 없었으면 좋겠다.

거기서 만난 열두 살 난 꼬마 무스타파는 당시의 상황을 이렇게 전한다.

"저쪽 해안 끝에서 이쪽 끝까지 시커먼 초대형 코브라가 고개를 치켜세운 채 육지까지 달려왔어요. 그리고는 엄마, 아빠, 여동생을 삼켜버렸어요."

무스타파는 해일이 몰려올 때 여덟 살 난 여동생을 안고 있었는데 파도에 휩쓸려 그만 놓치고 말았단다. 아직도 동생이 떠내려가면서 외치던 소리가 귓가에서 떠나지 않는단다.

"무스타파, 톨롱 톨롱.(오빠, 살려줘.)"

"그때 더 꽉 잡고 있어야 했는데……."

굵은 눈물을 떨어뜨린다. 깊은 자책감에 시달리는 무스타파! 그 엄청난 파도를 막지 못한 것이 어찌 이 열두 살짜리 꼬마의 죄이랴.

두 현장을 보고 나니 이런 의문이 든다. 쓰나미는 정말 막강한 대자연 앞에서 인간으로서는 어쩔 수 없는 천재(天災)였을까? 나는 아니라고 생각한다. 해일의 진원지였던 인도네시아는 그렇다고 해도, 충분히 대피할 시간이 있었던 스리랑카나 인도 등에서 5만여 명의 사람이 죽은 것은 분명히 인재(人災)다.

인도네시아에서 발생한 해일이 스리랑카와 인도 등에 닿기까지의 시차는 무려 30분. 이 두 나라의 피해 지역은 해안에서 1킬로미터 정도까지로, 쓰나미 직전 어른 걸음으로 15분만 일찍 내륙 쪽으로 피신했어도 인명 피해는 막을 수 있었다. 이곳에 조기 경보 시스템만 가동됐더라면……. 아니, 무슨 최첨단 기술을 동원한 시스템까지는 바라지도 않는다. 어촌 마을에 스피커가 있고, 중앙에서 발표한 쓰나미 경보를 그 스피커로 15분 전에만 알렸어도 이런 대형 참사를 부르지 않았을 것이다. 정말 안타깝고 억울하다.

:: 그래도 삶은 계속된다

　재난 발생 석 달 후. 여기는 인도의 땅끝 마을 까냐꾸미리 어촌
이다.

　"까만 바다가 왔어요. 저 야자나무보다 높은 파도였어요."

　"사람들이 갑자기 언덕 쪽으로 뛰어갔어요. 나도 같이 도망갔죠."

　임시 수용소인 학교에서 만난 아이들은 석달 전 이야기를 하면서
아직도 두려움에 떨고 있었다. 열한 살 싸리가가 근심 어린 표정으
로 내게 물었다.

　"쓰나미가 또 올까요?"

　"이제 다시는 안 와. 만약 온다고 해도 저 언덕으로 빨리 피하면
되잖니."

　아이의 집에 가보았다. 엄마가 쓰나미에 휩쓸려가고, 싸리가는
아홉 살, 일곱 살, 다섯 살 난 동생의 엄마 노릇을 하고 있었다. 젊
은 아빠는 완전히 넋이 나갔다. 먼 바다에 고기를 잡으러 나갔다
와보니 사랑하는 아내가 사라진 것이다. 싸리가는 물을 긷고 밥을
지어 동생들에게 먹이고 아빠 밥까지 챙겨놓았다.

　바로 그날, 한밤중에 다른 쓰나미가 올지도 모른다는 경보가 발
효되었다. 임시 수용소에 있는 1만여 명에게도 대피령이 내렸다. 바
닷가 가까운 숙소에 묵던 우리들도 자다가 벌떡 일어나 몸을 피했
다. 피난 생활 중에 또 피난을 나선 수용소 사람들. 지난번의 악몽
이 되살아나는지 공포감을 감추지 못했다. 웅성웅성 걷던 남자들은
버스나 탈것이 지나갈 때면 온몸으로 막아서서 창문과 출입구를 거
칠게 두드리며 소리를 지른다. 같이 가자고, 너희들만 살 거냐고.

다음 날 다시 싸리가를 찾았다. 어젯밤에 괜찮았냐니까 두 팔을 덜덜 떨면서 무서워서 밤새도록 이렇게 떨었다고 한다. 아빠는 아이들만 대피시키고 그냥 수용소에 남아 있었단다. 쓰나미가 다시 오면 자기도 아내를 따라가려고 했다면서. 아이들과 함께 예전에 살던 바닷가 집에 가보았다. 벽돌로 어설프게 간이 제단을 만들어 놓고 엄마가 입던 옷을 걸쳐놓았다. 싸리가는 매일 여기에 와서 향도 피우고 엄마 옷도 만져본단다.

"싸리가, 엄마 보고 싶지?"

바보 같은 질문 한마디에 그동안 무표정하던 아이가 얼굴을 찡그리더니 갑자기 울음보를 터뜨렸다.

"엉엉엉엉, 꺼익 꺼익, 엄마, 엄마아아아아."

얼마나 참았던 눈물일까? 동생들 앞에서, 아빠 앞에서 울지 말아야지 얼마나 다짐했던 눈물일까? 그래 싸리가, 울어, 실컷 울어. 참았던 눈물 다 쏟아내라, 꼬마야.

동네 어귀에서 나팔과 북소리가 들려왔다. 악대 뒤에는 금색 무늬가 화려한 하얀 옷을 입은 신랑과 빨간 사리를 떨쳐입은 신부가, 그 뒤로는 머리와 목을 꽃으로 장식한 하객들이 어깨춤을 추며 따라간다. 쓰나미 이후 첫 동네 결혼식이란다.

천막 교실에서 아이들이 구구단을 외우는 소리가 길거리까지 들린다. 수업이 끝난 아이들은 예전처럼 바닷가로 나와 깔깔거리면서 뛰어다니고 아낙들은 헌 그물을 손질하고 있다. 그날 오후, 우리를 안내하기로 했던 이 마을 출신 여직원이 예정일을 훨씬 앞당겨 옥동자를 낳았단다.

아, 그렇구나. 사랑하는 가족을, 유일한 생계 수단을, 살아가야 하는 이유를, 이 모든 것을 빼앗아간 것 같은 쓰나미 이후에도 삶은 이렇게 계속되는 거구나. 등뒤의 것을 돌아보지 않고 앞으로만 나아가는 게 바로 생명의 본능이구나. 새 생명이 태어나고, 아이들이 공부하고, 연인들은 결혼하고, 일터에 나가기 위해 준비하는 일상의 삶이 끈질기게 이어지는구나. 이곳에서 우리가 해야 할 일이 분명해진다. 바로 저 삶의 끈을 놓지 않게 도와주는 것이다.

쓰나미가 일어난 지 100일이 다 되어간다. 초기 구호 활동은 물론 인명을 수색하고 구조하는 것이다. 동시에 몸만 겨우 빠져나온 이재민들에게 음식과 깨끗한 물, 담요 등 기본적인 물자를 제공한다. 나 역시 초기에는 스리랑카와 인도네시아에서 피난민들에게 긴급구호 물자를 나누어주는 일을 했다. 그러나 90일이 넘어 복구 단계에 들어선 지금의 핵심 구호 프로그램은 사람들을 하루빨리 일상으로 돌아갈 수 있게 돕는 것이다.

그 가운데 하나가 어린이 심리 치료다. 무스타파에게 동생이 떠내려간 건 네 잘못이 아니라고 말해주는 것은 아주 중요하다. 눈앞에서 가족을 잃은 아이들이 마음껏 슬퍼할 수 있도록 하고, 그 아픈 마음을 다독여주고, 너는 피해자가 아니라 용감한 생존자라고 알려주는 것이 이 아이가 앞으로 정상적인 삶을 살기 위해 꼭 필요하다. 이 치료는 복잡한 상담이나 비싼 약물로 하는 것이 아니라, 비슷한 처지의 아이들과 놀이터에서 섞여 놀거나 그림이나 간이 연극을 하는 등 아주 간단한 과정으로 이루어진다.

아이들의 심리 치료소가 놀이터라면, 어른들의 심리 치료는 이전처럼 스스로 벌어서 살 수 있도록 해주는 일이다. 싸리가의 아버지처럼 삶의 의욕을 잃은 어부들에게 즉효약은 하루빨리 예전처럼 바다에 나가서 고기를 잡는 일이라고 한다. 갑작스럽고 어마어마한 재해를 당해 무기력해 있거나 분노에 찬 사람들을 가장 빨리 치유하는 길은 그들이 예전에 하던 일로 돌아가게 하는 것이다. 농부는 땅으로, 어부는 바다로.

내가 인도에 간 이유도 어촌 마을에 배와 그물을 지원하는 사업이 잘 진행되는지 보기 위해서다. 때마침 그곳을 방문한 날, 우선 완성된 고깃배 10척의 진수식이 있었다. 이것을 보려고 바닷가에 모인 마을 사람들은 모두 새해라도 맞는 듯 설레고 밝은 표정이었다. 첫 번째 배를 모래사장에서 바다로 끌어내는 10여 명의 장정들은 하나같이 입이 찢어져라 웃고 있었다. 엊그제 쓰나미 경보가 있었을 만큼 바다는 몹시 거칠었지만 마침내 배가 바다에 뜨자 어부들은 기쁨으로 괴성에 가까운 환호성을 질러댔다. 모래사장에 있던 아이들은 제자리에서 깡충깡충 뛰면서 좋아하고, 어른들은 우리에게 고맙습니다, 고맙습니다, 고개 숙여 인사하랴, 박수 치랴, 바다를 향해 손을 흔들랴 한꺼번에 여러 가지를 하느라 혼이 쏙 빠졌다.

이 배 한 척에 우리 돈으로 단돈 10만 원, 한 가족 구호 물자 배분비의 열 달 치다. 이 돈만 있으면 이들은 다른 사람에게 손 벌리지 않고 자기 힘으로 평생을 살아갈 수 있는 것이다. 그러니 우리가 이들에게 전해준 배와 그물은 목숨만 연명하게 하는 또 다른 구호 물자가 아니다. 이것은 어부들의 자존심을 세워주는 희망과 미래다.

이 배만 있으면 열한 살짜리 싸리가는 다시 울지 않아도 될 것이다. 지금은 넋이 나간 아빠지만 그 배를 타고 바다에 나가기만 하면 분명 환한 웃음을 되찾을 수 있기 때문이다. 꼭 그렇게 해주고 싶다.

:: 한비야 청문회

쓰나미 현장을 다녀온 후 한동안 고기는커녕 생선도 먹지 못했다. 자꾸만 시체 냄새가 나는 것 같아서다. 악몽도 여러 번 꾸었다. 꿈의 내용은 신기하게도 매번 같았다. 내가 지진으로 무너진 건물 더미 안에 갇혀 있는데, 발밑에서 살려달라는 목소리가 들린다. 건물 더미 밖에서 내 손을 잡아끌어주어 구출되려는 찰나, 저 밑에서 누군가가 내 발목을 잡아당기는 꿈이다. 깨어보면 티셔츠가 젖을 정도로 식은땀이 흥건하다. 현장에서 많이 놀란 모양이다.

국제 본부에는 이런 대형 재난 현장을 다녀오면 반드시 정신과 상담을 해야 한다는 규정이 있는데 그걸 지키지 않아서 그런 걸 거다. 사실 이번이 처음은 아니다. 이라크 파견 근무 후 한국에 돌아와서 바로 안면근육과 왼쪽 팔 마비 증상이 왔다. 과도한 스트레스와 누적된 과로로 인해 목뼈에 문제가 생겼단다. 몇 달 동안 한의원과 양의원을 번갈아 다니느라 고생 좀 했다. 내 몸은 주인 잘못 만나서 고달픈 거다. 그러나 몸을 위해 충분히 자거나, 휴식을 취하게 해주지는 못하지만, 그 대신 세상의 온갖 신기하고 추하고 아름다운 것을 직접 보고 느끼게 해주지 않는가. 그러니 불평할 것도 없다.

하여간 또 다시 이런 대형 재난이 발생하면 '이제 끔찍한 현장에 다시는 안 갈래요!' 할 것 같지만 천만의 말씀이다. 오히려 '저요, 저요!' 나를 보내달라고 손을 번쩍 들 것이다. 보낼까 봐가 아니라 실력이 모자라서 안 보내줄까 봐 그게 더 큰 걱정이다. 역시 나는 현장 체질이다. 사무실에서 배우는 것보다 현장에서 직접 몸으로 겪으며 배우는 것이 훨씬 빠르고 정확하다. 게다가 현장에서는 힘이 펄펄 나서 지치지도 않고 예뻐지기까지 한다.

이번 쓰나미 재난에서도 참 많이 배웠다. 현장에서뿐 아니라 쓰나미 관련 국제 회의에 갈 때마다 쑥 컸다는 느낌이 든다. 재난 발생 이 주일째, 싱가포르에서 비상 회의가 열려 인도네시아에서 일하다가 말고 한국 대표로 참석했다. 이 회의에서 국제 본부 총재를 비롯한 월드비전 수뇌부와 긴급구호 전문가와 함께 대형 재난 구호의 범위와 방향을 잡는 데 내 현장 경험과 의견을 보탰다는 점이 뿌듯했다. 여태껏은 긴급구호라는 집을 짓는 일의 일부분을 맡아 지시대로 수행하는 페인트공이었다면, 지금은 설계 과정이라는 큰 틀을 짜는 설계사가 된 듯한 느낌이다. 5년 전 처음 아프가니스탄에 갔을 때 어리버리했던 것에 비하면 정말 용됐다.

쓰나미 구호 덕분에 국내에서도 좋은 소리, 수고했다는 얘기 많이 들었다. 아시안 리더십 컨퍼런스에 참석해 세계 정상들과 어깨를 나란히 하는 패널리스트도 되어보고, 긴급구호 관련 법규를 만들 때 자문 역할도 했고, 언론의 집중 조명도 받았다. 현장을 다니는 사람으로 마땅히 해야 하는 '얼굴마담' 역할 때문일 거다. 생생하고 따끈따끈한 현장 얘기는 분명 뉴스로서의 가치도 있을 것이고.

그러나 이런 언론 노출 때문에 내가 이 분야의 대단한 전문가로 보이게 될까 봐 몹시 부담스럽다. 나는 이 분야에서 이제 5년 차, 겨우 햇병아리를 면한 중닭이다. 해외는 말할 것도 없고 한국에도 나보다 경험과 지식이 풍부한 사람이 얼마든지 있다. 이 일에 인생과 청춘을 바치신 분들도 많다. 앞으로는 모르겠지만 지금 전문가 대우를 받기에는 함량 부족이라는 것을 나 자신이 누구보다 잘 알고 있기 때문이다.

내가 오지 여행을 하고 지금은 재난 현장에서 일해서인지, 가끔 사람들은 이렇게 묻는다.

"세상에 무서운 게 없겠어요?"

왜 나라고 무서운 것이 없을까. 내가 이 세상에서 제일 무서워하는 것은 다름아닌 헛된 이름, 허명(虛名)이 나는 일이다. 평가절하도 물론 싫지만 지금의 나 이상으로 여겨지는 것이 제일 무섭다. 나의 실체와 남에 의해 만들어진 허상의 차이를 메우기 위해 부질없는 노력과 시간을 들여야 하는 것이 제일 두렵다.

실제로는 오이인데 사람들이 수박이라고 생각한다고 가정해보자. 그러면 길쭉한 오이는 남 앞에 설 때마다 크고 동그랗게 보이려고 무진장 애를 쓸 것이고, 있지도 않은 줄무늬까지 그려넣어야할 것이다. 그렇게 빈틈없이 변장을 했으면서도 자기가 오이라는 것이 드러날까 봐 늘 마음 졸이며 살아야 한다. 기껏해야 백 년인 인생인데 그렇게 남이 정해놓은 허상에 자기를 맞추느라 시간과 에너지를 낭비하면서 말이다.

나는 아무리 수박 노릇이 근사하고 대접을 받는다 하더라도, 가짜 수박보다는 진짜 오이가 훨씬 재미있고 행복하게 살 수 있다고 생각한다. 얼치기, 함량 미달, 헛 이름이 난 수박보다 진국, 오리지널, 이름값 하는 오이가 훨씬 자유롭고 떳떳할 테니까. 그래야 제맛을 내면서 자기 능력의 최대치를 발휘할 수 있을 테니까. 조금씩커가는 과정을 스스로 만끽할 수도 있을 것이다.

오늘도 나에게 묻는다. 가짜배기 수박이고 싶은가, 진짜배기 오이이고 싶은가?

1 감자꽃, 우리의 통일꽃.
2 요만큼으로 3만 평을 채운다고요?
3 하얀 꽃 핀 건 파보나 마나 하얀 감자.
4 '라야'보다 인기 있는 '비야' 품종을 만들어주겠단다.
5 씨감자밭에서 농부 동무와 함께.

감자꽃이
활짝 피었습니다

북한

아, 세상에! 하늘과 땅이 만나는 지평선까지,

아득히 내 눈길이 닿는 데까지, 벌판 가득 감자꽃이

활짝 피어 있었다. 수만, 수십만, 아니 수백 송이의 하얀 감자꽃!

송이송이 함박눈이 들판 가득히 내려 쌓인 것 같았다.

파란 이파리와 푸른 방풍림을 배경으로 핀

하얀 감자꽃들이 등불인 양 환하다.

산들바람이 불면 일제히 찰랑, 몸을 흔드는 감자꽃.

아, 저 꽃 한 송이를 피우기 위해 얼마나 많은 사람들이 얼마나

많은 밤을 새우고 얼마나 많은 땀을 흘렸을까.

"쓰나미 현장에 가세요?"

요즘도 내가 해외 출장을 간다고 하면 쓰나미 때문이냐고 묻는다. 물론 그곳의 피해 복구가 적어도 3년간은 중요한 일이지만 그 현장 외에도 구호의 손길이 절실한 곳이 세계 도처에 있다. 지난 3월, 전 세계가 쓰나미 구호에 여념이 없을 때 로이터 재단의 인도주의 뉴스에서는 '극한의 삶'이라는 제목으로 '잊혀진 세계 10대 긴급구호 현장'을 발표했다. 그 1위부터 10위까지를 보면 ①콩고내전 ②우간다 ③수단 ④에이즈 ⑤라이베리아와 시에라리온 ⑥콜롬비아 ⑦체첸 ⑧아이티 ⑨네팔 ⑩말라리아·결핵의 순이다. 이 열곳의 현장에서 지난 한 해 동안 사망한 사람의 수는 콩고와 수단 등 내전으로 수백만 명, 에이즈 등으로 또 수백만 명…… 천만 명 단위가 훨씬 넘는다.

그렇다면 전쟁이나 전염병, 쓰나미 같은 특수한 긴급구호 상황에서만 이렇게 많은 사람들이 죽는 걸까? 물론 아니다. 단지 먹을 것이 없다는 일상적인 이유로도 세상 어딘가에서 7초에 한 명씩 목숨을 잃고 있다. 이 주일이면 쓰나미로 인한 사망자 수를 훌쩍 넘어간다는 계산이다. 하지만 이런 사람들은 언론의 조명도, 세상의 관심도 끌지 못하고 서서히 진행되는 '일상적인 쓰나미'에 휩쓸려 내려가고 있는 것이다.

이 10대 현장에는 끼지 않았지만, 북한은 긴급구호 발생 가능성이 매우 높은 나라로 꼽힌다. 제일 큰 이유는 만성적인 식량 부족이다. 그동안 네팔과 몽골 등에서 배분 담당으로 그곳 사람들에게 쌀을 나누어줄 때마다 마음 한구석이 늘 편칠 않았다. 북쪽의 내 동포들이 굶주리고 있는데 나는 여기서 뭘 하고 있나, 하는 안타까움 때문이었다.

∷ 그렇게 가고 싶던 93번째 나라

북한에 대한 내 어린 시절의 감정은 남과 북처럼 극명하게 두 쪽으로 나뉘어 있었다. 학교에 가면 북한은 타도해야 할 적이었다. 나는 초등학교 때 6·25 전후의 반공 웅변으로 상을 적지 않게 받은 명실 공히 '반공' 어린이였다. 그런 북한이 집에만 오면 그리움의 대상이자 '반쪽의 고향'이 되었다. 함경도 정평에서 내려오신 아버지는 북한 사투리를 심하게 쓰시고 가자미식해 등 고향 음식을 즐겨 드시며 고향 얘기를 많이 하셨다. 내 할머니, 고모, 삼촌이 살고 계시는 북한은 '반공 소녀'에게도 애틋한 곳일 수밖에.

'북한 사람과 만나면 무조건 피하고 만약 얘기했을 경우엔 가까

운 대사관에 대민 접촉 신고를 해야 한다.'

1987년 미국으로 유학 가기 전에 받았던 소양 교육의 내용이었다. 뿔이 달린 줄만 알았던 그 북한 사람들, 그러나 뿔 대신 김일성 배지를 단 북한 공연단 일행을 이국의 거리에서 맞닥뜨렸을 때 얼마나 떨렸는지……. 호기심을 참지 못하고 치마저고리를 입은 젊은 여배우에게 말을 걸고 말았다.

"반갑습니다. 북한에서 오셨어요?"

"반갑습네다. 남조선 학생이구만요."

당장에 꾀꼬리 같은 목소리가 화답했다.

"여기서 공연이 있나 봐요?"

"옳습니다."

누군가가 그만하라는 눈짓을 보냈는지 그 여배우와의 대화는 거기서 끊겼다.

북한 사람과 난생 처음 하는 대민접촉이었다. 순간 이거 대사관에 신고해야 하나 잠깐 고민도 했지만, 어쨌든 이 네 마디의 대화를 나는 몇 년간 두고두고 우려먹었다. 그때는 이 정도만도 큰 얘깃거리였으니까.

세계 일주 중에는 북한 언저리만을 빙빙 돌았다. 중국 옌볜 투먼에서는 두만강을, 단둥에서는 압록강을, 그리고 국토 종단의 끝인 통일전망대에서는 금강산 말무리 반도를 안타깝게 바라만 보았다. 북한에 갈 수 없어 나의 세계 일주는 여태껏 미완성으로 남아 있었다. 사실은 중국어도 북한 관련 일을 할 때 필요할 것 같아 배워두었던 것이다. 긴급구호 팀장이 돼서는 우리 단체가 대북 사업을 하니까 언젠가는 가볼 기회가 있을 거라 기대에 부풀었지만 내 출장

스케줄과 방북 일정이 좀처럼 맞아주지 않았다.

국제 회의에 가면 보는 사람마다 내게 북한 사정을 묻는다. 꼭 도움이 필요한 나라지만 폐쇄되어 있다는 특이성 때문에 구호 단체 요원이라면 누구든지 북한에 대해 궁금해한다. 사람들이 물을 때마다 그동안은 다녀온 사람들에게 귀동냥하고, 찍어온 사진으로 눈동냥한 정보만을 얘기해야 했다.

보통 그 사람들은 북한을 국제 상식에서 벗어난 나라라느니 웃기는 나라라느니 하면서 농담의 소재로 대했다. 그럴 때마다 몹시 불쾌하고 마음이 불편했다. 조금 지나친 것 같으면, "북한도 도움이 필요한 어려운 현장인데, 좀 진지하게들 들으시죠"라며 얼굴을 붉힌 적도 많았다. 역시 팔은 안으로 굽는가 보다. 언제 현장에 갈 거냐고 물을 때마다 곧 갈 거라고 말한 지 어언 5년.

그런데 올 여름, 드디어, 마침내, 이윽고 북한에 가게 되었다. 행선지도 평양이나 개성 등 비교적 쉽게 갈 수 있는 곳이 아니라 1년에 한두 번 정도나 갈 수 있는 개마고원. 목적은 씨감자 사업장 방문이다.

특히 우리가 가려는 개마고원(북한명은 양강도 백무고원 대홍단이다)은 북한 감자 혁명의 전초 기지로, 수백만 평의 밭에 우리의 씨감자가 심어져 알알이 살찌고 있는 곳이란다. 정말 기대가 된다.

평양에 가면서 베이징을 거쳐야 하는 건 너무 억울하다. 서울에서 평양까지는 겨우 200킬로미터, 3시간 남짓이면 충분히 갈 수 있는 곳인데 말이다. 다음에 갈 때는 인천공항에서 직항을 타든지, 경의선 기차를 타고 가든지, 배를 타고 남포항을 거쳐 대동강까지 갔으면 좋겠다. 베이징의 잔뜩 찌푸렸던 날씨가 압록강을 넘으니 해가 반짝 났다. 기내 방송을 하는 여자는 들뜬 목소리로 말했다.

"지금 김일성 장군님이 항일 투쟁하던 압록강을 넘고 있습니다."

아, 아래 보이는 곳이 북한 땅이구나. 내 마음도 그 목소리만큼 들떠 있었다. 내게는 93번째로 방문하는 나라. 드디어 중국과 남한 사이에 끊어졌던 구간이 이어지며 내 세계 일주가 마무리되는 순간이다. 난생 처음 해외 여행을 갔을 때보다 더 떨리고 설렌다. 승무원이 주는 '사탕가루'와 '우유가루'를 넣은 커피를 한 잔 마셨더니 더욱 그렇다.

한번 잤다 하면 누가 업어가도 모르게 자는 평소와 달리, 평양으로 떠나기 전날 새벽에는 두 번이나 자다 깨다 했다. 2 : 25, 4 : 37 호텔 방 전자시계의 붉은 글씨가 어둠 속에서 화인인 듯 선명했다. 이렇게 잠까지 설칠 만큼 고대했는데 막상 평양에 도착하니 오히려 무덤덤해져서 나도 놀랐다. 뭔가 대단히 다르고 낯설 줄 알았는데 예상이 빗나간 것이다.

공항은 출입국 관리소에 휴대폰을 맡겨놓아야 하는 것만 빼고는 우리 나라의 지방 공항 같았고, 주체탑과 인민문화궁전 등 평양의 거리 풍경도 TV에서 하도 많이 봐서인지 여러 번 와봤던 곳같이 익숙하다. 이럴 줄 알았으면 〈남북의 창〉 같은 프로그램 좀 작작 볼 걸 그랬다.

평양 도심을 지나서 대동강 다리를 건너 두루 섬으로 가는 경치는 마포대교를 건너 여의도로 가는 길과 너무나 비슷해서 한순간 내가 지금 여의도 사무실로 출근하고 있는 거 아니야, 하는 착각이 들 정도였다.

:: 지금 북한은 감자 혁명중

　우리는 제일 먼저 평양에 있는 농업과학원에 들렀다. 멀리서도 8천 5백 평의 농지를 가득 메운 80여 동의 비닐하우스가 보인다. 여기가 식량 해결을 위한 감자 혁명의 발전소 씨감자 공장이다. 그런데 왜 식량 해결의 주역이 감자라는 걸까? 물론 쌀로 해결할 수 있으면 제일 좋겠지만 논이 절대적으로 부족한 북한의 토지 사정을 감안할 때 그것은 불가능하다. 한 해 북한에서 필요한 곡물의 최소한의 양은 650만 톤인데 그 가운데 3분의 2만 자체 생산되고 부족한 부분은 해외 원조를 받아야 하는 실정이다. 하지만 최근에는 그것마저 여의치 않아 식량난이 가중되고 있다.

　그 차선책이 바로 감자다. 감자는 고산지대에서 잘 자라고, 기후의 영향도 적게 받고, 비료가 적게 드는 데다, 1년에 이모작을 할 수 있다는 이점이 있다. 북한은 감자밭과 노동력이 충분하고 식량 자급에 대한 불타는 의지도 충분한데, 문제는 바이러스 없는 씨감자를 어떻게 대량 생산하느냐다. 바이러스에 걸리면 생산량이 뚝 떨어질 뿐만 아니라 다음 대에는 거의 반타작도 할 수 없기 때문이다.

　남쪽의 월드비전은 바로 이 무바이러스 씨감자 대량 생산을 위해 물자와 기술을 돕고 있는 것이다. 북쪽에서는 농업과학원이 연구 인력과 노동력을 대고, 민족경제협력연합회에서는 필요한 행정 업무를 진행하면서 힘을 합치고 있다.

　이제 5년째를 맞은 이 사업은 첫 단계로 수경재배를 통해 약 1천 8백만 알의 무바이러스 씨감자 생산에 성공했고, 올해부터는 다음 단계로 그 씨감자를 밭에 심어 북한 전역에 심을 수 있는 양의 씨감자로 증식하여, 4백만 톤 생산을 눈앞에 두고 있다. 이 정도 양의 감자면 북한의 식량 부족분을 충분히 해결할 수 있으니 식량 자급 자족 역시 눈앞에 있는 것이다.

현장에 와서 직접 씨감자 공장을 보니 정말 뿌듯하다. 물고기를 주는 것보다 물고기 잡는 법을 가르쳐주는 것. 이것이야말로 구호 사업의 기초이자 핵심인데, 바로 그 핵심으로 깊숙이 들어온 것이다. 물론 잡는 법을 터득할 때까지는 당장 먹을 물고기가 필요하다. 그래서 우리는 1996년부터 국수 공장을 운영하며 하루에 5만 명의 아동들을 먹이는 일을 동시에 하고 있는 것이다.

서울에서 자란 나는 감자에 대해서는 아무것도 모른다. 난 여태 껏 일반 감자를 오래 놔두면 나오는 싹을 오려서 그걸 그냥 밭에다 심으면 되는 줄 알았다. 그런데 씨가 되는 감자가 따로 있다는 걸 여기서 처음 알았다. 게다가 대추만한 한 알의 씨감자를 만드는 데 그렇게 무지막지한 공이 드는 줄도 미처 몰랐다.

멸균복을 입어야 들어가는 조직배양실, 몹시 더운 영양액 육묘 장, 냉장고 안같이 시원한 저온 저장실, 푹푹 찌는 무균 수경재배실 등 각 단계마다 복잡하고 까다로운 과정을 거친다. 조직배양실에는 비커마다 가느다란 연두색 줄기에 다닥다닥 붙어 있는 좁쌀알만한 씨감자가 담겨 있었다. 이것은 씨감자의 수정란 같은 것인데, 5백 밀리미터 비커 하나가 3만 평의 감자밭에 심을 수 있는 양이란다. 눈에 잘 보이지 않을 정도로 작은 연두색 씨감자 원형이 어찌나 예쁘고 신기하던지 들여다보고, 들여다보고, 또 들여다보았다.

이 비커에 든 씨감자의 씨앗들이 각 단계를 거치면서 밭에 심을 수 있는 씨감자가 되는 데 5년이나 걸린 것이다. 이제 씨감자가 밭에 심어져 몇십 배, 몇백 배로 증식되면 평양 외에 개마고원, 함흥 등 북한 전역에 심을 수 있는 양의 씨감자가 나온다고 한다.

"이 공장은 그 규모나 생산량이 세계 최고입니다."

웃는 얼굴로 우리를 구석구석 안내하던 이곳 연구소의 강 소장님은 갑자기 심각한 표정으로 이어서 말한다.

"여기서 생산되는 씨감자의 대부분은 '포태'와 '라야'라는 품종입니다. 특히 라야가 인기 만점이죠. 앞으로 우리 연구진은 라야보다 훨씬 바이러스에 강한 '비야'라는 품종 개발에 박차를 가할 예정입니다."

점잖은 사람이 웃지도 않고 말해서 믿을 뻔했다.

저장고에 있던 라야 품종 씨감자 몇 알을 얻어 왔다. 베란다에서라도 한번 키워보고 싶어서다. 자세히 보니 눈도 있고 눈썹도 있는 게 꼭 사람 얼굴 같다. 처음 키워보지만 인터넷이나 같이 온 박사님들에게 물어보면 되겠지. 무엇보다 사랑과 정성만은 듬뿍 줄 자신 있다.

내게 감자에 얽힌 추억이라곤 고작 친구들과 모여서 하던 '감자에 싹이 나서, 잎이 나서, 묵. 찌. 빠' 하는 놀이였다. 아, 참, 어릴 때 외웠던 동시도 하나 떠오른다.

자주 꽃 핀 건 자주 감자,

파보나 마나 자주 감자

하얀 꽃 핀 건 하얀 감자,

파보나 마나 하얀 감자

이 동시는 그런 대로 서정적이지만 못 살던 시절에 밥 대신 먹던 먹을거리여서일까, 우리 문학 작품에 나타난 감자는 대부분 슬프고 궁상맞다. 어둡게 자랐다느니, 자주색 슬픔이라느니, 늙은 아버지라느니 한결같이 고흐의 〈감자 먹는 사람들〉처럼 우중충한 분위기다.

감자는 옛날 보릿고개를 넘길 때 구황작물로 널리 사랑받았다지만 세계 여행중인 나를 '구황(救荒)'한 것도 다름아닌 감자다. 여행하는 나라의 음식 향료에 익숙지 않아 고생할 때는, 감자를 그냥 맹물에 삶아서 소금에만 찍어 먹어도 허기를 면할 수 있었다. 계란과 더불어 세계 어디를 가나 구할 수 있고 맛도 같기 때문에 안심하고 먹을 수 있었던 것이다.

또 감자는 먹기만 하는 게 아니다. 한여름 땡볕에 익어 얼굴이 몹시 따가울 때 감자를 얇게 썰어 붙여놓으면 신기하게 가라앉았다. 아프리카 사람들은 감자 붙인 내 얼굴을 보고 코끼리가 날아다니는 걸 보는 양 진짜 신기해했다.

세상에서 제일 맛있는 감자는 뭐니 뭐니 해도 대학 시절에 엠티 가서 캠프파이어 뒤풀이로 구워 먹던 감자다. 쿠킹호일에 싸서 사그라져가는 불 안에 묻어두면 조금 후 사방으로 은은히 퍼지는 구수한 감자 익는 냄새…… 한밤중 배가 출출할 때 코와 입을 즐겁게 해주었던 그 꿀맛 같던 감자.

감자밭 천지라는 대홍단에 간다니까 감자에 얽힌 추억이 상념의 밭에서 감자 캐듯 주렁주렁 달려나온다.

:: 감자꽃은 통일꽃

평양은 영상 30도를 오르내리며 몹시 무더웠는데 삼지연 비행장에 내리니 날씨가 가을처럼 서늘하다. 기온이 평양과는 10도 이상 차이가 난단다. 작은 공항이 온통 늘씬한 전나무와 이깔나무로 둘러싸여 이곳이 추운 지역임을 실감케 한다. 날씨가 좋은 날은 백두산이 코앞에 있는 듯 가까이 보인다고 한다. 베개봉 호텔까지 가는 30분 남짓의 길도 숲을 가로질러 나 있다. 하늘을 향해 쭉쭉 뻗은 촘촘한 나무들의 출렁 늘어진 가지 끝이 손에 닿을 듯하다. 원시림의 숲. 마치 캐나다 동부의 어느 울창한 국립공원을 지나가는 기분이다. 한반도의 허파 노릇을 할 이 숲만으로도 이곳은 충분히 국제 관광지가 될 것 같다. 이렇게 멋진 길을 차를 타고 휘익 지나가는 건 정말 아깝다. 걷는 것이 안 된다면 자전거라도 타고 천천히 가면 얼마나 좋을까. 숲의 정기도 듬뿍 받으면서 말이다.

"여기 자전거 빌려주는 데는 없나요?"

우문(愚問)을 던지니까 같이 갔던 민경련 수행원이 현답(賢答)을 한다.

"얼른 그렇게 돼야지요. 그날을 우리가 앞당겨보자구요."

길가에는 국토 행진을 하고 있는 학생들이 많이 눈에 띈다. 각자의 고향에서 백두산까지 걸어가는 거란다. 붉은 기를 앞세우고 '위대한 장군의 열렬한 항일 투쟁 정신을 본받자' 등의 플랜카드를 들고, 적으면 수십 명 많게는 수백 명이 걷는다. 적어도 열다섯 살은 되어 보이는데 키며 몸집이 아주 작다. 길게는 수십 일도 걸리는 저 행군이 내일이면 백두산으로 끝이 난다. 그래서인지 사람들의 얼굴은 몹시 지쳐 보였으나 눈빛만은 반짝 빛났다. 승합차 맨 앞자리에 앉아 눈이 마주친 사람들에게 손을 흔들면 아이들은 십중팔구 화답을 하는데, 어른들은 어쩔 줄 몰라 당황하든지 아예 외면한다. 그런 외면도 별로 섭섭하지가 않다. 본심은 아니라는 걸 알 것 같기 때문이다.

강원도가 감자바위라더니 여기 대홍단에 오니 먹을거리가 온통 감자다. 베개봉 호텔에서 네 끼 식사를 했는데, 그 가운데 감자국수, 감자떡, 감자막걸리, 감자부침개 등 모두 11가지의 감자 요리가 나왔다. 이건 약과다. 감자로 만들 수 있는 요리의 종류는 무려 216가지라니 말이다.

어느 날 아침 주먹만한 삶은 감자가 나왔는데 밤처럼 달고 떡처럼 차졌다. 차에서 간식으로 먹을 셈으로 종업원에게 감자 몇 알을 싸줄 수 없냐니까, 이십대의 앳된 아가씨가 감자 네 알과 소금을, 감자는 감자대로 소금은 소금대로 분홍색 휴지로 일일이 싸서 비닐 봉투에 넣고는 수줍은 듯 건네주었다. 고마운 마음에 뭐라도 주고 싶었지만 그러면 안 된다고 한다. 이 친구도 내 마음과 못 주는 사정을 알아주겠지.

우리가 하루 종일 먹은 감자가 자라는 대홍단 감자밭을, 드디어 내일 가는구나. 그동안 무진 애를 쓰며, 그렇게 애를 태우며 만들어낸 무균 씨감자가 드디어 수백만 평의 밭에 심어져 그 첫 결과를 기다리고 있는 곳이다. 수행원에게 현장에서 캔 감자를 먹을 수 있냐니까 아직은 못 먹는단다. 그럼 감자꽃은 볼 수 있냐니까 그건 가보면 알 거라며 왜 어제부터 감자꽃 타령이냐, 한 팀장은 북쪽에

꽃구경을 왔느냐고 놀리며 웃는다. 그러더니 "내가 정말 감자꽃 타령해볼까요?"하더니 노래를 부른다. "홍단수 물결 우에 황금빛 물들고 밀보리 설레이네 감자꽃 춤추네. 수령님 지어주신 그 이름도 대홍단 금나락도 삼천 리요 노래도 삼천 릴세."〈대홍단 삼천리〉라는 유행가이다.

"감자꽃이다!"

호텔을 떠나 전나무 숲을 가로질러 한 시간쯤 갔을까. 우리 일행 중 한 명이 외마디를 질렀다. 일제히 일행들의 머리가 그쪽으로 돌아갔다.

아, 세상에! 하늘과 땅이 만나는 지평선까지, 아득히 내 눈길이 닿는 데까지, 벌판 가득 감자꽃이 활짝 피어 있었다. 수만, 수십만, 아니 수백만 송이의 하얀 감자꽃! 송이송이 함박눈이 들판 가득히 내려 쌓인 것 같았다. 파란 이파리와 푸른 방풍림을 배경으로 핀 하얀 감자꽃들이 등불인 양 환하다. 산들바람이 불면 일제히 찰랑, 몸을 흔드는 감자꽃. 마치 귀여운 여동생이 '이제 오세요?' 하는 것 같다.

반가운 마음에 동시에 카메라를 꺼내 사진을 찍어대느라 정신이 없다. 앞에도 옆에도 뒤를 돌아보아도 감자꽃. 앵글을 따로 잡을 필요도 없이 아무 데나 갖다대도 그대로 그림엽서다. 찍고 또 찍고 아무리 찍어도 모자란 것 같아 계속 찍는다. 이렇게 사방에서 밀어닥치는 감자꽃의 파도는 차로 한 시간을 가도 끝나지 않았다. 감자꽃의 바다에 뗏목을 타고 둥둥 떠다니는 듯한 기분이었다.

아, 저 꽃 한 송이를 피우기 위해 얼마나 많은 사람들이 얼마나 많은 밤을 새우고, 얼마나 많은 땀을 흘렸으며, 얼마나 간절히 기도했을까? 이런 꽃의 바다를 만들기 위해 조그만 물방울들은 모여 모여서 시냇물이 되고, 강물이 되어 여기까지 얼마나 열심히 달려왔을까.

빨리 감자꽃을 가까이 보고 싶어 대홍단 농업과학원 현장을 돌아보는 동안에도 내 마음은 온통 감자밭에 가 있었다. 그렇게 기다려 밭에 들어서니 훅, 은은한 난초 향 같은 감자꽃 향기가 코를 스친다. 가까이서 보니까 다섯 갈래로 갈라진 흰 꽃판 중앙에 노란 별 모양의 조그맣고 소박한 모습이었다. 장미나 양귀비의 화려함에 비할 수는 없지만 이 꽃이 북한의 식량 문제를 해결하는 열쇠라고 생각하니, 내 눈에는 세상의 어떤 꽃보다 예쁘게 보인다.

감자밭 책임 농부가 밭에 심은 씨감자가 어떻게 자라는지 설명하면서 갑자기 꽃이 피어 있는 감자 줄기를 확 뽑아 보였다. 어머나, 땅위 줄기에는 아직 꽃이 피고 있는데 땅속 줄기에는 벌써 엄지손톱만한 어린 씨감자가 스무 알 정도 주렁주렁 달려 있었다. 이 감자가 세 달만 지나면 또 다른 씨감자가 되는 것이다. 한 알의 씨감자가 한 번에 스무 배씩으로 불어난다고 한다. 그렇다면 등불처럼 피어 있는 수백 만 송이의 감자꽃이 곧 수천만 알의 토실토실하고 튼튼한 씨감자로 둔갑해 북한 전역에 심을 물량이 되는 것이다.

감자 4백만 톤이면 식량 부족분이 해결된다니 20만 정보의 감자밭에서 한 정보당 20톤만 나오면 된다는 계산이다. 지금 남과 북은 3~5년 안에 이 목표를 달성하기 위해 무균 씨감자의 대량 생산에 총력을 기울이고 있다. 남쪽과 북쪽 모두 충분히 현실 가능한 일이라며 강한 자신감을 보이고 있다.

5년 안이라니……. 이런 반가운 소식이 있나. 나는 여태껏 북한의 식량난 해결은 불가능한 일인 줄로만 알았다. 그래서 남쪽에서 밑 빠진 독에 물을 붓듯, 쌀이건 밀가루건 비료건 한도 끝도 없이 올려보내줘야 한다고 생각했다. 북한 사람들은 꼼짝달싹하지 않는데 우리만 애가 달아 달라는 대로 뭐든지 퍼준다고도 생각했다. 심지어는 북한 사람들은 우리의 이런 노력을 고맙게 생각하지도 않을 거라고 의심도 했다.

그런데 아니었다. 정말 아니었다. 일주일의 짧은 여정이었지만 나는 내내 느낄 수 있었다. 식량난 해결을 위해 이들이 죽을힘을 다해 갖은 노력을 하고 있는 것을. 왜 그렇지 않겠는가. 다른 것도 아니고 먹고 사는 문제인데, 십 년 넘게 남한이나 국제 사회에게 먹을 것이 모자라니 도와달라고 할 때 얼마나 자존심이 상했겠는가. 어떻게든 자신들의 식량 문제를 스스로 해결하고 싶지 않을 리가 없다. 같이 일하는 젊은, 혹은 노련한 과학자들은 식량 자급자족을 달성하는 일을 위해서라면 어떤 희생도 불사하겠다는 사명감으로 불타올랐고, 현장의 농부들 역시 이 일을 어떻게든 자신들의 손으로 이루어내겠다는 결의로 가득 차 있었다.

식량 문제 해결을 위한 그들의 진지하고 간절하고 뜨거운 눈빛을 느낄 때마다 감자꽃을 보는 것만큼 반갑고 안심이 된다. 그런 한편, 그동안 북한 사람들은 달라기만 하고 받기만 하는 염치없는 사람들로 여겼던 것이 너무나 미안했다.

물론 식량 자급을 위해 해결해야 할 문제들은 아직도 많다. 가장 큰 걱정은 일반 농민들이 이 씨감자를 심었을 때 필요한 비료와 농약을 확보하는 일이다. 특히 안정적인 생산을 위해 비료는 절대적이다. 그러나 씨감자 생산 단계까지는 민간 단체인 우리가 어떻게 해볼 수 있겠지만 일단 밭으로 나가면 일개 NGO가 도울 수 있는 규모를 넘어선다. 민족적, 국가적 관심과 지원이 절실히 필요한 때다.

북한 문제 하면 늘 인권 문제가 짝을 이루어 거론된다. 정치·경제·사회적으로 여러 가지 문제가 거미줄처럼 얽혀 있는 이 문제를 나 같은 문외한은 감히 언급할 수조차 없다. 그러나 한 가지, 내가 확실히 아는 것이 있다. 인간의 권리 중 가장 중요한 권리는 살아 있을 권리, 바로 생존권이라는 것이다. 그건 방글라데시건, 말라위건, 아프가니스탄이건 마찬가지다. 저 감자꽃이 통일꽃으로 활짝 피어나야 하는 이유도 그래서다. 누군가 우리들에게 북한이 먹을 것이 없어 곤궁에 처했을 때, 사람이 죽어갈 때, 형제인 너희는 무엇을 했느냐고 묻는다면 할 말이 있어야 하지 않겠는가.

내년에도 내후년에도 또 그 후년에도 1년에 두 번 이렇게 감자꽃이 활짝 피었으면 좋겠다. 그래서 우리 북녘 동포들이 토실토실한 감자를 실컷 먹을 수 있는 날이 빨리 왔으면 좋겠다. 내가 긴급구호 식량 배분 담당으로 여기에 올 일이 절대 없기를 바란다. 저 벌판 가득 피어 있는 감자꽃을 보니 그럴 일은 없을 것 같다.

마음이 놓인다.

가슴 밑바닥에서 울려오는 진군의 북소리

"팀장님 얼굴이 감자꽃같이 환해요."

북한에서 찍은 사진을 같이 정리하던 우리 팀원이 말한다. 듣고 보니 사진마다 싱글벙글, 환하게 웃고 있다. 정말로 마음이 놓인 얼굴이다. 북한뿐만이 아니다. 현장에서 찍은 사진 속의 얼굴은 거의 다 그렇다. 그 안타깝고 괴로운 곳에서 어떻게 이런 표정이 나올 수 있는 걸까. 아마도 그건 희망의 싹 때문일 것이다. 재난의 크기와 원인은 달라도 마음을 열고 잘 살펴보면 거기에는 언제나 파란 희망의 싹이 움트고 있다. 혹독한 환경에서 척박한 땅을 뚫고 돋아난 그 작고 기특한 것을 보았으니 어찌 반갑지 않을 수 있을까.

지난 5년간 숨가빴다. 첫 파견지 아프가니스탄에서는 어리둥절하고 긴장한 채 '아, 긴급구호란 이런 거구나' 하는 것을 알았고, 노련한 요원들을 보면서 나는 언제 저렇게 될 수 있을까, 주눅도 들었다. 이라크에서는 드디어 초보 딱지를 떼고 작지만 요원으로서 내 영역이 생겼다. 또 네팔에서는 그동안 배운 것을 현지인들에게 전하는 기쁨도 맛보았고, 쓰나미 구호 현장에서는 국제 본부 정책을 세우는 데 일조하면서 여기까지 왔다.

돌아보니 현장에서 울고 웃고 화내고 무섭고 안타까워하던 일들이 주마등처럼 지나간다. 기쁘고 즐거운 일이 더 많았지만 지치고 힘든 날도 많았다. 과도한 업무와 스트레스로 몸과 마음이 곤죽이 되면 저절로 이런 생각이 떠오르곤 했다. '정말 힘들어 죽겠군. 이렇게 무리하게 일하는 데가 세상에 어디 있어? 무쇠로 만든 사람이라도 녹고 말겠다.'

그러나 이렇게 입이 댓발이나 나와 죽겠다고 아우성치면 내 안의 내가 곧바로 튀어나와 이렇게 묻는다. '누가 시켰어? 그렇게 힘들면 그만두면 되잖아?' 그러면 나는 불에 데기라도 한듯 화들짝 놀라며 즉시 대답한다. '누가 그만두겠대? 말이 그렇다는 거지.' 마음속의 불평불만과 몸의 고단함이 이 대답과 함께 한순간에 쏙 들어가버린다. 그러면 그 내 안의 내가 다시 묻는다. '왜 계속하고 싶은 건데?' 답은 아주 간단하다. 이 일이 내 가슴을 뛰게 하기 때문이다. 내 피를 끓게 하기 때문이다. 참말이지 5년 동안 해왔지만 지금도 '긴급구호'라는 말만 들어도 몸이 뜨거워지고 마음은 어느덧 현장에 가 있다. 이 견딜 수 없는 뜨거움, 이 마음이 식기 전에는 긴급구호를 그만둘 수가 없다. 마음이 온통 여기에 있는데 무슨 다른 일을 할 수 있을까.

하지만 마음이 뜨겁다고 해서 어떻게 하고 싶은 일을 다 하고, 하는 일마다 다 잘할 수 있겠나. 그럴 리도 없고, 그럴 자신도 없다. 처음 먹었던 마음이 한 번도 흔들리지 않을 자신도 없다. 그러나 하기로 한 일을 끝까지 할 자신은 있다. 그 일을 하면서 내가 가진 어떤 힘도 아끼지 않을 자신도 있다. 물론 아무리 열심히 해도 마음처럼 안 되는 일은 이전에도 많이 있었고 앞으로도 많을 것이다.

그러나 '진인사(盡人事)' 했노라 말할 수 있다면 그 일에 미련도, 후회도, 원망도 없다.

이 일을 하면서 좋은 일 한다는 칭찬을 많이 받는다. 긴급구호 요원으로서 마땅히 해야 할 일을 할 뿐인데 이런 얘길 듣는 건 정말이지 쑥스럽고 민망하다. 그러나 처음의 마음 변치 않고, 있는 힘을 다했으리라고 믿어주는 그 마음만은 기꺼이 받고 싶다. "저 사람이 최선을 다했다고 하면, 그 말은 믿어도 좋아"라는 말은 내가 받고 싶은 최고의 찬사다. 나는 천재가 하루아침에 이루어놓은 일보다 보통 사람이 몇 년에 걸쳐 땀과 열정을 바쳐 이룬 일이 훨씬 값지다고 생각한다. 진인사 후 대천명(盡人事後待天命)이다. 사람이 할 바를 다하고 나서야 비로소 하늘의 도움을 청할 자격이 있다고 믿는다. 그래야 떳떳하다.

나는 이 일을 하면서 이 떳떳함과 만족감, 일에 대한 자부심 외에 특별히 뭘 얻을 생각도 없고 무엇을 더 얻을 수 있는지도 잘 모르겠다. 혹시 하나를 더 원한다면 우리 조카들과 형제들에게 당당한 꼬미야, 동생, 누나가 되고 싶다는 거다. 그러나 엄마 아버지의 딸, 한국의 딸로만 머물기는 싫다. 한국은 나의 베이스캠프일 뿐이다. 이왕 세상에 태어나고 세상으로 나섰으니 한국과 아시아를 넘어서 온 세상의 딸이 되고 싶다. 세계를 무대로, 세상 사람들을 모두 친구로 형제자매로 삼고 싶다.

그러기 위해서라도 나는 세상이 만들어놓은 한계와 틀 안에서만 살 수가 없다. 안전하고 먹이도 거저 주고 사람들이 가끔씩 쳐다보며 예쁘다고 하는 새장 속의 삶, 경계선이 분명한 지도 안에서만 살고 싶지 않다. 그 안에서 날개를 잃어버려 문이 열려도 바깥으로 한 발자국도 나갈 수 없는 새가 된다면……. 생각만 해도 무섭다. 나는 새장 밖으로, 지도 밖으로 나갈 것이다. 두 날개를 활짝 펴고 날아다닐 거다. 스스로 먹이를 구해야 하고 항상 위험에 노출되어 있지만 그것은 자유를 얻기 위한 대가이자 수업료다. 기꺼이 그렇게 하겠다. 길들여지지 않는 자유를 위해서라면.

앞으로 긴급구호 요원으로 하고 싶은 일이 많다. 내가 제일 하고 싶은 것은 대형 난민촌의 총 책임자다. 이런 얘길 하면 국제 요원들은 "겨우 캠프 총책임자야?" 한다. 한결같이 이런 반응인 걸로 봐서 내가 또 엉뚱한 생각을 하고 있는 모양이다. 하지만 나는 여태껏 본 현장 사람 가운데 난민 캠프 총 책임자들이 제일 멋져 보인다.

총 책임자는 전쟁과 기근 등의 이유로 이웃 나라로 피신 온 수천 수만 명의 난민들에게 난민촌을 지어 신변을 보호하고, 식량이나 텐트 등 기본적인 의식주를 해결해주는 사람이다. 그리고 자국의 사정이 호전되었을 때, 그들이 안전하게 본국으로 돌아갈 수 있게 해주는 일을 한다. 지금 내 실력으로는 어림도 없는 일이지만, 매일 한 발짝 한 발짝 나아간다면 못 할 것도 없다.

가끔씩 수천 수만 동의 하얀 텐트가 쳐 있는 난민촌에서 동도 트기 전인 어슴푸레한 새벽에 모래바람을 맞으며 무전기로 어딘가에 급하게 연락하는 내 모습을 상상하곤 한다. 살인적인 땡볕 아래, 대규모 식량 배분이 이루어지는 현장에서 폭동에 가까운 소란이 벌어졌을 때, "여러분 모두에게 돌아갈 식량이 있습니다. 내 말을 믿고 질서를 지켜주세요"라고 호소하는 모습이 떠오른다. 붉게 물든

석양을 바라보며 야전 식탁에서 요원들과 둘러앉은 나, 차를 마시면서 난민촌 어린아이들이 노는 소리를 들으며 망중한(忙中閑)에 빠진 모습도 그려진다. 깜깜한 밤중, '무장한 불순 세력들의 난민촌 진입 시도'라는 타전을 듣자마자 요란하게 비상벨을 울리며 "전 난민촌 요원은 출동 대기하라"고 지시를 내리는 나, 이 일이 무사히 진압되어 감사의 기도로 하루를 마치며 마지막 성호를 긋는 내 모습을 상상한다. 이 글을 쓰는 지금도 가슴이 떨린다.

그런데 사실 긴급구호는 때때로 대단히 기운 빠지는 일이기도 하다. 특히 분쟁 지역에서는 남들이 잔뜩 어질러놓은 곳에 가서 뒤치다꺼리만 하는 게 아닌가 싶기도 하다. 치워놓으면 어지르고, 또 말끔히 정리해놓으면 한순간에 난장판으로 만들어버리는, 허무한 일이 지금도 세계 도처에서 벌어지고 있다. 마치 이쪽에선 힘을 다해 물이 넘친 복도를 청소하는데, 저 복도 끝 수도꼭지에서는 물이 콸콸 나오고 있는 꼴이다. 그 수도꼭지를 잠그고 복도를 한 번만 말끔하게 치우면 일이 끝나겠지만, 수도를 열어놓은 힘센 사람이 잠글 의사가 전혀 없다면 우리의 노력이 무슨 소용이며 이 일은 도대체 언제 끝난다는 말인가, 라는 생각도 든다. 그러니 그 근본 원인을 막는 것이 백 배, 천 배, 만 배 중요하다. 그래서 언젠가는 '복도 치우는 일'보다는 '수도꼭지 잠그는 일'이 하고 싶을지도 모르겠다.

그렇다면 이 일의 특성상 현장 일을 만년세세 할 수 있는 건 아니니, 그 후에 할 일도 벌써 몇 가지 생각해놓았다. 긴급구호를 제외한 내 인생의 최우선 순위이자 지금 이 순간에도 꾹 참고 있는 것은 산에 다니는 일이다. 지리산부터 백두산까지 이어지는 백두대간이나 네팔·파키스탄 등 산들의 고향은 물론 세계 7대륙의 최고봉을 모두 올라보고 싶다. 이렇게 하려면 절대적인 체력이 필요할 테니 한 쉰다섯 살부터는 시작해야 하지 않을까. 물론 세상에 대형 재난이 발생해서 내가 할 수 있고, 해야 할 일이 있는데도 산속에 들어가 있지는 않을 테지만 그렇지 않은 시간은 산과 함께 지내고 싶다.

나는 인생이란 산맥을 따라 걷는 것이 아닐까, 생각한다. 이 산맥에는 무수한 산이 있고 각 산마다 정상이 있다. 그런 산 가운데는 넘어가려면 수십 년 걸리는 거대한 산도 있고, 1년이면 오를 수 있는 아담한 산도 있다. 그러나 아무리 작은 산이라도 정상에 서는 것은 신나는 일이다. 한 발 한 발 걸어서 열심히 올라온 끝에 밟은 정상일 테니 말이다. 하지만 어떤 산의 정상에 올랐다고 그게 끝은 아니다. 산은 또 다른 산으로 이어지는 것. 그렇게 모인 정상들과 그 사이를 잇는 능선들이 바로 인생길인 것이다. 삶을 갈무리할 나이쯤 되었을 때, 그곳에서 여태껏 넘어온 크고 작은 산들을 돌아보는 기분은 어떨까?

철들고 나서 내가 넘어온 산들을 따져본다. 국제 홍보라는 산, 세계 일주라는 산, 중국어라는 산을 넘어 지금은 긴급구호라는 산을 오르고 있다. 이제 5년 차이지만 이번 산은 워낙 크고 높아서 정상에 오르려면 아직 멀었다. 겨우 3부 능선쯤 올라온 것 같다. 그러나 애초부터 오래 걸릴 것을 각오했기 때문에 진도가 더디게 나간다고 답답해하거나, 어느 천 년에 정상까지 가냐며 포기하지는 않을 것이다. 곧 7부 능선, 8부 능선으로 올라가면 조금씩 시야가 트이고, 어느 순간 까마득했던 정상이 눈앞에 나타나면서 든든한 이정표가 되어줄 것이다.

오늘도 나는 행군한다. 지금은 몸에 익지 않은 무거운 배낭을 지고 오르막길을 오르느라 좀 괴롭다. 무엇보다 앞서가는 사람 없이 길 없는 길을 가야 하는 게 제일 힘들다. 이 길 끝은 과연 정상인가, 내가 가진 식량과 장비는 충분한가, 앞으로 닥칠 크레바스와 암벽은 어떻게 넘어가나 하는 생각으로 때로는 버겁고 무섭기도 하다. 그러나 내 능력에 대한 의심이 들 때마다, 기가 꺾여 자신이 없어질 때마다, 몸이 지쳐서 한 걸음 한 걸음이 천근만근일 때마다, 그래서 무릎을 꿇고 싶을 때마다 가슴 저 밑바닥에서 울려오는 진군의 북소리가 들린다. 그리고 나에게 내려진 절체절명의 명령 소리가 들린다.

지도 밖으로 행군하라!

일곱 번째 책이다. 책을 내면 낼수록 쉬워질 줄 알았는데, 그게 아니었다. 이번 책을 쓰면서 죽을 뻔했다. 집중하는 시간은 행복했지만 글 쓰는 기간이 다른 책의 두 배나 걸려 진을 다 빼놓았다. 책 내용이 무거워질까 봐 고생 좀 했다. 집필 내내 현장 사람들의 고통스런 얼굴과 증언이 맴도는 것도 괴로웠다. 그 마음을 이기지 못해 몸살을 된통 앓은 적도 있다. 내가 힘들어 죽겠다고 친구에게 하소연을 했더니, "죽더라도 책은 다 쓰고 죽어. 사람 궁금하게만 해놓고"라고 말해서 정말 책은 써놓고 죽어야지 굳게 결심했다. 이런 악질 친구 덕분에 죽지 않고 책을 무사히 끝내게 되어 기쁘다.

이 책은 지난 5년간의 긴급구호 현장 보고서이자 내 삶의 보고서다. 이렇게 써놓고 보니 그럴 듯하기도 하고 아쉽기도 하다. 그러나 한 가지 분명한 건 이 일을 하면서 내 인생이 업그레이드 되었다는 점이다. 여러분께 《중국견문록》 이후 몇 걸음이지만 앞으로 나간 모습을 보여줄 수 있어서 기분 좋다. 그리고 이 책을 쓰면서 젖 먹던 힘까지 다했노라고 자신 있게 말할 수 있어서 떳떳하다.

봄과 여름에 걸친 집필 기간 동안 책에 나의 최대치를 쏟아 부을 수 있게 해준 것들이 아주 많다. 그중 일등공신은 북한산 족두리봉. 산 근처에 사는 덕분에 아침마다 올라가고 하루 종일 그 산을 바라보며 글을 썼다. 밤을 새운 새벽, 검푸르게 윤곽을 드러내며 밤 사이의 노고를 위로해주어서 정말 고맙다. 이등공신은 'Jazz at the Movie'라는 음악 시디 안에 있는 가벼운 재즈곡들. 특히 비오는 여름밤에 많은 영감을 부어주었다. 그리고 친구가 찍어준 멋진 동해의 일출 사진과 에베레스트산 전경 사진을 책상 앞에 붙여놓고 산과 바다의 정기를 한껏 받았다. 내 잠을 물리쳐준 커피와 박카스의 공도 크다. 글 쓰면서 이번처럼 많이 밤을 새운 적이 없다. 여섯 달 동안 100일은 족히 새웠을 거다. 그때마다 이 두 가지를 한꺼번에 마시는 '칵테일 요법'을 사용했는데, 효과가 아주 좋았다.

나에게 몽당연필 역할을 맡기신 나의 하느님, 그분의 음성, 우리 식구들의 염려와 잔소리, 직장 동료와 친구들의 기도와 격려가 담긴 문자 메시지들도 모두 이 책이 나올 수 있었던 원동력이다. 따뜻하게 배려해주시고 한없이 참아주시고 온갖 지원을 아끼지 않은 월드비전 회장님을 비롯한 지도부들에게 정말 감사한다. 특히 우리 본부장님과 긴급구호 팀원들, 그리고 내가 자리를 비운 동안 내 일까지 하느라 일이 두 배가 된 신희경 해외 사업 팀장에게 미안하고도 고마운 마음을 전한다.

그러나 누구보다도 고마운 사람은 아물지 않은 상처에 소금을 뿌리는 가슴 아픈 질문에도 다시는 돌이키고 싶지 않은 일들을 증언해준 현장 사람들이다. 인생 최악의 순간, 가장 힘든 순간을 이를 악 물어가며 상세하게 전해준 이들을 생각하면서 나 역시 어금니를 깨문 적, 많았다.

책을 다 쓸 때까지 책과 상관없는 일은 일체 하지 않겠다며 전화 잘 받지 않은 것, 이메일에 답장 안 한 것, 강연이나 원고 청탁을 매몰차게 거절한 것, 모임에 안 나간 것, 그 때문에 마음 상한 분들 많았을 거다. 깊이 반성하고 있으니 모두모두 한 번만 용서해주길 바란다. 원래 내가 한 번에 한 가지씩밖에 못 하는 사람이라서 정신을 집중하기 위한 자구책이었다. 오죽하면 별명이 레이저 포인터일까.

이제 이 책을 세상에 내놓는다. 아이를 낳은 엄마의 마음이 이럴까? 뿌듯하기도 하고 두렵기도 하다. 부디 이 녀석이 튼튼하고 사랑스런 아이로 자랐으면 좋겠다. 그래서 세상을 조금이라도 따뜻하고 밝게 만들어주면 정말 좋겠다.

후기를 쓰는 지금, 디지털 카메라의 꽉 찬 메모리칩의 사진들을 모두 컴퓨터에 옮겨놓고 난 것처럼 개운하고 가뿐하다. 깨끗하게 빈 메모리칩을 카메라에 집어넣는다. 앞으로 이 칩에 어떤 사진들이 들어갈까, 궁금하다. 그리고 설렌다.

다시 시작이다.

한비야가 안내하는
긴급구호의 세계 〉〉〉

1. 긴급구호란 무엇인가?

긴급구호는 생명을 구하는 것은 물론 그 생명이 최대한 빨리 일상에 복귀할 수 있도록 최소한의 조건을 만들어주는 것까지를 말한다. 단체마다 조금씩 다르지만 월드비전은 긴급구호 재난 현장을 피해 규모에 따라 카테고리 1, 2, 3으로 나누고, 그에 맞춰 구호를 담당할 주체를 정한다.

카테고리 1은 재난을 당한 그 나라 안에서 해결을 할 수 있는 규모를 말하고, 카테고리 2는 그 나라가 속해 있는 대륙 안에서, 카테고리 3은 전 세계가 힘을 합쳐야 할 만큼 재난의 규모가 큰 대형 재난을 말한다. 보통 해외 구호 활동은 카테고리 2, 3 영역에서 벌어진다. 예를 들어 방글라데시에 큰 홍수가 나서 수천 명의 사상자가 생겼다면, 이건 아시아 차원에서 대처해야 하는 카테고리 2 현장이다. 그리고 아프가니스탄이나 남부아프리카의 전쟁, 또는 대기근 등으로 수백만 명이 굶는 곳은 대표적인 카테고리 3의 재난 현장으로, 전 세계 사무실이 갖고 있는 인력과 자금을 총동원하게 된다.

카테고리 1인 국내 긴급구호도 아주 활발히 이루어지고 있어서, 강원도에서 불이 났다, 경상도에 홍수가 났다 하면 즉각 달려간다. 월드비전의 경우도 전국에 13개의 복지관과 지부를 두고 있어, 재난이 발생했을 때 주민들에게 무엇이 얼마만큼 필요한지를 당장 파악할 수 있다. 그러면 우리는 주민 욕구 조사를 거친 후, 교회나 지역 단체의 조직을 활용해 필요한 물품과 서비스를 최단 시간 내에 제공하는 일을 한다.

2. 구체적으로 긴급구호 현장이란 어떤 곳인가?

긴급구호 현장이란 사람들이 재난으로 생명이나 정상적인 생활을 위협받거나, 그 일을 겪고 있는 사람들 스스로는 그 재난을 극복할 수 없어 외부 도움이 절실한 현장을 말한다. 재난은 크게 지진이나 홍수 같은 천재(天災)와, 전쟁과 같은 인재(人災)로 나뉜다. 어떤 대형 재난 현장이든 초기에는 피난민이나 이재민들이 모여 사는 임시 거처가 필요하다. 특히 전쟁이 나면 안전한 곳으로 피신하려는 대규모 난민이 발생하게 마련인데, 그중에는 국경을 넘는 사람들도 있고, 한국전쟁 때처럼 그 나라 안에서 움직이는 사람들도 있다.

이러한 난민이나 재해민의 보호는 긴급구호 단체에서 주요하게 해야 할 일이다. 하지만 유엔 같은 GO(Governmental Organization)와 월드비전 같은 NGO(Nongovernmental Organization)는 돌보는 난민에 조금 차이를 둔다. 즉 유엔의 경우에는 유엔고등판무관실을 통해 대형 난민촌을 건립하여 난민들을 돌보고 보호한다. 그러다가 이들이 떠나온 고향이 평온을 찾았다고 판단될 때 난민들이 안전하게 돌아가 정착하는 것까지를 맡는다. 물론 이런 대규모 일을 유엔 혼자할 수는 없기 때문에 해당 국가의 정부, 국제 적십자, 그리고 민간 구호 단체들과 긴밀히 협력하며 일하고 있다. 단, 유엔은 현장에 따라 유동적이긴 하지만 원칙적으로 국경을 넘어온 사람들만을 난민으로 인정하고 돌본다. GO로서 국제법을 따라야 하기 때문이다.

그러나 월드비전을 포함한 민간 구호 단체에게는 국내에 남아 있는 난민도 당연히 돌봐야 할 대상에 포함한다. 이들에게 적용되는 것은 국제법이나 특정 지역의 법이 아니라 인권이라는 커다란 틀이기 때문이다.

유엔난민고등판무관실에 따르면 2005년 9월 현재 국경을 넘은 전 세계 난민은 1천만 명 정도이고, 국내 난민까지 포함하면 약 2천만 명 정도로 추산된다. 하지만 안타까운 것은 세상의 긴급구호 현장이 매년 급속도로 늘어간다는 점이다. 환경 파괴로 인한 가뭄과 홍수 등의 빈도와 강도가 증가하고, 정치·경제적 갈등으로 인한 전쟁 등 인간이 만든 재난으로 난민의 수는 점점 더 증가할 것이라는 전망이다.

3. 현장에서는 어떤 활동을 하는가?

갑자기 전쟁이 발생해서 맨몸으로 겨우 피난을 나왔다고 상상해보자. 당장 무엇이 필요할까? 하나부터 열까지 필요한 것투성이겠지만, 그래도 제일 시급한 건 먹고 자고 입는 것일 게다. 따라서 초기 긴급구호에서는 물, 식량, 천막, 화장실, 기초 의료 들을 확보하고 배분하는 일이 가장 급하다.

긴급구호 현장은 워낙 열악하고 다급한 상황이기 때문에 단 한 번의 판단 착오가 수많은 사람들의 목숨을 빼앗을 수도 있다. 따라서 각 분야에서 고도로 훈련된 전문가가 필요하다. 반드시 물은 물 전문가, 식량은 식량 전문가, 의료는 의료 전문가가 해당 업무를 맡아야 한다.

물을 예로 들어보면, 최소 수천 명을 대상으로 매일 먹는 물을 생수병으로 나누어주는 것은 불가능하다. 대안이 될 수 있는 물탱크차 운영도 장기간 운영하려면 비용이 아주 많이 든다. 이럴 경우 그곳 수원을 이용해 깨끗한 물을 공급하는 것이 가장 현실적인 대

안이다. 물 전문가가 우물물이든 강물이든 그곳의 수원을 조사한 뒤, 식수로 쓸 수 있는지, 아니라면 얼마만큼의 정수 약을 써야 하는지, 지하수일 경우에는 얼마만큼의 깊이로 몇 개의 펌프를 만들지를 판단하고 결정해야 한다.

이런 기본 분야 외에도 확보된 물자를 운반하고 배분하는 일, 현장 주민들과 요원들의 안전을 책임지는 일, 그리고 상황을 정확히 알리고 적절한 도움을 이끌어내는 홍보 등의 일을 하고 있다. 긴급구호 현장에서 초기에 나는 홍보를 담당했고, 그 후에는 물자 배분 담당이 되어 긴급구호 물자와 식량 등을 배분하고 있다. 초기 물자 배분을 비롯한 긴급구호 현장의 모든 일은 말 그대로 초를 다투는 일이기 때문에 모든 요원들은 세계 어디에 있든 호출 즉시 현장에 달려가야 하는 '48시간 대기조'다.

그런데 이처럼 재난 현장에 필요한 물자를 원활하게 공급하는 것도 중요한 일이지만 그게 전부는 아니다. 언제까지나 난민이나 재해민들을 한곳에 모아놓고 배분할 수는 없기 때문이다. 피난민들을 하루빨리, 그리고 안전하게 고향과 일상으로 돌아가게 하는 것이 긴급구호의 궁극적인 목표라고 할 수 있다.

4. 긴급구호 물자 세트에는 어떤 것들이 들어 있나?

초기 긴급구호 물자 세트는 그것만 가지고도 최소한의 생활을 할수 있는 '생존을 위한' 물자로 꾸려져 있다. 재난의 종류와 정도에 따라 세트 A, 세트 B, 세트 C 등 몇 가지로 나뉜다.

우리 돈 1만 원의 긴급구호 물자 세트 A에는 10리터짜리 플라스틱 물 주머니, 정수약, 물 없이 먹을 수 있는 고단백 비스킷, 성냥, 손전등, 비누, 담요, 플라스틱 깔판 등이 들어 있다. 3만 원짜리 세트 B에는 세트 A에 식기 세트, 조리용 난로, 프라이팬, 밀가루 혹은 쌀, 옥수수(주식), 콩, 소금, 설탕, 식용유, 차, 비누가 포함되며 경우에 따라서는 텐트가 지원되기도 한다.

여기에 왜 비누가 들어가느냐는 질문을 많이 받는다. 나도 현장에 가기 전에는 그런 의문이 들었는데, 막상 가보니 손만 잘 씻어도 전염병의 50퍼센트를 막을 수 있기 때문에 비누는 필수품 중의 필수품이었다.

또 어느 세트에는 비타민 A가 들어가는 경우가 있는데, 이것은 아동들의 실명 및 야맹증과 영아 성장 발육 저하를 막기 위한 가장 저렴하고 효과적인 방법이다.

5. 긴급한 상황이 없을 때 긴급구호 요원들은 어떤 일을 하는가?

긴급구호는 초기에 얼마나 빨리 대응하는가가 관건이다. 사람은 단 하루라도 물과 식량이 없으면 살 수 없기 때문이다. 그래서 구호 단체들은 재난에 한시의 지체도 없이 구호 활동을 할 수 있도록 매우 조직적이고 체계적인 시스템을 갖추고 있어야 한다.

그럼 이와 같이 발 빠른 구호를 하려면 무엇이 준비되어 있어야 할까? 돈과 인력과 물자일 것이다. 현장에서는 난리가 났는데 그때부터 돈을 모으고, 일할 사람을 찾고, 물자를 구하려면 얼마나 늦어지겠는가. 미리미리 준비하지 않으면 살릴 수 있는 아까운 생명들을 놓치게 된다.

월드비전의 시스템을 예로 들어보면, 우리 단체는 우선 전 세계를 아시아 및 태평양 지역, 아프리카 지역, 중동 및 동유럽 지역, 중남미 지역 등 네 개 지역으로 나누고, 자기 지역 내에서 예상되는 재난을 경고·대비하고, 대형 재난이 났을 때 총 지휘 본부를 꾸리게 된다.

자금은 국제 본부 차원에서 항상 60억 원의 긴급구호 자금을 확보해놓고 있다. 즉 급할 때 저금통장에 있는 돈을 먼저 쓴 다음 나중에 모금을 해서 채워넣는 식이다. 인력은 국제 본부 인력 데이터에 파견 근무를 할 수 있을 만큼 실력이 되는 긴급구호 요원들을 확보하고 있다가 재난 발생과 동시에 필요한 분야의 인력을 동원한다. 또 물자는 먼저 말한 네 개 지역에 한 군데씩 초대형 긴급구호 물자 창고를 두어, 구호 현장에서 가장 가까운 거리에 있는 창고에서 24시간 내로 조달한다.

사실 이런 재난이 발생하지 않았을 때 긴급구호 요원들은 훨씬 더 바쁘다. 일단 현장에 다녀오자마자, 즉시 모금과 홍보에 투입된다. 일반 후원자들에게 도움을 청하는 데는 현장에 막 다녀온 사람의 이야기가 가장 생생하고 설득력 있게 마련이다. 내 경우도 한국에 오자마자 거의 한 달 이상 긴급구호 현장에 대해 인터뷰 하고 글 쓰고 전국을 돌며 강연하고 설명회를 한다.

또한 우리가 돌봐야 할 구호 현장들이 세계 각 대륙에 퍼져 있으므로 해외 출장도 다녀야 하고, 각국에서 진행되는 프로젝트 보고서나 제안서 등을 작성하는 것도 시간과 품이 많이 든다.

그러나 현장에 가지 않을 때 가장 중요한 것은 갖가지 훈련을 받는 일이다. 수능 고사는 단 하루에 끝나지만 그 시험을 보기 위해

중·고등학교 6년을 공부하는 것과 마찬가지로 재난이 발생했을 때 신속하게 구호 활동을 하기 위해서는 평소에 많은 훈련을 받아야 한다.

6. 긴급구호 요원들은 어떤 자격을 갖춰야 하는가?

구호 요원 대부분은 구호 단체에 속해 전문적인 훈련을 받고 파견된 사람들이지만 필요한 분야의 전문가를 계약직으로 채용하는 경우도 많다. 예를 들면 아프가니스탄 영양죽 사업장에는 영양사가 필요하고, 남부아프리카 에이즈 고아를 위한 사업장에는 같이 놀아줄 유치원 교사가, 케냐의 사막 한가운데라면 안과의사가 필요하다. 꼭 긴급구호 훈련을 받지는 않았어도 의사나 영양사나 현지 언어가 가능한 전문가도 환영이다. 하지만 이들 모두는 전문가여야 한다.

그러니 '텐트라도 치겠다, 식량 부대라도 나르겠다'는 단순 노동 자원봉사자들은 초기 구호 현장에서는 큰 소용이 되지 않는다. 남을 돕겠다는 아름다운 마음은 칭찬받아 마땅하지만 원칙적으로 난민촌 텐트나 식량 부대 나르기 등은 난민들이 한다. 필요한 노동력은 현지인을 고용해야 언어가 통해 일이 제대로 되고, 그들에게 일거리를 주어 자립 기반을 마련해줄 수도 있기 때문이다.

응급수술실에서 지금 어려운 수술을 하고 있는데 그 수술에 도움이 안 되는 사람이 왔다 갔다 한다면, 도움은커녕 방해만 될 것이다. 그래서 우리 단체를 비롯한 국제 구호 단체들은 초기 긴급구호 현장에 비숙련, 비전문 자원봉사자 파견을 엄격히 금하고 있다.

물론 병원에 의사와 간호사만 필요한 것이 아니라 인사 관리, 돈 관리, 건물 관리 등 다양한 분야의 사람이 필요하다. 마찬가지로 긴급구호 현장에도 전문 분야의 사업 담당 요원 이외에 자금 관리, 안전 관리, 직원 관리, 물자 관리 등 각 분야의 행정 담당 요원들이 필요하다.

재난의 현장마다 거의 운영되는 어린이 집단 심리 치료소에는 미술 전공자가 필요하다. 눈앞에서 부모의 죽음을 목격했다거나, 사람을 해쳐본 경험이 있는 아이들에게 그림이나 노래, 연극 등으로 자신의 고통을 마음껏 표현하게 하고, '나는 피해자가 아니라 살아남은 생존자다. 앞길이 구만 리 같으니 지금부터 열심히 살아야 한다'는 메시지를 전해야 하기 때문이다. 이렇게 긴급구호에 필요한 인력이 생각보다 여러 분야에 걸쳐 있으니 이 일에 관심이 있는 사람이라면 늘 주의 깊게 살펴보기 바란다.

그리고 초기 긴급구호가 끝나면 비전문 자원봉사자들도 할 일이 아주 많다. 중환자실에 있던 환자가 회복실로 가면 옷 입는 것, 밥 먹는 것, 화장실 가는 것 등 도와줄 일이 많아지는 것처럼 그때는 비전문가라도 일손이 많이 필요하다. 역시 자원봉사자도 환영을 받으려면 타이밍이 중요하다. 하여간 현장에서 한국 자원봉사자들을 많이 만났으면 좋겠다. 정말 반가울 거다.

7. 긴급구호 요원은 어떤 훈련을 받는가?

크게 전문적인 훈련과 일반적인 훈련이 있다. 전문 훈련이란 긴급구호 요원이 담당하고 있는 분야에 대한 훈련이다. 기초 훈련부터 후진을 가르칠 수 있는 'training for the trainers' 과정까지 몇 단계로 나뉜다. 나는 홍보 담당에서 물자 배분 담당으로 업무가 바뀌었기 때문에 이 분야의 전문 훈련을 받는 중이다. 10개월간의 물자 배분 매니저 전 과정을 한꺼번에 이수하는 것과 한 번에 두 달씩 세 번에 나누어서 받는 과정이 있는데, 나는 두 번째를 택했다. 이미 몽골과 두바이에서 기초 교육을 받았고, 앞으로 2년간 차근차근 본격적인 훈련을 받을 예정이다.

이런 전문 훈련과 더불어 긴급구호 요원이면 반드시 받아야 하는 기본 훈련도 있다. 먼저 스피어 프로젝트 훈련. 현장에서는 각각 다른 성격과 규모의 단체들이 함께 일하기 때문에 일정한 기준이 없으면 상당한 혼선을 겪게 된다. 그래서 월드비전을 비롯한 세계 2백여 개의 구호 단체들이 주요 구호 분야에 공통적으로 적용되는 최소 기준인 'Sphere Standard'라는 기준을 만들었다.

구호 단체의 공동 목표는 도움이 필요한 사람들이 인간으로서 최소한의 품위를 갖고 살 수 있는 최소한의 물자를 공급하는 것이다. 그럼 그 최소한이란 얼마만큼일까? 물을 예로 들면 먹고, 밥 하고, 씻는 물을 합해 1인당 하루에 최소한 15리터가 있어야 한다고 스피어 기준은 정하고 있다. 물 외에 식량, 피난처, 기초 의료에 관한 최소한의 기준과 그 적용 방법에 대한 훈련이 바로 스피어 훈련이다. 나는 이 훈련을 2003년 사이프러스에서 받았는데, 지금까지 얼마나 유용하게 쓰는지 모른다.

'Do No Harm 훈련'은 평화 구축 사업의 일환으로, 구호 활동을 하면서 현장상황을 더욱 악화시키는 일을 하지 않도록 하는 훈련이다. 인도적 구호 단체로서 일하는 현장이 내전 지역일 경우 대립하고 있는 세력 사이에서 독립성과 중립성을 잃지 않는 것이 매우 중요하다. 이 훈련을 통해 이런 내용을 자세히 배우게 된다.

또한 수십 개의 단체와 파트너로 일하다 보면 업무 조정이 그 긴급구호의 성패를 좌우할 정도로 중요할 때도 있다. 유엔난민고등판무관실 기초 훈련을 통해서는 이것을 익히게 된다. 나는 이 훈련을 2003년 일본 나고야에서 받았는데, 훈련 중 재난당한 나라의 수상 직을 수행하며 아주 재미있게 배웠다.

그러나 무엇보다도 긴급구호를 하는 데 있어 최우선은 요원의 안전이다. 일터가 위험 지역이기 때문이다. 그래서 구호 요원들은 각 요원들 간의 연락을 위한 무전기 사용법부터 인질로 잡혔을 때의 행동 지침이라든가 기타 안전에 관련된 훈련 역시 철저히 하고 있다. 나도 2년 차였던 2002년 가을, 하와이에서 모의 인질극을 비롯한 집중 훈련을 받았는데, 실제로 이라크 등에서 매우 요긴했다.

8. 긴급구호 현장에서 일하기에 여자가 더 힘들지 않은가?

긴급구호 현장이 위험하다 보니 주로 남자들이 하는 일이라고 생각하기 쉬운데, 단언컨대 여자라서 더 어려운 일은 없다. 내가 남자가 되어보지 않아 남자라면 얼마나 더 유리한지는 모르겠지만, 여자라는 점이 방해 요인이라고 생각한 적은 없다. 오히려 여자이기 때문에 보다 효율적으로 일을 할 수 있는 경우가 얼마든지 있다. 예를 들어 아프가니스탄에서는 관습상 남자 직원들은 영양급식소에서 여자들과 설문 조사와 사진 촬영은커녕 얘기도 나누지 못한다. 그러나 나는 여자인 덕분에 영양실조에 걸린 아이를 데려온 엄마들의 생생한 현장 식량 사정을 듣고 기록하여 정확한 보고서를 작성할 수 있었다.

그리고 식량 배분 훈련을 받을 때도 그랬다. 그날 식량을 받지 못하면 어쩌나 하고 걱정하는 수백 명의 현지인들이 배분 장소 근처에서 거의 폭동 직전의 무질서 상태에 놓인 적이 있다. 당황한 남자 직원들이 질서를 잡으려고 십 분 이상 몸으로 애를 써도 좀처럼 가라앉질 않았다. 보다 못한 초자 훈련생, 이 조그만 동양 여자가 갑자기 메가폰을 잡고 트럭 머리에 올라가 이렇게 말했다. "여러분 모두에게 나누어줄 식량이 확보되었습니다. 한 줄로 서서 질서를 지켜주시면 즉시 배분을 시작하겠습니다." 그런데 놀랍게도 이 한마디에 트럭 앞으로 긴 줄이 생겨났다.

나는 사람은 힘으로 움직이는 것이 아니라 진심과 감동으로 움직인다고 믿는다. 나는 이 일을 하면서 여자인 것이 걸림돌이라고 생각해본 적이 단 한 번도 없다. 오히려 디딤돌이 된 적이 훨씬 많았던 것 같다. 걸림돌로 만들 것인가, 디딤돌로 만들 것인가는 각자의 선택과 활용 방법에 달려 있는 것이다.

9. 긴급구호 활동을 하는 단체에는 어떤 곳들이 있는가?

긴급구호는 정부도 하고, 유엔도 하고, 월드비전 같은 민간 단체도 한다. 물론 각각 구호를 위한 재원과 하는 일의 규모가 다르다. 정부는 국민의 세금으로, 유엔은 각국 정부가 내는 분담금으로, 민간 단체는 일반 후원자의 후원금으로 사업을 하게 된다.

이처럼 각 기관이 하는 일은 핏줄에 비유할 수 있다. 우선 정부는 동맥이다. 재난으로 망가진 수혜국의 대형 사회 간접 자본을 재건한다든지, 자국의 군대를 파견해서 복구 사업을 돕는 등 굵직한 일을 담당한다.

유엔은 정맥이다. 재난 현장에서 활약하는 대표적인 유엔 기구는 세계식량계획, 유엔난민고등판무관실, 유니세프(UNICEF) 등이다. 이들은 대규모 식량을 확보하고 대형 난민촌을 운영하고 어린이들을 위한 대규모 전염병 예방, 영양실조 방지 사업, 교육 사업 등을 벌인다. 유엔 외에 국제 적십자사 등도 대형 사업을 담당하는 정맥 역할을 맡는다.

그에 반해 월드비전 같은 민간 단체는 실핏줄이라고 할 수 있다. 상대적으로 몸집이 작고 오랫동안 위험 지역에서 사무실을 운영해왔기 때문에 도움이 필요한 곳이면 어디든지 발 빠르게 들어가서 즉각 활동을 개시할 수 있고, 해당 지역의 욕구도 비교적 정확하게 파악할 수 있다. 이런 실핏줄 국제 구호 단체로는 케어 인터내셔널(Care International), 옥스팜(Oxfam), 멀시코(Mercy Corps), 국경없는의사회(Medicins Sans Frontieres), 세이브더칠드런(Save the Children), 그리고 카리타스(Caritas) 등이 있고, 국내에서는 한국국제기아대책기구, 굿네이버스, 선한사람들, 한국 JTS 등이 활발한 활동을 벌이고 있다.

10. 민간 단체들은 구호 자금을 어디서 얻는가?

한 푼 한 푼 모두 개인 주머니에서 나온다. 물론 정부가 민간 단체에게 지원하는 긴급구호 자금이 있기는 하지만, 그건 그야말로 보조금이다. 그래서 대형 재난이 생기면 민간 단체들은 신문, 방송, 강연, 설명회, 이벤트, 회원들에게 직접 보내는 편지 등을 통해 열심히 모금을 한다. 간혹 기업에서 목돈을 기부하는 때도 있지만, 대부분은 개미군단의 푼돈을 모아 만든 태산을 가지고 일을 한다.

그런데 현장에 가면 도와줄 사람은 많은데 물자와 인력은 한정되어 있기 때문에 누구를 가장 먼저 도울지 우선순위를 결정해야 한다. 모두 벼랑 끝에 손끝만 걸고 있는 사람들인데, 손만 한 번 내밀어주면 살 수 있는 사람들인데, 구호 자금이 모자라서 번연히 벼랑 아래로 떨어지는 걸 보는 건 정말로 괴로운 일이다. 그래서 현장에만 갔다 오면 얼굴이 얇아 뭘 달라는 소리를 죽어도 못 하는 나 같은 긴급구호 요원도 완전히 '총 안 든 강도'로 변한다. 그리곤 보는 사람들마다 "돈 내놔라!" 하고 말하게 된다.

그런데 이런 일을 하다 보니 긴급구호 요원들도 월급을 받는지 궁금해하는 분들이 많은데, 당연히 받는다. 물론 후원자들이 모아준 돈으로 지급받기 때문에 일반 기업 수준으로 받지는 못하지만 최소한의 생활을 할 수 있는 만큼은 받는다. 많은 사람들이 이건 봉사활동으로 하는 거라 생각하는데, 구호 요원들에게 이 일은 단순한 봉사활동이 아니라 전문 분야이자 직업이다. 그러나 돈을 벌고 싶은 사람이라면 아예 이 일에 뛰어들지 않는 것이 좋다. 민간 구호 단체의 월급이라는 것이 매우 낮은 수준이기 때문이다. 그러나 일의 보람과 만족도에 대해서만은 자신 있게 말할 수 있다. 국내외의 객관적인 조사에서 만족도가 높은 직업 가운데 이 일이 최상위권에 속해 있다. 내 주관적인 생각도 그렇다. 나는 여태까지 이렇게 보람 있고 행복한 일을 해본 적이 없다.

11. 긴급구호는 목숨을 살리는 것으로 끝인가?

물론 아니다. 때문에 구호에도 단계가 있다. '긴급구호 단계 → 재난 복구 단계 → 개발 단계' 순인데, 이걸 쉽게 병원에 비유해보면, 긴급구호 단계는 응급실, 재난 복구 단계는 중환자실이다. 교통사고가 나서 만신창이가 된 사람의 목숨을 응급실에서는 어떻게 하든 살려내려고 애쓴다. 이렇게 응급 수술이 끝난 다음에는 환자를 중환자실로 옮기듯 긴급구호로 살려낸 사람들을 각종 시스템과 장비로 돌보는 재난 복구 단계에 들어간다. 중환자실에 산소호흡기 등 장비가 필요하고 24시간 환자를 돌보는 사람이 필요하듯, 이 단계에서 한시라도 게을리하면 기껏 살려놓은 사람이 목숨을 잃을 수도 있는, 아직은 위험한 단계다. 그래서 집중적인 관심과 물자와 시간이 절대적으로 필요하다.

그러나 중환자실 환자가 산소호흡기 없이도 숨을 쉰다고 해서 곧바로 집으로 돌아가지는 않는다. 혼자서 밥을 먹고 걸을 수 있을 때까지는 병원 신세를 져야 한다. 그렇게 환자 혼자서도 독립적으로 일상을 꾸릴 수 있게 만들어주는 곳이 바로 회복실이다. 이 과정이 긴급구호에서는 개발 단계이다. 이것은 긴급구호보다 훨씬 더 시간이 많이 걸린다. 현장에서는 적어도 5년 내지 10년을 잡고 있고, 개인과 가족을 단위로 하기보다는 한 지역이 총체적으로 자립심과 독립심을 가질 수 있는 역량을 강화하는 데 중점을 두고 있다. 그들이 혼자 설 수 있는 역량이 된다고 판단하면, 그보다 열악한 지역으로 프로그램을 옮긴다. 언제까지나 다른 사람의 돌봄을 받고 살 수는 없기 때문이다.

그러나 응급실이든 회복실이든 제일 좋은 건 사고나 병이 나지 않아서 병원에 오지 않는 것이다. 예방주사실은 그래서 필요하다. 이 단계를 전문 용어로 옹호 사업이라고 한다. 예를 들어 에이즈에 걸린 사람을 아무리 잘 치료한다고 해도 에이즈를 예방하여 안 걸리게 하는 게 그보다는 백 배 천 배 낫다. 어린이들이 들 수 있을 만큼 가벼운 무기가 개발되기 때문에 소년병들이 생겨나므로, 이런 무기 생산을 근본적으로 막는 것으로 소년병을 예방하려 노력하기도 한다. 이 밖에도 지뢰를 묻지 않는 것, 자연 재해를 일으키는 자연 파괴를 막는 것 등이 여기에 해당된다. 궁극적으로 이 옹호 사업이 가장 중요하고 가장 많은 투자가 필요한 분야라는 게 중론이다.

어느 종합병원이건 예방주사실, 응급실 및 중환자실, 회복실을 모두 갖추어 체계적으로 치료를 하는 것처럼 구호 및 개발 단체에서도 적절한 수준과 기간으로 옹호 사업, 긴급구호 사업, 개발 사업의 단계를 거쳐 보다 효과적으로 돕고 있다.

나는 우리 나라 사람들이 해외 원조 일을 하기에 좋은 조건을 가졌다고 생각한다. 고품질 인정과 뚝심은 물론 식민 지배, 전쟁 등 역사적 경험이 다양하다는 게 큰 장점이다. 게다가 가난했던 시절 도움을 받기도 했으니 이런 것들을 잘 살린다면 국제 사회 일원으로서의 역할을 훌륭히 해낼 수 있다고 굳게 믿는다.

국제 적십자 및 인도적 구호 단체 요원들의 행동 강령

The Sphere Project

1. 인도적 임무에 최우선 순위를 둔다.

2. 인종, 종교, 국적에 관계없이 도움이 가장 필요한 사람부터 돕는다.

3. 인도적 지원은 특정한 정치 이념이나 종교적 신념을 확산시키기 위한 수단으로 이용되어서는 안 된다.

4. 인도적 지원은 정부 대외 정책의 도구로 이용되어서는 안 된다.

5. 문화와 관습을 존중한다.

6. 지역의 역량으로 재난 대책을 세울 수 있도록 돕는다.

7. 긴급구호 사업 진행 과정에 수혜자들이 참여할 수 있도록 한다.

8. 미래에 또 다시 재난을 일으킬 수 있는 불안 요소를 줄이는 데 힘쓴다.

9. 돕는 사람들뿐만 아니라 도움을 받는 사람들에게도 신뢰를 줄 수 있어야 한다.

10. 홍보 활동을 함에 있어서 재난 피해자들을 희망이 없는 대상물로서가 아닌 존엄성을 지닌 인간으로 보호해야 한다.

지도 밖으로 행군하라

첫판 1쇄 펴낸날 2005년 9월 8일
258쇄 펴낸날 2014년 6월 25일

지은이 한비야
펴낸이 김혜경
편집인 김수진
편집기획 이은정 김교석 이다희 백도라지 윤진아
디자인 김은영 정은화
경영지원국 안정숙
마케팅 김용환 문창운 조한나 노현규
회계 임옥희 양여진 신미진

펴 낸 곳 (주)도서출판 푸른숲
출판등록 2002년 7월 5일 제 406-2003-032호
주   소 경기도 파주시 회동길 57-9번지, 우편번호 413-120
전   화 031)955-1400 (마케팅부), 031)955-1410 (편집부)
팩   스 031)955-1406 (마케팅부), 031)955-1424 (편집부)
www.prunsoop.co.kr

ⓒ 한비야, 2005

ISBN 978-89-7184-442-7 03810

* 저자와의 협의에 따라 인지는 생략합니다.
* 잘못된 책은 구입하신 서점에서 바꾸어 드립니다.
* 본서의 반품 기한은 2019년 6월 30일까지입니다.